英語tough構文の研究

千葉修司

開拓社

は　し　が　き

　英語の不定詞用法の一種に，「tough 構文」と呼ばれる興味深い種類の文がある．John is easy to deceive（ジョンをだますのはたやすい）のような文のことである．変形規則を用いた生成文法理論による tough 構文の分析が，Lees (1960: 212ff.), Miller and Chomsky (1963: 476ff.), Chomsky (1964: 82ff.) により取り上げられるようになる以前から，この種の構文の存在自体は，Jespersen, Poutsma などの伝統文法家によっても重要な構文の一つとして取り扱われていたという事実を指摘することができる．

　たとえば，Jespersen, *MEG*, Part III, 11.6; Part V, 17.4-5 は，この構文の持つ一般的特徴として，上記の例文において，意味の上で不定詞（to deceive）の目的語に相当する部分（John）が，構造上，文全体の主語の位置を占めているという点に注目し，"retroactive infinitive"（遡及不定詞）の文法用語を用いて，この構文の用法について解説している．（なお，「遡及不定詞」の用語は，tough 構文以外の文も含めた，同種の特徴を備えた不定詞用法全般を指す用語として用いられている．§9.2.1 の注 9 の例文（ia-d）参照．）

　このような tough 構文の持つ特徴について，Jespersen (1937: 62; 1984: 52) は次のような統語構造表示によりこれを捉えることができると説明している（以下の解説は千葉 (1987) に基づいている）．

　　　John　　is　　easy to deceive.
　　　S (O*)　V　　　P (2 pI*)

　　　[S: Subject; O: Object; V: Verb; P: Predicative; 2: secondary = Adjective;
　　　p: Preposition; I: Infinitive]

　上記の構造表示は次のように解釈することができる．すなわち，John は

主語 (S) であると同時に (不定詞の) 目的語 (O*) としての機能を併せ持っている．is は動詞 (V) である．easy to deceive は述部 (P) を構成し，その述部はさらに，二次的語 (secondary, 2) としての形容詞 easy と前置詞 to と不定詞 deceive の三つの構成素からなる内部構造を持っている．また，* の記号は，その記号のついた二つの (不連続の) 構成素同士が密接な関係にあることを示す．このようにして，上記の構造表示には，主節主語の John が不定詞 to deceive の目的語にもなっているという，tough 構文の持つ重要な特徴が明確に示されていると言える．

　また，Jespersen の表記法によると，上記例文 John is easy to deceive と密接な関係にある文 It is easy to deceive John の構造表示は次のようになる (Jespersen (1937: 62; 1984: 52))．ここで新たに登場する記号は，形式主語を表す s のみで，あとの記号は既出のものと同じである．

　　　It　is　easy　to deceive John.
　　　s　 V　 P　　　S (I O)

　形式主語 s の真の主語は S (I O) の部分によって示されている．すなわち，この構造表示は，不定詞 to deceive とその目的語 John からなる構成素 to deceive John がこの文全体の意味上の主語であることを正しく表していることになる．さらに，上記の二つの構造表示を比較することにより，これら二つの文が同義文であることも間接的ではあるが説明できることになる．

　このように，Jespersen の提案した統語構造表記法は，文の持つ重要な意味的・統語的情報を正しく表しているのであるが，与えられた具体的文から表面的に読み取れる構造 (すなわち「表層構造 (surface structure)」) と，その背後に隠れて存在するもう一つ別の構造 (すなわち「深層構造 (deep structure)」) とを同時に一つの構造体の中に取り込んで表示しようとしているために，そこに盛られている情報はかなり複雑で読み取りにくいという印象を与える可能性がある．さらに，意味的・統語的に互いに密接なつながりのある文同士の関係も，必ずしも直截的に示されているわけではないと言えるかもしれな

い．しかしながら，tough 構文以外にも様々な種類の文を取り上げ，その構造を上で示したような記号や表示法を用いて総合的に分析してみせる Jespersen (1937) の優れたアイデアと洞察力には，人を強く惹きつけるものがあると言えるであろう (McCawley (1984) 参照)．[1]

　1960 年代になって，深層構造，表層構造，変形規則などの文法的概念を用いた生成文法による tough 構文の新たな分析法が提示されるとともに，tough 構文の研究は，多くの研究者の注目を集めるようになる．特に，1970 年代後半から 1980 年代にかけて登場した GB 理論 (Government and Binding theory,「統率・束縛理論」) に基づく tough 構文の研究においては，それまでの記述的研究に加えて，一般的原理との兼ね合いから tough 構文の持つ特徴について，さらに掘り下げた説明を試みる理論的研究が重んじられるようになり，現在に至っている．

　一方では，Carol Chomsky による tough 構文に関する母語習得の研究 (C. Chomsky (1969)) が引き金となって，その後，母語習得のみならず第二言語習得の方面での研究においても興味ある進展が見られるようになって行く．さらにまた，英語の歴史的発達の上で tough 構文がいつ頃登場し，どのような変遷をたどってきたかの問題を中心とする歴史的研究においても，記述的および理論的研究の両方面において，現在かなりの進展が見られるようになってきている．

　ただし，筆者などは大いに魅力を感ずる，一般的原理を用いた説明の試みではあるが，tough 構文の用法に関する歴史的変化や，言語習得過程のある段階において一般的に見られる tough 構文の使用や理解についての誤りを示すデータなどを考慮すると，そのような情報をも採り入れた，全体的に整合性を持った理論的説明を提示するのがいかに困難な作業であるかを思い知

---

[1] McCawley (1984: xii–xiii) は，ここに示されている構造表示は，Perlmutter (1983), Perlmutter and Rosen (1984) などに見られる関係文法 (Relational Grammar) で用いられているものによく似た性質を持っているということを指摘している．

らされることにもなる．

　たとえば，現代英語において，一般的には，用法の限られている tough 構文の受け身文など，不定詞の主語が主節主語に相当する働きを持った，「主語読み（主語コントロール）」の tough 構文が許されないことを示すデータを基に，これを一般的原理を用いて説明しようとすると，その一方では，古い時代の英語において，このような種類の tough 構文の文が一般的に許されていた時代があったという言語事実が頭をもたげることになる．したがって，このような言語変化とも矛盾しないような理論的説明として，どのようなものを考えたらよいかという問題にぶつかることとなる．言語習得のある段階において，「主語読み」の tough 構文の使用が一般的に見られるという言語事実もまた，同じような問題を提起する可能性がある．

　本書は，英語の tough 構文の持つ興味ある特徴について，その記述的研究，理論的研究，言語習得の面からの研究，さらには歴史的研究について，これまで提示されてきたものの中から主なものを取り上げ，筆者なりの理解に基づく解説を試みたものである．上でも触れたように，言語データをうまく説明できていると思われるような一般的原理が提示されると，筆者などは大いに魅力を感ずるものであるが，自らがそのような納得いく説明を思いつくのは，叶わない願いであることもよく承知しているつもりである．したがって，残念ながら，本書の中に筆者独自の理論的説明を提示できている部分はほとんどないと言えるかもしれないが，ただし，今後の tough 構文研究の発展を後押しするのに役立つような情報・資料をできるだけ広範囲にわたって収集したつもりなので，その点においては，tough 構文の研究者や学習者にとって，いささかなりとも利用価値のあるものとなっているのではないかと思われる．また，そのことを切に願うものである．

　本書で取り扱う tough 構文に関する話題の一部は，近代英語協会第 32 回大会（2015 年 6 月 27 日，愛知学院大学日進キャンパス）における講演（千葉 (2015a)），中央大学人文科学研究所公開研究会（2015 年 7 月 25 日）における講演（千葉 (2015b)），および津田塾大学言語文化研究所の「英語の通時的及

び共時的研究の会」2018 年度講演会（6 月 16 日，津田塾大学千駄ヶ谷キャンパス）（千葉 (2018)）において発表したものである．

　拙著『英語の時制の一致』（開拓社叢書 32）に引き続き出版をこころよくお引き受けてくださった開拓社に御礼申し上げたい．編集部の川田賢氏には，原稿査読の段階から出版に至るまでのすべての段階においてひとかたならぬお世話をいただき，ここに深く感謝申し上げる次第である．

　2019 年 1 月

千葉　修司

目　次

はしがき　iii

第 1 章　はじめに ………………………………………………… 1

第 2 章　欽定訳聖書に見られる tough 構文 ……………………… 9

第 3 章　Shakespeare の作品の中から …………………………… 15

第 4 章　Jespersen (1927) と Poutsma (1923, 1926) ………… 19

  4.1.　Jespersen (1927) ……………………………………………… 19
  4.2.　Poutsma (1923, 1926) ………………………………………… 21

第 5 章　19 世紀，20 世紀から現代に至る受け身 tough 構文の
　　　　　使用頻度推移 ………………………………………… 29

第 6 章　OE，ME 時代の tough 構文の特徴とその歴史的変化 … 39

  6.1.　古英語の tough 構文 …………………………………………… 39
  6.2.　中英語における tough 構文 …………………………………… 55
    6.2.1.　Anderson (2005), Fischer (1991), Fischer et al. (2000) の
　　　　　　研究 ………………………………………………………… 55

6.2.1.1. Wh 移動による tough 構文 …………………… 56
　　　6.2.1.2. 受け身不定詞による tough 構文 ……………… 61
　　6.2.2. Fischer (1991), Fischer et al. (2000) に対する Anderson
　　　　　(2005) による批判………………………………………… 64
　　　6.2.2.1. 不定詞の接尾辞 -en の消失 ……………………… 66
　　　6.2.2.2. 主語読みの解釈と目的語読みの解釈…………… 68
　　6.2.3. 受け身 tough 構文の衰退の原因—Ioup (1975) による説明 …. 73
　　6.2.4. tough 構文に見る for 句の扱い………………………… 75

第7章　現代英語における tough 構文の使用に見る誤りの例 …. 91
　7.1. 日本人英語学習者に見られる誤りの例 ……………………… 91
　　7.1.1. 非対格動詞と受け身不定詞の主語の場合 ……………… 94
　　7.1.2. 主語読みの許されない理由……………………………… 106
　7.2. インターネット上に見られる主語読みの tough 構文……… 110
　　7.2.1. 非対格動詞などの場合 …………………………………… 110
　　7.2.2. "easy to catch fire" の場合………………………………… 113
　　7.2.3. "a cinch to VP" の場合 …………………………………… 116
　7.3. 「Hubbell 事件」について…………………………………… 118
　7.4. tough 構文の母語習得に見られる誤りについて …………… 121
　　7.4.1. C. Chomsky (1969), Kessel (1970), Anderson (2005) ……121
　　7.4.2. tough 構文の母語習得研究の重要な課題………………… 129
　　7.4.3. 「経験者」のパラドックス……………………………… 133
　　7.4.4. 子どもの場合……………………………………………… 136
　　7.4.5. 子どもの文法から大人の文法へ………………………… 141
　　7.4.6. tough 構文の文を子どもが非文法的であるとみなす可能性 … 152
　　　7.4.6.1. Brillman (2017) ………………………………… 152
　　　7.4.6.2. Wexler (2013) …………………………………… 155

第8章　「二重格付与の問題」に対するアイデアあれこれ……… 161
　8.1. 「密輸方式」による対処法…………………………………… 161
　8.2. Sternefeld (1991) によるアイデア …………………………… 165
　8.3. 富岡 (2004) によるアイデア ………………………………… 166

8.4. 二重格付与制約は一般的原理の一つと言えるか ……………… 169

第9章 θ標示，動詞句削除および時制文とのかかわりから見た tough 構文の特徴 ……………………………… 171

9.1. tough 構文の主節主語位置と θ 標示との関係 ……………… 171
 9.1.1. tough 述語は主語位置を θ 標示するとするアイデア ……… 171
 9.1.2. tough 述語は主語位置を θ 標示しないとするアイデア …… 177
 9.1.3. Chomsky の立場の推移について ……………………… 179
9.2. 動詞句削除と tough 構文 ……………………………………… 184
 9.2.1. 補部としての不定詞と付加部としての不定詞 …………… 184
 9.2.2. コントロール構文としての不定詞と例外的格標示構文としての不定詞 ……………………………………………… 194
9.3. 時制文と tough 構文とのかかわり …………………………… 202
 9.3.1. 再分析による説明 ……………………………………… 202
 9.3.2. 再分析案の問題点とその対処法—Zwart (2012) の場合 …… 208
 9.3.3. wh 疑問文／関係節と tough 構文との違い ……………… 216
 9.3.4. Stowell (1986) による tough 構文の分析 ………………… 218
 9.3.5. D. Takahashi (2002/2006) ……………………………… 220
 9.3.6. Nakagawa (2007a) ……………………………………… 231
 9.3.7. 時制文からの要素の取り出しが許される場合 …………… 233
9.4. tough 述語に課せられた意味的制約 …………………………… 239
9.5. 受け身文の tough 構文に対する中島 (2016) の取り組み …… 251

第10章 機能文法の観点から見た tough 構文 ……………… 257

10.1. Takami (1996), 高見 (2001) による機能的構文分析 ………… 257
10.2. 英和辞典に見る tough 構文の不自然な例文について ……… 264

参考文献 ……………………………………………………………… 269
索　引 ………………………………………………………………… 295

第1章　はじめに

　生成文法理論の枠組みによる英語の記述的研究の一部として，Lees (1960: 212ff.)，Miller and Chomsky (1963: 476ff.)，Chomsky (1964: 82ff.) により，変形規則を用いた tough 構文[1] の分析が提示されると，それを受けて，本格的な tough 構文の研究 (e.g. Postal and Ross (1971)，Postal (1971: Ch. 3)，Lasnik and Fiengo (1974)) が登場するようになった．また，それ以降の生成文法理論の深まりおよび新しい展開とともに，tough 構文の研究が，生成文法研究の中での重要な研究テーマの一つとなり，今日に至っている．

　tough 構文というのは，典型的には，難易を表す形容詞 (difficult, easy, fun, hard, impossible, simple, time-consuming, tough, etc.) や感情状態を表す形容詞 (agreeable, annoying, boring, comfortable, exciting, irritating, joyful, (un)pleasant, etc.) あるいは価値判断を表す形容詞

---

[1] 厳密には，「複合形容詞句構造 (complex adjectival constructions)」(cf. Chomsky (1982, 1993)) などと称すべきであろうが，以下本書では，便利な通称としての「tough 構文」を用いることとする．

((in)appropriate, bad, beneficial, (in)convenient, good, (un)healthy, nice, useful, etc.），さらには，口語的表現として，a bitch（厄介なこと），a breeze / a piece of cake / a snap（とても簡単なこと），a cinch（確実なこと（人））などの名詞表現の後ろに不定詞が続く構文のことで，下記例文（1a-d）に見られるような構文のことをいう（これらの形容詞と名詞表現を合わせて「tough 述語（*tough* predicates)」[2] と呼ぶことがある）．

---

[2] tough 述語として用いられる名詞表現には，不定冠詞のつくものが多いが，中には，下記例文（Chung (2001b: 229, fn. 11) より）に見るように，定冠詞をつける Devil / devil の場合や，冠詞をつけない Hell のような場合があることが知られている．
 (i) a. John is *Devil / the Devil to work for.
    （ジョンのもとで働くのはやっかいだ）
   b. John is Hell / *a Hell / *the Hell to work for.
tough 述語のリストについては，Lasnik and Fiengo (1974: 568) の挙げている次のようなものが役に立つであろう．
 Adjectives: amusing, boring, difficult, easy, entertaining, gratifying, hard, impossible, interesting, simple, stimulating, tough, unhealthy, uninteresting
 Nouns: bitch, breeze, delight, gas, joy, pain in the ass / neck, pleasure
いっぽう，Nanni (1978: 30f.) は，tough 述語として用いることのできない形容詞（non-*easy* type Adjective）として，以下のようなものを挙げている．このリストの中には，下線を付した形容詞の場合のように，Lasnik and Fiengo (1974) による判断と食い違うものが少数ながら含まれているので，tough 述語になりうるかどうかの判断には方言や個人語の違いが見られることが推測できる．

non-*easy* type *Adjectives*:
<u>amusing</u>, annoying, bad, beneficial, <u>boring</u>, convenient, dangerous, <u>entertaining</u>, evil, fun, harmful, horrible, illegal, instructive, interesting, intolerable, loathsome, marvelous, nice, pleasant, safe, stupid, unpleasant, useful, useless
(rare タイプの形容詞（e.g. common, rare, uncommon, unusual）も tough 構文には起こらないとされることがあるようだが，いっぽう，Fleisher (2015) は，それなりの特徴を持つこの種の形容詞がどのような場合に自然な tough 構文の文として用いることができるかについて考察している．）

三つ目のリストとして，McCawley (1998: 109) によるものを挙げてみよう．McCawley の場合は，"The book is ___ to read" のような文における下線部の位置に次のような語句が起こることができるかどうかをリストの形で示したものとなっている．
 tough   ?barely possible *praiseworthy
 easy   a snap   *kind

(1) a. Susan is easy to please.
    b. This game is fun to play.

simple	a breeze	?legal
hard	a bitch	?illegal
difficult	a piece of cake	?necessary
impossible	a pain in the ass	?essential
*possible		?important

　上記リストの中の impossible と *possible の対比については，同じように，Hornby (1975: 141) が下記例文 (iia, b) を挙げて解説しているのを指摘することができる．
　(ii) a. That man is impossible / *possible to work with.
　　 b. Our team is impossible / *possible to defeat.
このように，形容詞 impossible と possible の場合とでは文法性に大きな違いが認められるが，その理由として，長谷川 (2003: 27, fn. 1) は「前者がより主観的・感情的意味合いをもちうるためと思われるが，より正確な規定は今後の問題として残る」のようなコメントを加えている．(このことは，Gluckman (2018: 7) が，「tough 述語として用いることができるためには，主観的事象 (subjective event) を表すものでなければならない」と言っているのと同じような捉え方をしているものと言えよう．詳しくは，Langacker (1995: 51) 参照．)
　Kaneko (1994: 41) は，一般的に tough 述語は選択素性 [+F] を持つことにより，tough 構文に必要な項の一つである「領域 (Domai)」(すなわち不定詞部分) を選択することが可能となるが，形容詞 possible には，選択素性 [+F] が欠けているために，tough 構文としての不定詞部分と合体させることができない，したがって，tough 構文が許されない，というような説明を与えている (tough 述語の持つ項の一つである「領域」については，第 9 章の注 3 参照)．
　なお，機能文法の観点から，このような impossible / possible の違いを説明しようする試みがある．詳しくは第 10 章参照．
　McCawley の挙げているリストの中では，possible の否定形表現の一つ ?barely possible に，(*) の場合と比べて「それほど悪くはない」ことを示す (?) のマークが付されていることがわかるであろう．これは，次に示す Akatsuka (1979: 6) によるコメントと部分的に符合するところがあり，大変興味深いと思われる．すなわち，1976 年のアメリカ言語学会の大会 (LSA Meeting) において，Larry Horn が，下記例文 (iiia, b) のような文は容認可能な文だと思われるので，形容詞 possible は否定対極表現 (negative polarity item) の一つに数えるのがよいであろうというような提案をしたということを Akatsuka は紹介している．
　(iii) a. Is Tony possible to live with?
　　　　(トニーと一緒に暮らしていけるだろうか)
　　 b. If Tony were possible to live with, I'd live with him.
　　　　(もしトニーと一緒に暮らしていけるのなら，一緒に住みたい)
　このような情報に呼応するかのような記述が，興味あることに，『ジーニアス英和辞典』4th ed. の "possible" の項の語法についての解説の一部に見いだすことができる．すなわ

c. His story is impossible to believe.
d. The problem is a bitch / a breeze / a piece of cake / a snap to solve.

ち，I am possible to read ... や The book is possible for me to read in a day のような文が非文法的文となることを説明した後で，

ただし，not, hardly, barely などの否定語・準否定語が付加される場合や疑問文や条件文では可：The book is hardly [barely] ~ to read in a day. / Is this book ~ to read in a day?（→ impossible）

のような但し書きを加えているのがわかる．

　この記述に関し，千葉 (2008: 38, note 40) は「特に，形容詞 possible が，疑問文や条件文では tough 述語として用いることができるということを明示している文献は現在きわめて少ないと思われるので，今後，この点に関する事実調査を含めた研究が望まれる」というコメントをつけておいたところ，興味深いことには，千葉のこの指摘（疑念）に応えるかのような説明が，以下に見るように，語法解説として『ジーニアス英和辞典』5th ed. (2014), s. v. "possible" には見いだすことができる．

　［主語が不定詞の意味上の目的語になる構文］主語が不定詞の意味上の目的語になる構文は，人により容認性の判断が異なるので避けた方が無難：ˣThe rock wall is possible to climb. (cf. It is possible to climb the rock wall.) また ˣIs the rock wall possible to climb? のような疑問文，ˣThe rock wall is hardly possible to climb. のような否定に準じる文では容認性が高くなるが認めない人もいるので避けた方がよい．反対語の impossible はこの構文で用いられる．→ impossible 形 ❶

　ただし，上記の解説の中で，tough 構文の文は「人により容認性の判断が異なるので避けた方が無難」というようなコメントを付しているのは，たとえば，本文の §10.2 で後ほど取り上げることになる「英和辞典に見る tough 構文の不自然な例文について」の注意などに過剰反応したようにも受け止められるところがあるので，さらなる考慮が求められるのではないだろうか．

　いっぽう，not possible を含む tough 構文の文が許容度の低い文であることを明示している例として，Wurff (1992a) と Brody (1993) を挙げることができる．下記例文参照．

(iv) a.?*this man is not possible to work with　　　　　　(Wurff (1992a: 239))
　　　（この男と一緒に仕事をするのは不可能です）
　　b. *John is not possible [Op [to please t]].　　　　　　(Brody (1993: 9))
　　　（ジョンを喜ばせるのは不可能です）

　なお，tough 述語の仲間には，上に挙げたような単一の語彙項目の場合だけでなく，複合的動詞からなるものも含めることが可能だと思われる．すなわち，たとえば，Poutsma (1923: 90) の挙げている下記例文 (va, b)（イタリック体は原文のまま）や Curme (1931: 292) の挙げている下記例文 (via, b) なども tough 構文の一種とみなすことができるであろう（千葉 (2008: 39, note 42) 参照）．

(v) a. The letter took him long *to write*.
　　　（その手紙を書くのに彼には長い時間がかかった）

tough 構文には，意味の上で不定詞の目的語に相当する部分が，構造上，文全体の主語の位置を占めているという特徴が見られる．(このことを，Gluckman (2018: 2) は「主節主語は，主節における統語的項 (syntactic argument) の

---

　　b.　Such works take at least ten years *to complete*.
　　　　(そのような作品は完成させるのに少なくとも 10 年はかかる)
(vi)　a.　Whole tracts of the Excursion (poem by Wordsworth) require considerable patience on the part of the reader to appreciate.
　　　　((ワーズワースの詩篇)『逍遥』の全篇を味わうには，読者にかなりの忍耐が必要とされる)
　　b.　Poetry should not require considerable patience to be appreciated.
　さらに，この種の文を Kajita (1977: 68) は「動的文法理論」(Dynamic Model of Syntax) の立場から分析し，下記例文を含む様々なデータを提示するとともに，興味ある議論を展開している．以下のような例文について，Kajita は，特に，イタリック体の部分が単独の語彙項目になっていないという点に注目している．
(vii)　a.　It does *not require specialized knowledge* to read the book.
　　　　(この本を読むのに専門知識は必要ではありません)
　　b.　The book does not require specialized knowledge to read.
(viii)　a.　It *takes deep plowing* to get rid of cactus.
　　　　(サボテンを取り除くには深く掘り起こすことが必要です)
　　b.　Cactus takes deep plowing to get rid of.
(iv)　a.　It *is far beyond the scope of this study* to examine the question.
　　　　(その質問を吟味することはこの研究の枠をはるかに超えることになるのでできません)
　　b.　The question is far beyond the scope of this study to examine.
(x)　a.　It *was over his capacity* to bear the burden.
　　　　(その任務をになうのは彼の能力を超えていました)
　　b.　The burden was over his capacity to bear.
　このように，中核的な tough 構文の使用を基に，それを複合的動詞表現（この種の構文のことを Pesetsky (1987a: 128) は「動詞的 tough 構文 (verbal Tough constructions)」と呼んでいる．第 9 章の注 9 参照）の場合にも拡大して当てはめて用いるという現象が広く見られるというのも，英語の持つ重要な特徴の一つとみなすことができるであろう．詳しくは Kajita (1977) 参照．同じような構文を扱った研究としては，ほかに Suzuki (1976), Pesetsky (1987a: 128), Halpern (1979: 22f.), Wilder (1991: 129), Hicks (2009: 537, fn. 2), 現影 (2011) などがある．
　なお，上で取り上げた tough 述語に関するリストの拡大版としては，安井ほか (1976: 239), 荒木・安井 (1992: 1510 右), Flickinger and Nerbonne (1992: 275; 284; 285, fn. 8), Chae (1992: 50), 三木 (2001: 216f.), Song (2008: 13) などが参考になるであろう．

一つであると同時に，従属節における主題的項（thematic argument）の一つとなっている」という言い方で表している．「はしがき」でも述べたように，このような特徴のゆえに，tough 構文は "retroactive infinitive"（遡及不定詞）の名前で呼ばれることがある（cf. Jespersen, *MEG*, Part III, 11.6; Part V, 17.4–5).)

　一見，単純そうに見える構文ではあるが，この構文の分析については，これまで文法理論研究の中で提案されてきている一般的原理や規則を当てはめて考えた場合，うまく説明できないような特徴がいくつかあることが知られている．そのことにより，Uribe-Etxebarria and Valmala (2012: 10) によると，tough 構文は，GB 理論（Government and Binding theory）の中で「最も入り組んだ難問」を抱えた研究テーマの一つだということになる．[3]

　特に，tough 構文の文はその生成過程において要素の「不適切な移動（improper movement）」を含んでいるように見えていながら，実際は文法的文であるという点で，従来より取り扱いのやっかいな構文の一つとみなされてきている．（英語で "improper movement" と言った場合，二つの意味用法が考えられる．その一つは，非文法的文を生み出すような移動規則のことを一般的に意味する用法である（cf. Chomsky (1986b: 113f.; 1995: 326ff.)).　もう一つの用法は，A 移動や A′ 移動など各種の移動規則の組み合わせのうち，A-to-A, A′-to-A′, A-to-A′ のように，文法的文を生み出す場合があるのに対して，A′-to-A のように，非文法的文を生み出す可能性のある移動規則の適用方式のことを特に指す用法である（cf. Fukui (1993), Obata and Epstein (2008, 2011, 2012), Saito (2017), Brillman (2017: 172), Longenbaugh (2017))．後者の用法としての "improper movement" に対する日本語訳としては，中島 (2016: 175) が用いているように，「一貫しない移動」とするほうがよりふさわしいであろう．すなわち，従来，非文法的文を生み出すので許されないとされてきた，tough 構文の生成に関する A′-to-A の適用方式が，その後の新し

---

[3] 同じように，Fleisher (2015: 73) も，tough 構文のことを "the perennially thorny TC [= *tough*-construction]"（いつまでも厄介な tough 構文）と呼んでいる．同じような趣旨の発言については，Holmberg (2000: 839), Hicks (2004: 1), Obata and Epstein (2012: 366) 参照．

い文法理論の展開に伴い，たとえば，Obata and Epstein (2008), Longenbaugh (2017) に見るように，これを容認できるとするアイデアがいくつか提示されるようになってきている今では，この適用方式を "improper movement" の名で呼ぶのはふさわしくないかもしれない.)

上記の「不適切な移動」について，tough 構文の具体的例文 John was easy to please を挙げて説明すると次のようになる．すなわち，もしこの文が，たとえば，以下のような構造表示 (2a, b) のいずれの生成過程をたどるものと想定したとしても，

(2) a.　John$_i$ was easy [$_{S'}$ [$_S$ PRO to please t$_i$]]　（下接の条件，二重格付与，束縛原理 (A)）

　　b.　John$_i$ was easy [$_{S'}$ t$_i$ [$_S$ PRO to please t$_i$]]　（二重格付与，束縛原理 (C)）

cf. c.　*John$_i$ seems that Mary likes t$_i$.

GB 理論に含まれている一般的原理のうち，下接の条件 (subjacency condition)，二重格付与，束縛原理などに対する違反を引き起こす可能性があるということを指摘することができる (cf. Jacobsen (1986: 229)).

上記の (2a) のような生成過程を想定するということは，基底構造 (underlying structure) の上で，不定詞 to please の目的語であった John を直接，主節主語の位置まで移動させるという，長距離移動の分析方法を考えるということになる．いっぽう，(2b) のような生成過程を想定するということは，長距離移動によらず，途中，補文標識 (Complementizer, COMP) の位置を経由した形で，目的語 John（あるいは空範疇 OP）を移動させ（最終的に主節主語と結び付け）るということになる．

上に述べたように，いずれの分析方法を考えたとしても，(2a, b) の文の後ろの（　）の中に挙げたようないくつかの一般的原理に抵触することになる．特に，(2b) のような生成過程を考えるということは，たとえば，上記 (2c) のような非文法的文の場合と同じような生成過程をたどることとなる．し

がって，(2c) が非文法的文となるのと同じように，John was easy to please の文も非文法的文となることが予想されることになる．実際には，この文は文法的文であるので，(2c) とは異なる分析法を採り入れた説明を提示しなければならないということになるであろう．

このように，tough 構文は，文法理論の点からみると，取り扱うのがそれほど単純ではない種類の構文の一つと目されることになる．現代英語における tough 構文の理論的考察に入る前に，以下の章において，tough 構文の歴史的成り立ちについて簡単にまとめておくことにしよう（現代英語の tough 構文の特徴についての一般的な解説については，荒木 (1986, 1996)，稲田 (1989: 81-85, 218)，金子 (2001)，桒原・松山 (2001: 133-137)，大庭・島 (2002: 36-43) 参照）．

第 2 章　欽定訳聖書に見られる tough 構文

　千葉（2013: Ch. 4）において，欽定訳聖書（King James Version of the Bible, KJV）に見られる仮定法現在の特徴について解説したが，その章をまとめるにあたり，欽定訳聖書に用いられている仮定法現在の用法を一通りチェックしてみた．その際，同時に tough 構文の用法についても調べてみたのであるが，その結果，以下に示すように，該当する章句を 5 つ見いだすことができた．すなわち，tough 述語として形容詞 easy を含む文が二つ（下記例文（1a, b）参照），形容詞 hard を含む文が三つ（下記例文（1c-e）参照）である．ただし，興味深いことには，いずれも不定詞の部分が受け身構文になっているのがわかる（下に掲げる聖書の章句の日本語訳は，新日本聖書刊行会の新改訳 2017 による）．

(1) a. So likewise ye, except ye utter by the tongue words <u>easy to be understood</u>, how shall it be known what is spoken? for ye shall speak into the air.　　　　　　　　　　　(KJV, 1 Corinthians 14: 9)
　　　（同じようにあなたがたも，舌で明瞭なことばを語らなければ，話していることをどうしてわかってもらえるでしょうか．空気に向かって話して

いることになります）

b. But the wisdom that is from above is first pure, then peaceable, gentle, and <u>easy to be intreated</u>, full of mercy and good fruits, without partiality, and without hypocrisy. (KJV, James 3: 17)

（しかし，上からの知恵は，まず第一に清いものです．それから，平和で，優しく，協調性があり，あわれみと良い実に満ち，偏見がなく，偽善もありません）

c. A brother offended is <u>harder to be won</u> than a strong city: and their contentions are like the bars of a castle.

(KJV, Proverbs 18: 19)

（反抗する兄弟は堅固な城よりも近寄りにくい．争いは宮殿のかんぬきのようだ）

d. Of whom we have many things to say, and <u>hard to be uttered</u>, seeing ye are dull of hearing. (KJV, Hebrews 5: 11)

（このメルキデゼクについて，私たちには話すことがたくさんありますが，説き明かすことは困難です．あなたがたが，聞くことに対して鈍くなっているからです）

e. As also in all his epistles, speaking in them of these things; in which are some things <u>hard to be understood</u>, which they that are unlearned and unstable wrest, as they do also the other scriptures, unto their own destruction. (KJV, 2 Peter 3: 16)

（その手紙でパウロは，ほかのすべての手紙でもしているように，このことについて語っています．その中には理解しにくいところがあります．無知な，心の定まらない人たちは，聖書の他の箇所と同様，それらを曲解して，自分自身に滅びを招きます）

上記（1a-e）の章句について，Wycliffe派訳聖書（1395）およびTyndale訳聖書（1526）の場合はどのような英語表現になっているかを，それぞれ，

"The Wesley Center Online: John Wycliffe's Translation" <http://wesley.nnu.edu/fileadmin/imported_site/biblical_studies/wycliffe/> および "The Wesley Center Online: William Tyndale's Translation" <http://wesley.nnu.edu/sermons-essays-books/william-tyndales-translation/> のインターネット検索により調べてみると，次のようなことがわかる．すなわち，まず前者の場合は，(1) のすべての章句に tough 構文とは別の表現が用いられている．いっぽう，後者の場合，(1a) が，tough 構文ではない別表現になっているのでこれを除くこととし，さらに，(1c) は旧約聖書からの章句であり，しかも Tyndale が英語訳を手がけていない書の一つである Proverbs（箴言）(Tyndale 訳聖書については千葉 (2013: 209) 参照) からの章句であるのでこれも除くとすると，残りの (1b), (1d), (1e) は三つ共に，KJV の場合と同じように，tough 構文の受け身表現となっていることがわかる．

このように，KJV と Tyndale 訳聖書の間で同じ種類の tough 構文を用いた英語訳になっているのは，前者が後者の強い影響を受けているという事実 (cf. 千葉 (2013: 199, fn. 40; 209: fn. 50)) を如実に物語ると受け取ることができるであろう．いっぽう，Wycliffe 派訳聖書の場合，少なくとも該当箇所には，tough 構文の受け身表現が用いられていないということをどのように説明すべきであろうか．答えはそれほど明白ではないが，考えられる一つの理由としては，英語の発達過程の上で，Wycliffe 派訳聖書の翻訳がなされたこの時期は，問題の構文がまだそれほど広く使用されていなかったからかもしれない．というのも，Wurff (1990: 522, 534) や Fischer et al. (2000: 282-283) などの研究により，不定詞の部分が受け身になっている tough 構文が用いられ始めるのは 1400 年頃以降であることが知られている[1] からであ

---

[1] Poutsma (1923: 91) は，このような表現が「すでに初期近代英語 [1500-1700（千葉）] において見られる」と述べているが，その後の研究で，本文に述べたように，実際は，もっと早い時代から用いられていたことがわかったということであろう．
　たとえば，William Caxton (1422?-91) の書き物の中に，次のような該当例があるのを指摘することができる．

る．すなわち，Wycliffe 派訳聖書 が出版された 1395 年頃は，tough 構文の受け身表現がまだ一般化していなかったということが考えられるからである．

ところで，上記 (3a-e) の章句に用いられている tough 構文が，KJV 以降の主な英語翻訳聖書ではどのようになっているのだろうか．それを探るために，ウエブサイト Biblos.com Bible Study Tools の "Parallel Translation" の中に掲載されている以下のような翻訳版聖書の場合を調べてみた（各聖書の後ろに記された（ ）内の数字は，翻訳年度または出版年度を表す）．

> New International Version (1984), New Living Translation (2007), English Standard Version (2001), New American Standard Bible (1995), International Standard Version (2008), Aramaic Bible in Plain English (2010), GOD'S WORD Translation (1995), King James 2000 Bible (2003), American King James Version (1999), American Standard Version (1901), Douay-Rheims Bible (1752), Darby Bible Translation (1890), English Revised Version (1885), Webster's Bible Translation (1833), Weymouth New Testament (1903), World English Bible (1901), Young's Literal Translation (1862)

これらの翻訳版聖書のうち，tough 構文の現れる問題の箇所に関し，KJV と同じように受け身の tough 構文を用いて英語翻訳をしているものがどれだけあるかがわかるように，(1a-e) の各章句ごとに，それぞれ該当する聖書

(i) Caxton gave himself what I regard as an encouraging rule of thumb: 'in my Iudgemente,' he wrote, 'the comyn termes that be dayli vsed ben lyghter to be vnderstonde than the olde and auncyent englysshe.'　　　(Bragg (2004: 103))
（キャクストンは，私の見たところ，このことの支えとなるような一つの捉え方について述べている．すなわち，「私の判断では，日常用いている普通の言葉遣いのほうが古い古代の英語より理解しやすい」と書き残している）

を選び出して (2a–e) として分類して示すと，以下のようになる．

(2) a. King James 2000, American King James Version, English Revised Version, Webster's Bible Translation

b. American King James Version, American Standard Version, Douay-Rheims Bible, English Revised Version, Webster's Bible Translation

c. New American Standard Bible, King James 2000 Bible, American King James Version, American Standard Version, Darby Bible Translation, English Revised Version, Webster's Bible Translation

d. American King James Version, Douay-Rheims Bible, Darby Bible Translation, Webster's Bible Translation

e. King James 2000 Bible, American King James Version, American Standard Version, Douay-Rheims Bible, Darby Bible Translation, English Revised Version, Webster's Bible Translation, Young's Literal Translation

すなわち，上のリストは，たとえば，(1a) の章句の英語訳に KJV の場合と同じく受け身の tough 構文を用いているのは，(2a) に挙げたように，King James 2000, American King James Version, English Revised Version などの翻訳聖書であるということを表している．このリストを見てわかるように，受け身の tough 構文をそのまま用いているという点で，KJV の英語訳をそのまま踏襲する形を採っているものが，それぞれかなりの数存在するようである．いっぽう，自然な現代英語としての英語訳を目指したような翻訳聖書は，受け身の tough 構文を避ける傾向が強いように思われる．上記の "Parallel Translation" に登場しない The New English Bible (1972) や The NET Bible (New English Translation) (2006) などの翻訳聖書を別途調べてみることによっても，そのような傾向が見られることがわかる．

それでは，KJVとほぼ同じ時代のシェイクスピアの作品に見られる英語ではどうなっているであろうか．次の章で，その話題を取り上げてみることにしよう．

第 3 章　Shakespeare の作品の中から

　シェイクスピア関係のインターネット検索資料 "OpenSourceShakespeare: Concordance of Shakespeare's Complete Works" http://www.opensourceshakespeare. org/concordance/ (7 May 2012; 13 Aug, 2013) により，tough 述語の代表的なもの，すなわち，easy, difficult, hard, impossible, tough（およびその比較級・最上級の変化形）からなる tough 構文の例を検索した結果，以下に挙げる 6 箇所にその該当例があることがわかる。[1]
（日本語訳は小田島雄志訳（CD-ROM 版『シェイクスピア大全』新潮社, 2003）による．）

---

[1] 検索の結果，実際には，もう一箇所，下に引用する詩集 *Passionate Pilgrim* からの詩行が該当するのであるが，ただし，これは，Shakespeare 自身の手になる作品であることが確かめられている作品番号 **I, II, III, V, and XVII** (cf. "The Literature Network" <http://www.online-literature.com/shakespeare/333/>) の中には含まれていない作品番号 **XXI** の一部を成す詩行であるので，例文 (5)-(10) の中には含めないこととした．
　　Passionate Pilgrim [I, 21, 408]:
　　Words are easy, like the wind;
　　Faithful friends are hard to find:
　　Every man will be thy friend
　　Whilst thou hast wherewith to spend;

(1) *Winter's Tale* [I, 2, 118]
Polixenes:
Your guest, then, madam:
To be your prisoner should import offending;
Which is for me less easy to commit
Than you to punish.
(ではお客様ということに．
あなたの捕虜となることはあなたにたいして罪を犯すこと，
それは私には不可能なことです，罰を加えることが
あなたにとって不可能である以上）

(2) *Hamlet* [III, 2, 2242]
Hamlet:
'Sblood, do you think I am easier to be play'd on than a pipe?
(なんだ！ このおれを一本の笛よりもあつかいやすいと思っているのだな？）

(3) *Cymbeline* [II, 4, 1228]
Posthumus Leonatus:
The stone's too hard to come by.
(この宝石はきみの手には固すぎよう）

(4) *Romeo and Juliet* [II, 1, 911]
Juliet:
How camest thou hither, tell me, and wherefore?
The orchard walls are high and hard to climb,
And the place death, considering who thou art,

If any of my kinsmen find thee here.[2]
(どのようにしてここに？ なんのために？
庭の塀は高くてのりこえるのはむずかしいはず，
それにここは，あなたのお身を考えると，
この家のものに見つかれば死の入り口となりましょう）

(5) *Troilus and Cressida* [III, 2, 1766]
Troilus:
Why was my Cressid then so hard to win?
（それならばクレシダ，なぜかたくなにこばんだ？）

(6) *Twelfth Night* [I, 2, 93]
Captain:
That were hard to compass;
Because she will admit no kind of suit,
No, not the duke's.
（それはむつかしいでしょう，
なにしろどんな願いごとも受けつけないのですから，
たとえ公爵の願いでも）

このうち，さらに，不定詞の部分が受け身文になっているという条件にかなうものは (2) に挙げた Hamlet からの例のみである．このように，該当する例はごくわずかに過ぎないが，シェイクスピアの作品の中にも問題の構文を見いだすことができることがわかる．

---

[2] Jespersen (*MEG*, Part III, 11.6$_1$) は，シェイクスピアの作品からの tough 構文の例として，この (4) の例以外に，次のような形容詞 good を含む例も挙げている．
  (i) Sh Merch I.2.13 to know what were good to doe ... teach twentie what were good to be done (passive, cf 11. 6$_7$).
    （いいことをするのが，いいことを知るのと同じくらいやさしいものなら，.... なにをすればいいか教えることなら，私にだっていくらもできる）

なお，17世紀に書かれた文献の中に見いだすことのできる該当例の一つとして，*Time* (2 April 1979) に引用されている次のような例を挙げることができる（最後の3行に当時書かれた英語がそのまま引用されている．下には，この部分の日本語訳だけを挙げるに止める）．

(7)　Since rape trials often hinge on the victim's word against the defendant's, a standard defense tactic has long been to make the woman appear to have been seeking sex. Courts allowed this, generally following the admonitory dictum on rape laid down in the 17th century by the English jurist Sir Matthew Hale: "An accusation easily to be made and <u>hard to be proved</u>, and <u>harder to be defended</u> by the party accused, tho [= when, then (S. C.)] never so innocent." ("A Revolution in Rape," *Time*, 2 April 1979, p. 50)
（「このような告訴は容易になされうるし，立証するのも難しい．また被告側としても，決して潔白であるとは言えないような場合には，弁護するのがさらに困難となるような種類の告訴となる」）

　次の章では，tough構文について伝統文法家がどのような取り扱いをしているか観察してみることにしたい．

第4章　Jespersen (1927) と Poutsma (1923, 1926)

　代表的伝統文法家の中で，受け身の不定詞よりなる tough 構文について，ある程度詳しく説明しているのは，以下に取り上げる Jespersen (1927) と Poutsma (1923, 1926) である．[1]

4.1.　Jespersen (1927)

　tough 構文には，不定詞の目的語に相当する部分が，文全体の主語の位置に現れるという特徴が見られること，さらに，そのため "retroactive infinitive"（遡及不定詞）の名前で呼ばれることがあるということについては，すでに第1章において説明したとおりである．すなわち，ちょうど，受け身構文において，意味の上で動詞の目的語と見なされるものが主語の位置を占めているような姿をしているのと同じような特徴が，tough 構文にも見られることになる．このことより，「tough 構文においても，不定詞の部分が受け身

---

[1] 伝統文法の中に見られる tough 構文についての記述をいくつかまとめて取り上げ解説したものとして，Stuurman (1990: 124–136) を挙げることができる．

構文となっているような文が時折用いられるのは，容易に理解できることである」と Jespersen (1927: 216) は述べている．

さらに，Jespersen は *MEG*, Part III, §11.6$_7$ において，「今日では［すなわち，*MEG*, Part III の出版された 1927 年あたりのこと（千葉）］，ほとんどの場合，不定詞の受け身構文は，能動態の不定詞と比べるとより不自然に感じられるようだ」という趣旨の説明をしている．そこに挙げられている例文の中から，tough 構文の例だけを次に引用して示すことにしよう（下線は千葉）．

(1) a. nothynge is more easye to be founde　　　　(More U 33) [1895]
　　　（これほど見つけやすいものはほかにない）

　　b. That is easie without thy light to be found　　(Lyly C 288) [1900]
　　　（汝の明かりがなくても，それを見つけるのは容易である）

　　c. money was so hard to be got here　　　　　(Swift J 68) [1901]
　　　（ここでは，お金は容易には手に入らなかった）

　　d. this is not easy to be obtained　　　　　　　(ib 3.208) [1901]
　　　（それを手に入れるのは容易ではない）

　　e. how hard he thought I would be to be gained　(Defoe M 17) [1722]
　　　（私のことを手に入れるのはなんと困難なことかと彼が思ったとしたならば）

　　f. things were hard to be distinguished　　　(Stevenson M 33) [1887]
　　　（物事をはっきりと見分けるのは困難だった）

　　g. If men indeed had ever been so simple to be explained this world were as easy to manage as a pasteboard theatre
　　　　　　　　　　　　　　　　　　　　　　　(Hewlett Q 68) [1904]
　　　（もし人というものが，実際そんなに簡単に説明できるものだったら，この世の中は，ボール紙でできた劇場のように御し易いものとなるであろう）

　　h. the reproach was merited, and not easy to be outfaced

第 4 章　Jespersen (1927) と Poutsma (1923, 1926)

(Gissing G 300) [1891]

(その非難は的を射たものであり，反駁するのは容易ではなかった)

i. good books. He did not think them easy to be read.

(Stevenson MB 147) [1882]

(それらはいい本であったが，彼には読みやすくはないと思われた)

j. do you thinke that I am easier to be plaid on, than a pipe?

(Sh Hml III.2.388) [1601-2] [= Ch. 3, (2)]

k. money was never so hard to be come at as now

(Goldsm V. 1.139) [1766]

(当時，お金を手に入れるのは，今日のようには決して難しくなかった)

l. Margaret was old, and blind, and easy to be imposed upon.

(Lamb R 14) [1798]

(マーガレットは年老いていて目が見えず，人から付け込まれやすかった)

各例文の出典についての情報のうち，出版年度あるいは翻訳年度を Jespersen, *MEG*, Part VII, pp. 1ff. に基づき例文の後ろに [　] の中に入れて示してある．これらの年度を見てわかるように，例文は，いずれも，17 世紀から 20 世紀初頭に掛けてのものである．[2]

4.2.　Poutsma (1923, 1926)

後に tough 構文と呼ばれるようになる種類の不定詞の用法について，Poutsma (1926: 459) は次のように説明している．すなわち，「この不定詞構文の場合，能動態を用いるのがふつうであるが，受け身を用いるのが特に異常な用法であるというふうにみなしてはいけない．事実，言語直観の上か

---

[2] 例文 (1a-l) の出典についてのさらに詳しい情報については，Jespersen, *MEG*, Part VII, pp.1ff., "Abbreviations and List of Books Quoted in Vols. II-VII" 参照．

らは，受け身不定詞を用いるほうが論理的に思われるということから，この用法のほうが時々選ばれるということが近代英語期全般を通して見られるのである」と述べ，それを示す具体例を数多く挙げている．しかしながら，例文の種類から見ても，またその出典作品の書かれた時代から見ても，上に挙げた例文 (1) と同種のものであると言えるので，ここではそれらを引用するのを控えることにする．（上に述べた，「受け身不定詞を用いるほうが論理的に思われる」ということについては，§4.1 で取り上げた Jespersen による説明と一脈相通ずるところがあるように思われる．）

Poutsma はまた，Poutsma (1923: 91) においても，「能動態不定詞に代わって受け身不定詞が時折用いられるという現象は，すでに初期近代英語において見られる現象であり，その後もさらに現代［すなわち，この書物の出版された 1923 年の時点における「現代」（千葉）］に至るまで，受け身不定詞の tough 構文を用いるのはまれなことではない」という趣旨のことを述べている．なお，Jespersen (1940: 271) は，受け身不定詞一般の使用頻度について，15 世紀から 18 世紀の間は，今日と比べ，もっとありふれた表現として用いられていたということを述べている．

しかしながらその一方で，Poutsma は，ほとんどの場合，能動態不定詞のほうが用いられるということにも触れ，それはなぜだろうかという問いを投げかけている (p. 86)．ここで，「なぜ不定詞が受け身になっていないのか」を問題にするということは，次のような理由によるものと考えられる．すなわち，tough 構文の文法上の主語と（他動詞としての）不定詞との関係が，ちょうど，受け身文の場合の，文法上の主語と述語動詞の関係に相当する（§4.1 参照）ので，受け身文と同じように，不定詞もまた受け身にする必要があるのではないかというような論理が働くからであろう．そして，その問いの答えとして，tough 構文の文，たとえば，This question is difficult to answer が To answer this question is difficult あるいは It is difficult to answer this question のような複合文 (a complex sentence) が「凝縮されて (condensed)」できた文のように感ぜられるからであろう (p. 86) というよう

な説明を加えている．このことは，すなわち，不定詞を受け身形にしなくても，これら複合文を背景にして，主節主語と不定詞の論理関係が正しく認識できるので，あえて受け身形を採る必要はないということであろうか．（不定詞において，ヴォイス上の違いを形態的に表示しない現代オランダ語においては，受身形態をとらない不定詞が，そのまま受け身の意味に解釈できるということについては注4参照．）

なお，このように，tough 構文を関連ある複合文の「凝縮」されたものと捉えるのと同じような見方をする言語研究の例として，Bolinger (1961: 373) の言う「統語的混交 (syntactic blends)」の観点や，M. Jones (1983: 134ff.)，Boutault (2011) の言う「特性併合 (property fusion)」の観点からの捉え方を加えることができるであろう．

以上観察してきたように，少なくとも近代英語の時代においては，tough 構文の不定詞の部分がこのように能動態になっている場合と，受け身になっている場合の二つの場合が許されていたことになるが，具体的コンテクストにおいて，いずれを用いるべきかを決めるような何か原理は見いだされないであろうか．Poutsma (1923: 91) は，まさにこの問題を提起しているが，明確な答えは彼自身見いだすことができなかったようである．すなわち，「これら二つの構文の例を吟味してみると，もう一方の表現に変えるとどこか不自然な言い回しになってしまうように思われる場合がときには見つかるとは言え，どちらの表現を選ぶべきか決めるのに，これまで作家たちがよりどころとしてきたような原理を何か挙げるというのは困難である」(p. 91) というような述べ方をしている．[3]

---

[3] ただし，いくつか指針となるようなものについては，具体例を挙げて説明している（p. 92）．たとえば，能動態の文の主語だったものが by～の形で後ろに位置するような表現の場合は，当然ながら受け身不定詞とならざるを得ないとして，下記 (i) のような例を挙げているのが，その一つである．

(i) Our own language affords many (sc. writers) of excellent use and instruction, finely calculated to sow the seeds of virtue in youth, and very easy to be comprehended by persons of modest capacity.　　　　(FIELD., Jos. And., I, Ch. I, 1)

なお Poutsma (1926: 459) は, tough 述語の形容詞の代わりに, それに相当する副詞を用いたような構文が新たに登場するようになったことを指摘している. ただし, この種の構文が頻繁に用いられるのは, これまでのところ, 特に副詞 easily の場合に限られ, また, そのときの不定詞は通常受け身になっているということも付け加えている.[4] 彼が挙げている例文を下記例文

(徳の種を若者の心に植え付けることのできるように心配りされていて, しかも, まあまあの能力さえあれば誰にでも理解できるような見事な表現や教えを示してくれる (作家の) 例を, 我々が日常用いている言語が数多く提供してくれている)
なお, 本文で次に取り上げる, 形容詞 easy の代わりに副詞 easily を用いたような構文の場合も, そのような指針の一つに加えることができる.

[4] この種の構文については, Jespersen (1940: 272f.) においても言及されている. すなわち, He is easy to deceive と He is easily deceived の二つの文が, 奇妙ではあるが, それでも論理にかなったやり方で混交されて, He is easily to be deceived のような文が生まれたと説明している (p. 272). Poutsma (1923: 92) では, このように, 受け身のときにだけ easy が easily になるというのは「奇妙なことではあるが」という感想を漏らしている.

形容詞が副詞的用法で用いられる (あるいは, 完全に副詞としての形態で用いられる) ときに, 受け身不定詞が続く傾向が見られることについてさらに詳しく説明したものとして, Fischer (1991) を挙げることができる. すなわち, Fischer (1991: 175ff.) は次のような趣旨の説明をしている. 主語名詞句と形容詞の間に, 主語・述語の関係がまだ強く感じられている間は, たとえその名詞句が不定詞の論理的目的語の働きをしているとしても, tough 構文に受け身不定詞が用いられる傾向がそれほど強く表れるということはまだ生じていなかったのであるが, この主語・述語の関係がはっきりと表面に表れなくなると, すなわち, 形容詞の持つ文副詞的機能がいっそう明確になるに従って, 受け身不定詞が以前と比べてより普通に用いられるようになってくる. このことを示す例文として, Fischer (1991: 175) は, 本文において次に挙げる例文 (2d) と同じもののほか, さらに次のようなものを挙げている (これらの例文のイタリック体 (原文のまま) の部分は, 上に述べたように,「形容詞が副詞的用法として用いられる」のをさらに後押しする働きがあるものと思われる).

(i) a. whose blood ... was *ful* unmetely to be matched with his
(c1532 St Thomas More, Wks (1557) 135 E 3, Visser p. 2098)
(その人の血筋は… 彼の血筋との釣り合いを考えた場合, まったくふさわしくないものであった)
b. The olde Ewes ... be easili*er* to be entreated
(1577 Barnaby Googe, Four Bks of Husb. III 139, Visser p. 2098)
(年老いた雌ヒツジのほうが扱いやすい)
c. It seemed to them *too* funny to be endured
(1945 Norman Collins, London belongs to me (Collins) 42, Visser p. 2099)
(彼らには, 我慢するのがあまりにも滑稽に思えた)

第4章 Jespersen (1927) と Poutsma (1923, 1926)　　25

(2) として引用しておこう（下線は千葉）．

(2) a.　The insolence and resentment of which he is accused were not

---

　近代後期になって，形容詞の後ろに不定詞が現れるような構文のほとんどの場合において，受身不定詞が（再び）用いられなくなったのに対し，上記のような場合だけは例外で，現代英語においても受身不定詞が依然として用いられているということを Fischer (1991: 176) は指摘しているが，これは，Poutsma (1926: 459) の観察と同種のものであり，大変興味深い現象であると言える．
　上記のような Fischer (1991) の考察は，英語の tough 構文に相当する現代ドイツ語表現に見られる特徴と密接に関連するところがあると思われる．すなわち，ドイツ語において，英語の tough 構文に相当する例文を挙げると下記例文 (iia-c) (Comrie and Matthew (1990: 46f.)) のようなものが考えられる．
  (ii) a.　Dieses Problem ist leicht zu lösen.
　　　　　'This problem is easy to solve.'
　　　b.　Das ist schwer zu beantworten.
　　　　　'That is hard to answer.'
　　　c.　Der Kerl ist unmöglich zu ertragen.
　　　　　'The guy is impossible to stand.'
Comrie and Matthew (1990: 46ff.) によると，このような 'easy' タイプの形容詞は数の上で制限されているのであるが，興味深いことには，これらの形容詞はむしろ副詞としての働きをになっていて，下記例文 (iii) の主節部 "Ich glaube" が表す文副詞的な働きに相当すると考えられる．
  (iii)　Ich glaube, daß dieses Problem zu lösen ist.
　　　　I　believe　that this　 problem to solve is
　　　　'I think this problem can be solved'
また，上記 (ii) に見られる構文は，統語構造の上で表面的に英語の tough 構文に似た姿をしているが，意味的用法としては，ドイツ語に見られる，より一般的な「可能」「義務」などの意味を表す「法的不定詞 (modal infinitive)」の用法の一つとして捉えることができる．詳しくは，Comrie and Matthew (1990: 46ff.) 参照．
　なお，easy が easily の形で用いられることがあるということと密接に関係すると思われる，現代オランダ語に関する tough 構文の持つ特徴について，Zwart (2012: 155) が指摘している次のような言語事実もここに加えておこう．すなわち，Zwart によると，オランダ語においては，下記例文 (iv) に見るように，tough 構文の不定詞は受け身の意味を表す過去分詞の形で表すことが可能である．
  (iv)　Het tentamen is makkelijk {　te make-en　/　gemaakt　}
　　　　the　test　　is　easy　　　to make-INF　 make:PART
　　　　'The test is easy to make.' / 'The test is easily made.'
この文において，過去分詞 gemaakt 'made' がピッチアクセント (pitch accent) を持っていることから，形容詞 makkelijk 'easy' は副詞の働きをしていることがわかるであろう．さ

easily to be avoided by a great mind.　Johnson, Life of Savage

(Walt. Ral., Sam. Johns., 19)

（彼が非難されているその横柄な態度と憤りは，彼のような偉大な精神の持ち主にとって，容易に払拭できるようなものではなかったのである）

b.　He is not so easily to be shaken from the lasting attachment founded on esteem.　　　　　(Lamb, El., Bach. Complaint)

（高い評価のもとに築かれ，長続きしてきた彼との友情は，いとも簡単に揺るぐようなものではない）

c.　Situated as the insurgents were, the loss of a man of parts and energy was not easily to be repaired.　　(Mac., Hist., II, Ch. V, 146)

（反乱軍の立場に置かれていたので，才能と精力に満ちた男を一人失うのは容易に補うべからざる損失であった）

d.　Jack Rapley is not easily to be knocked off his feet.

(Miss Mitford, Our Vil., Ch. II, 23)

（ジャック・ラプリーはやすやすと足元をすくわれるような人物ではない）

e.　He (sc. Lord Beresford) was a product of an old school, a type which, as the old order changes, is more and more hardly to be found.　　　　　　　　　　　　　(Westm. Gaz., No. 8179, 4 a)[5]

らに，一般的に不定詞はヴォイスの区別を形態的に表すすべを持たないが，下記例文 (v) のような場合には，明らかに，受身としての意味として解釈可能であるということも Zwart は指摘している．

(v)　Het tentamen is nog te make-en
　　 the test   is still to make-INF
　　 'The test still needs to be made.'

[5] これらの例文の後には，「以下のような文と比較参照せよ」として，次のような例文が続いていて，

(i)　*His description is easily abridged* (Dick., Pickw., Ch. II, 10) = *His description is easily to be abridged*, or *His description is easy to abridge*.
（彼の記述内容は要約しやすい）

(彼すなわちベレスフォード卿は，昔の規律の変化に伴い，今ではますます見つけるのが困難となっているタイプの古い学校で教育を受けた）

さらに，同じような構文の例として，
(ii) *This may be easily tested experimentally by pressing the little finger against the palate.*　　　　　　　　　　　　　　　　　　　　(Sweet, Sounds, § 76)
（このことは，小指を口蓋に当てることによって実験的に容易に試すことができるかもしれない）
が提示されている．

なお，本文中の例文 (2d) は Jespersen (1927: 219) においても，「形容詞の代わりに副詞を用いた混乱した (confused) 構文」として取り上げられている．

第 5 章　19 世紀，20 世紀から現代に至る受け身 tough 構文の使用頻度推移

　すでに述べたように，不定詞の部分が受け身になっている tough 構文は 1400 年頃以降用いられるようになったということが知られている．ただし，Jespersen (1927) や Poutsma (1923, 1926) による記述からもわかるように，どちらかというと，能動態不定詞の tough 構文を用いる頻度のほうが多いという傾向が見られるという観察もなされている．さらに現代英語になると，受け身不定詞の tough 構文を用いた文は，§9.4 で取り上げることになるいくつかの場合を除いて，一般的には用いられなくなるようである．受け身不定詞の tough 構文が非文法的文であるとする母語話者の反応が示されたような論文もいくつか指摘できる．たとえば，下に引用する非文法的文の例を挙げている Iannucci (1979: 328) がそのような論文の一つである．

(1) a. *The problem was hard to (be) solve(d) by the research team.
　　b. *The problem was a bitch to (be) solve(d) by the research team.[1]

---

[1] すでに述べたように，a bitch (= any difficult or unpleasant task) は品詞としては名詞であるが，tough 述語の一つである．名詞表現が tough 述語となる例については，ほかに a cinch (簡単なこと，朝飯前)，a delight, a joy, a pleasure, a pain in the ass / neck (うんざ

同じような事実を指摘しているものとして，さらに Lasnik and Fiengo (1974: 552ff.)，Montalbetti, Saito and Travis (1982: 351)，Montalbetti and Saito (1983a, b)，Rivière (1983: 33)，Goodall (1985: 72)，C. Jones (1985: 182f.; 1991: 144)，Yip (1995)，Chomsky (2000a: 168; 200b: 95)，Fischer et al. (2000: 257)，Anderson (2005: 231)，Postal (2010: 336)，Obata and Epstein (2012: 379, fn. 11)，中島 (2016) などを付け加えることができる．

　そこで，問題の構文の現代英語における使用頻度ならびに，現代に至るまでの過去何年かにわたる変化の様子をもう少し詳しく探るためにインターネットのデータコーパス The Corpus of Historical American English (COHA)[2] を検索し，tough 述語 difficulty, easy, hard, impossible, tough の各年度ごとの使用頻度を調べてみた．以下に示す表が，その結果をまとめたものである．

りさせる人・もの・こと，悩みの種)，a waste of time などがある (Lasnik and Fiengo (1974: 568)，Akatsuka (1979: 5)，荒木・安井 (1992: 1511 左)，McCawley (1998: 109) 参照)．
　Mulder and den Dikken (1992: 306, fn. 5) は，tough 述語が主節主語を直接 θ 標示するのではないことを示す証拠の一つとして，tough 述語名詞 a bitch に関する次のような言語事実を指摘している．すなわち，下記例文 (ia) に見るように，
　(i) a.　Mary / *John is a bitch.
　　　b.　John is a bitch to have to deal with.
ふつう，述語名詞 a bitch は主語として [+female] の名詞を要求するが，tough 述語としての a bitch の場合，上記例文 (ib) に見るように，主節主語の位置を John のような [-female] の名詞が占めていても文法的な文となる．このことは，すなわち，(ib) において，a bitch の意味上の主語は John ではなく to deal with John であることを示しているということになる．
　なお，このことに関しては，次のような説明も有効かもしれない．すなわち，tough 構文として用いられる bitch は，意味の上では difficult の意味に近く，また，指示的名詞 (referential noun) ではなく非指示的名詞 (non-referential noun) として用いられているという説明が考えられるであろう (Chung (2001b: 194ff.) 参照)．
　[2] 米国 Brigham Young 大学の Mark Davies によって 2010 年に作成されたアメリカ英語データコーパスで，1810 年代から現代に至までの 4 億語以上からなる言語資料を含んでいる．

(2)

	1810	1820	1830	1840	1850	1860	1870	1880	1890	1900	1910	1920	1930	1940	1950	1960	1970	1980	1990	2000	
difficult	5	9	30	29	27	14	11	6	1	4	3	2	0	0	0	0	2	0	1	0	144
easy	8	27	22	35	17	10	6	7	5	5	2	3	1	0	2	0	1	0	0	0	151
hard	2	12	15	21	16	16	14	8	7	4	2	1	0	0	0	0	0	0	0	0	118
impossible	1	5	9	6	7	5	3	2	5	6	1	6	0	0	1	1	0	2	0	0	60
tough	0	0	1	0	0	0	0	0	0	0	0	0	1	0	1	0	0	0	0	0	3

(Table 1: *Tough* with passival infinitive)

この表に示されているデータによると，19世紀前半にはかなりの使用頻度が見られるtough述語の受け身構文も，19世紀末から20世紀初頭になると，その使用頻度がかなり少なくなり，さらに21世紀に入ると，その数値が全般的にゼロにまで落ち込むようになることが読み取れる．このように，現代英語においては，Jespersen (1927: 219) も指摘するように，この種の構文は次第に用いられなくなっていることが，上の表からもよく理解できるであろう．[3]

いっぽう，もう一つ別のデータコーパス Corpus of Contemporary American English (COCA) (400 million words, 1990-2012, Brigham Young University) を検索して，difficult, easy, hard, impossible, tough を含む受け身の tough 構文の例をチェックしてみたところ，以下のようなわずかの該当例が見つかることがわかる (6 July 2014 の調査)．

(3) a. This conveniently fits into that CRUICKSHANK. It's a big world we live in, and the American Army was easy to be held responsible for not posting guards and indeed for being responsi-

---

[3] Anderson (2005: 119) は，OED および Helsinki Corpus (Hofland (1991)) に基づく調査により，受け身の tough 不定詞構文（および tough 非人称構文）がおおよそ19世紀後半になって消滅するに至るという捉え方をしている．なお，この構文の1920年代あたりの使用状況について，Jespersen (1927: 216) が述べている「この種の受け身構文は，ほとんどの場合，能動態のものと比べ不自然に感じられる」という主旨のコメント（§4.1 参照）のことも想起されたい．

ble for the destruction of the items. ("International Correspondents," CNN_Intl, 2003)

b. ..., and such a person was <u>difficult to be found</u>, they did not doubt but that .... (J. G. Braddock, Sr., "The Plight of a Georgia Loyalist: William Lyford, Jr.," *Georgia Historical Quarterly* 91 (2007) 247-65)

c. Budget crunches, you know, were severe, and requests for police officers were <u>hard to be funded</u>, so we started looking around for ways to supplement our manpower and try to deal with these things. ("Clinton Announces White House Staff Cuts," NPR_ATC, 1993)

d. On the contrary, the positive relationship revealed by both the zero-order correlation and the multiple-regression procedures are [sic] <u>hard to be ignored</u> as they are both significant at the .01 level — a stringent level of statistical significance. ("Contributions of Thinking Styles to Critical Thinking Dispositions," *Journal of Psychology* 137 (2003), 517-543)

e. If, however, comparisons must be made, we are bound to say that this fight is <u>impossible to be granted justice</u> and therefore can be called, no matter what one says, underrated. ("Overrated & Underrated," *American Heritage* 49 (1998), p. 44)

f. Mr. Gorbachev is wrong, Mr. Bush is wrong, and a comment of Philip Talbot, from Time Magazine, is that Mr. Landsbergis is also wrong, that this practically is the problem which is <u>impossible to be settled up</u>. ("Newshour 900417," PBS_Newshour, 1990)[4]

---

[4] 以上6つの例文に加えてあと一つ, difficult を含む例文が該当例としてヒットしたが, 英語の母語話者の書いたものではない可能性があるので, ここには引用するのを控えた. なお, tough 述語のうち easy / tough を中心に, その受け身不定詞構文の使用頻度をデータコーパス COHA, COCA, British National Corpus および Google 検索により調査報告して

また，現代英語において時たま見かけることのある使用例の中には，以下のように，Time 誌に見いだされるようなものがある．

(4) a. Newt Gingrich, trying to figure out how the campaign-finance investigation could be done anywhere other than Burton's committee, may have been wondering if declaring the subject within the purview of, say the Agriculture subcommittee on livestock, dairy and poultry would be seen as too much of a strength. The Clinton[s] are just not easy to be caught by a pumpkin head. (*Time*, 18 Nov. 1998)
 b. It wasn't supposed to end like this. Something like 20 previous jobs had been nearly effortless, too easy to be planned. (*Time*, 26 April 1999)[5]
 c. He snarled at a slow-moving ball boy, gulped a handful of salt tablets, and finally took out his explosive anger on Hoad. His blistering serves kicked too high and hard to be handled. (*Time*, 27 January 1958)

ところで，上記 (4a) の最後の文 "The Clinton[s] are just not easy to be caught by a pumpkin head." は Hoover (2007: Sec. 11) によっても取り上げられている．Hoover は Chomsky (2000a: 168) が例文 "John was (too) easy to be caught." のような文を非文法的文として説明しているのに対して，「このような文を誰もが非文法的文とみなすわけではない」と非を唱え，ウエブサイトの Google 検索によると，質の点では問題があるかも知れないが，何千もの同種の例文（すなわち "John was easy to be found" のたぐいの文）を

いる研究として Maruta (2012) を挙げることができる．

[5] この例文は，「too / enough 構文」の形になっているので，（人によっては）自然な文として受け入れられるのかもしれない．詳しくは，第 7 章の注 6 および注 12 参照．

見いだすことができると主張している．さらに Hoover (2007: Sec. 12) は，Google 検索によって得られる例文として，Addison 1694, Swift 1726, Hume 1748, Boswell 1791, Cooper 1840, Morris 1895 など歴史的に著名な文筆家による作品から 12 の例文を紹介している．

　この種の例文がインターネット検索によって「数多く」入手できることを示すことによって，Hoover が主張しているのは，次のような事柄である．すなわち，Chomsky (2000a) が主張していると Hoover が考えている議論，すなわち，例文 "John is easy to be caught" は「文法の生得的原理に違反している」(Hoover (2007: Sec. 12)) ので非文法的文となるという議論，は成り立たない．さらに彼は，実際入手できるこれら数多くの例文は Chomsky の理論に対する反例とみなされるべきであるとも主張している．

　残念ながら，このような Hoover の主張は，例文 "John was (too) easy to be caught"（および，それに関連して Chomsky が挙げているその他の例文 (cf. Chomsky (2000a: 168, (1)))）を一つの具体的言語データとしながら Chomsky が説明しようとしている FL（the faculty of language，言語機能）（および FL の研究）についての説明をいささか誤解しているように思われるので，そこに示されている Hoover による「チョムスキー批判」は，Chomsky にとっては，おそらく痛くも痒くもないのではないだろうか．

　Hoover が用意した英語の言語データを基に主張できることは，むしろ，次のようなことであろう．まず，受け身の不定詞よりなる tough 構文が，現代英語において非文法的文となるかどうかについては，方言差が認められる可能性があるということ．この点に関し残念に思われることは，現代英語における問題の構文の文法性に対する Hoover 自身の反応が明確にされていないということである．問題となっている構文を文法的であると判断するような方言が現在どのくらい広く（あるいは狭く）分布しているのかということは，筆者自身もぜひ知りたいと思っていたことなので，もし彼自身の反応についての説明が論文の中に記されていたなら，問題の構文に関するありうる方言差についての貴重な情報が得られたことになるのにと，少々残念に思う

次第である．

　Hoover の挙げているデータを基に主張できる（というより，推測できる）二つ目の事柄は，問題の構文が許されるかどうかについては英語の歴史的変化が関係しているのではないかということである．すなわち，Google 検索により Hoover が後半部で挙げているデータは，そこに挙げられている例を見る限り，1694 年から 1909 年にかけての時代のものであるので，そのことから，少なくともこの時代の英語にあっては，（現代英語とは異なり）問題の構文がもっと広く受け入れられていたのではないかということが推測できるであろう．

　このように，「文法に見られる方言差」および「文法の歴史的変化」の観点から Hoover の主張を捉え直すことにより，ここで取り上げた Hoover の議論は，より積極的な言語学的貢献につながる可能性があると思われる（実際，本書におけるこれまでの議論は，上記二つの観点に沿った議論となっていると言えるであろう）．このように整理し直してみると，たとえ主張する観点は異なっていたとしても，Hoover の指摘している言語データは，本書でこれまで筆者が取り上げてきたものとかなり重なる部分があり，その意味で大変興味深い資料の一つになっていると言える．

　さらに，British National Corpus (BYU-BNC) (100 million words, 1980s-1993) を検索した結果，以下のような例を含むごく少数の使用例を採録することができた (7 July 2014)．[6]

(5) a. Should obstacles be taken into account in the decision process? Probably not. The decision should be made in the first instance as if it were easy to be made. Then the obstacles are examined. (Edward de Bono, *Atlas of Management Thinking*, Penguin Books,

---

　[6] なお，"The Sketch Engine: enTenTen12" による検索結果のデータの中にも該当例をいくつか見いだすことができるが，英語母語話者の書いた英文であるかどうかを確かめることができていないので，ここには採録しないことにする．

1988)

b. Thus an English ambassador going to Stockholm in the mid-seventeenth century took with him a great quantity of household goods and even food "hard to be met with in Sweden," as well as enough horses to fill a ship hired specially to carry them. (M. S. Anderson, *The Rise of Modern Diplomacy 1450-1919*, Longman, 1993)

c. Until the seventeenth century the courts would declare Acts of Parliament void if they considered them contrary to natural law, repugnant to the law or impossible to be performed. In modern times any such challenge has been totally unsuccessful. (Greer Hogan, *Nutshells: Constitutional and Administrative Law*, Sweet & Maxwell Ltd, 1990)

　以上観察したように，現代英語の方言の中には，受け身不定詞によるtough 構文を問題のない表現とするような方言や個人語が存在するようであるが，そのような方言や個人語が広い分布を示すとは決して言えないというのが事実のようだ．

　ついでながら，次に示す，筆者の依頼した米国人インフォーマントによる反応からも，一般的に，不定詞の部分が受け身になっている tough 構文（厳密には，少なくとも現代英語においては，「tough 構文まがいの構文」などと称すべきものかもしれない）は非文法的文になる傾向が強いと言えるであろう．[7]

---

　[7] これらの例文は，後ほど第7章の注4において例文 (i) として取り上げる，Yip (1995) が用いたアンケート用の例文のうち，受け身の不定詞を含む例文のみを選んで，筆者の知人の英語母語話者に示してその反応を調べたものである．
　なお，Postal (1971: 29)，Lasnik and Fiengo (1974: 544)，Imai et al. (1995: 225) にも指摘されているように，tough 構文の主節主語は，定名詞句もしくは総称的 (generic) な意味を持つ不定名詞句でなければならないという制約がある（下記例文 (i), (ii) 参照：(ia, b), (iia, b) は Postal (1971: 29) より，また (ic) は Lasnik and Fiengo (1974: 544) より；例文 (ib) の Sm は母音を弱く発音した場合の some を，また，Some は母音を明確に発音した場合の some をそれぞれ表す）．

(6) a. *Some facts are difficult to be explained by this theory.

b. *Some people are impossible to be convinced.

c. *My wife is easy to be pleased.

(i) a. *A car/The car which I gave Bill is difficult for him to drive slowly.
b. *Sm cheese/Some cheese is tough for Jack to eat slowly.
c. *A man/*Someone/John would be easy to kill with a gun like that.
(ii) a. Cars are tough to park in Manhattan.
（車はマンハッタンでは駐車するのが困難だ）
b. A fox is very easy to lure into a box.
（狐はいとも簡単に箱の中に誘い込むことができる）

ただし，上記例文 (iia) は，主語 cars についての一般的記述というより，むしろ，Manhattan の持つ一般的特徴の一つを記述していると言えるであろう．このように，主語名詞句以外の部分についての一般的な記述の形をとる場合も，tough 構文の主語に不定名詞句が用いられることがあるということを Ioup (1975: 194, note 5) は，下記例文 (iiia, b) を挙げながら指摘している．

(iii) a. A math test is easy for Martha to pass.
（マーサだったら数学の試験はたやすいものです）
b. A cheap hotel will be hard for you to find.
（安いホテルを探すのはあなたには無理なことでしょう）

本文に挙げた例文 (6a, b) は，上に述べた「tough 構文の主節主語は，定名詞句もしくは総称的 (generic) な意味を持つ不定名詞句でなければならない」という制約によりどのみち非文法的な文とみなされるのではないか，というような疑問が生じるかもしれない．したがって，(6a, b) は例文として適当ではないのではないかと思われるかも知れない．

ただし，(6a, b) に対応する能動態不定詞の場合は，次の例文に見るように，文法的な文となることがわかる．

(iv) a. Some facts are difficult to explain by this theory.
（この理論では説明するのが難しいような事実がいくつか存在する）
b. Some people are impossible to convince.
（説得するのが困難な人もいます）

これらの文の主節主語として用いられている "some facts" および "some people" は，それぞれ，"some specific facts" および "some specific people" の意味で用いられているので，上記の制約に違反することはないと言える．これは，ちょうど，上記例文 (ib) のうち，Some cheese を主語とするほうの文が許されるのと同じである．

第 6 章 **OE, ME 時代の tough 構文の特徴と
その歴史的変化**

　これまでにも触れるところがあったように，不定詞の部分が受け身になっている tough 構文が用いられ始めるのは 1400 年頃以降である．ただし，tough 構文そのものは OE 時代から存在することが知られている．そこで，次のセクションでは，OE および ME 時代の tough 構文の特徴とその歴史的変化について考えてみたい．

6.1.　古英語の tough 構文

　OE 時代から存在する tough 構文[1]にその後起こった主な変化として，次

---

[1] Lightfoot (1973: 298, fn. 2) は，「tough 構文の起源を特定するのは難しい．Jespersen (MEG III 11.6$_1$) が Chaucer からの例をいくつか挙げているが，それより前の時代には tough 構文はほとんど用いられていなかったようだ」という趣旨のことを述べている．それに対し，OE における tough 構文を含むいくつかの不定詞構文の使用分布状況をかなり詳しく調べている Wurff (1992a: 229f.) は，この時代において，英語で書かれた資料の中に tough 構文の例をかなりの数見出すことができるという事実を挙げながら，上記のような Lightfoot の指摘に異を唱えている (OE における tough 構文の研究については，ほかに，Allen (1980), Kemenade (1987), Wurff (1987, 1990, 1992b), Chung and Gamon (1996:

のような二つの文法上の変化を指摘することができる．すなわち，まず第一に，tough 構文を作り出す主な統語的規則として用いられていた規則の種類が，それまでの NP 移動 (NP movement) から Wh 移動 (Wh movement) へと変化したことが考えられる．第二に，受け身不定詞の tough 構文が後期中英語時代にいったん登場するが，現代英語になって，一般的には許されなくなるという変化が見られる．以下，この二つの言語変化およびそれに関連した現象について簡単にまとめてみよう．

OE 時代は，下に挙げる現代英語の tough 構文の例文 (1a-c) のうち，(1a) に相当する構文だけが用いられ，(1b, c) のような前置詞残留を含む構文は用いられていなかったと考えられる (cf. Allen (1980: 283, fn. 25), Wurff (1992a: 239; 1992b: 64f.), Chung and Gamon (1996: 59f.), Fischer et al. (2000: 262))．

(1) a. John was easy to convince.
    b. The problem was tough to deal with.
    c. He is hard to get a straight answer from.[2]

59f.), Fischer et al. (2000: 262)) などを挙げることができる)．

[2] ただし，前置詞残留の可能な別の構文の例として，Allen (1980: 283) は下記 (i) のような例を挙げている．

(i) Wæs seo wunung ðær swyðe wynsum *on* to wicenne   (Alc.S.XXX.315)
    Was the dwelling there very   pleasant in to camp
    'The dwelling there was very pleasant to camp in ___.'

上の例文に現れる形容詞 wynsum 'pleasant' は，後ほど本文で取り上げる pretty タイプの形容詞のグループに属し，tough 構文とは別の種類の不定詞構文を構成すると考えられる．しかしながら，Kemenade (1987: 152) は，このような種類の文も tough 構文の一つと捉えているようで，したがって，OE の tough 構文にも前置詞残留が可能であった（というより，義務的であった）という説明の仕方をしている．Kemenade (1987) の挙げている下記例文 (ii) (p. 152, ex. (19)) を参照．

(ii) forðon ðe heo is hwiltidum symlte and myrige on to rowenne, ...
                                                                (AHTh, I, 182, 31)
     because that she is sometimes serene and pleasant on to live
     'because it is sometimes serene and pleasant to live in'   (AHTh, I, 182, 31)

第 6 章　OE, ME 時代の tough 構文の特徴とその歴史的変化　　　41

　いっぽう，下記 (2a-c) のような wh 疑問文の場合は，現代英語において と同じように，OE においても，いずれも文法的な文となる (cf. Fischer et al. (2000: §2.6; p. 269))．[3]

(2) a.　Who$_i$ did you convince t$_i$?
　　b.　Who$_i$ did you deal with t$_i$?
　　c.　Who$_i$ did you get a straight answer from t$_i$?

　すなわち，上記 (1b, c) に相当する前置詞残留を含んだ文の場合でも，(Wh 移動の適用により生成される) wh 疑問文の場合であれば，OE の時代においてもそれが生成可能であったということになる．ただし，関係節構文のうち，wh-word による wh 関係節に前置詞残留の現象が見られるようになるのは，中英語以降になってからである (cf. Koma (1981: 136ff.)，Denison (1993: 132, 145)，Fishcer et al. (2000: §2.6)，Murakami (2002: 95))．

　したがって，現代英語の tough 構文の分析において広く受け入れられてき

　形容詞 pleasant は，tough 述語の用法と「主語読み」の解釈 (§6.2.2.2 参照) を併せ持つ形容詞である，ということを Hendricks (2013) が以下のような例文を挙げながら指摘している．

(iii) a.　It is pleasant for you to say such things.
　　 b.　Such things are pleasant to say.
(iv) a.　It is pleasant of Jill to say such things.
　　 b.　*Such things are pleasant of Jill to say.
　　 c.　Jill is pleasant to say such things.

両者の違いは，前置詞句として for NP，of NP のいずれと共起するかということと密接に関係している．すなわち，of NP と共起する場合の pleasant は，上記例文 (ivb) が示すように，tough 構文とは相容れない関係にある (詳しくは，Hendricks (2013) 参照).

　なお，Allen (1980: 283, fn. 25) は，前置詞残留ばかりでなく，随伴 (pied piping) の現象も，この時期の tough 構文には見られないということを指摘している．

[3] ただし，Kemenade (1987: 152) は下記例文 (i) を挙げながら，OE の wh 疑問文においては，前置詞の目的語を移動するときは，常に前置詞随伴の形の疑問文にしなければならない (すなわち，前置詞残留は起こらない) という説明をしている．

(i)　Mid　hwam mage we bicgan hlaf   disum   folce;　　　(AHTh, I, 182, 6)
　　 with　what can   we buy   bread for this people;

ているアイデア，すなわち，tough 構文の生成にかかわる主要部分が，NP 移動ではなく Wh 移動によるとするアイデアが，もし OE についても当てはまるとするならば，現代英語の場合と同じように，(2b, c) に対応する tough 構文の文 (1b, c) も文法的文として生成されてもいいことになるはずである．しかし，上で見たように，それは事実とは異なるので，現代英語の tough 構文の場合とは異なり，OE の tough 構文の場合は（受動文の場合と同じような（cf. Fischer et al. (2000: 267ff.)) NP 移動により生成されるのであろうと考えることになる．[4]

現代英語では，下記例文 (3a, b) に見るように，tough 述語の後の不定詞の部分が長距離移動の適用を受けた構造になっているような tough 構文[5] も

---

[4] ただし，Kemenade (1987: Ch. 5) のように，OE の tough 構文の場合にも Wh 移動が関与していたとする立場もある．

[5] 長距離移動を含む tough 構文の例については，本文に挙げた例文 (3a, b) のほかに，下記例文 (ia-m) なども指摘されている（便宜上，すべての例文に痕跡 (t) を付け加えてある）．

(i) a. Joan is tough for Alice to convince Helen to try to wash t.
    (Langacker (1974: 635))
    （ジョーンの体を洗おうと試みるようヘレンを説得するのはアリスにとって一苦労だ）

b. John is easy to convince Bill to arrange for Mary to meet t.
    (Chomsky (1977: 103))
    （メアリーがジョンと面会できるよう手はずを整えてくれるようにビルを説得するのは簡単なことです）

c. the book is hard to convince people to buy t (that they should buy t)
    (Chomsky (1982: 56))
    （その本を買うようにと人を説得するのは難しい）

d. Cholesterol is impossible for it to be important to Mary to avoid t (... because we all know she's perfectly healthy).   (Hartman (2011: 395))
    （メアリーにとって，コレステロールを控えるのが重要だということはあり得ないことです（だって，彼女は完全に健康だと私たちはみんな知っているから））

e. Mary is easy to get John (to get Bill) to avoid looking at t.
    (Mulder and den Dikken (1992: 306, fn. 5))
    （メアリーのことを眺めないようにジョン（がビル）に仕向けるのは容易なことです）

可能である．このことは，tough 構文の生成にかかわる移動規則を Wh 移動であるとみなす根拠の一つとなるであろう．

---

f. John will be impossible to get Mary to invite *t* to the party.
(Berman (1973: 35))
(ジョンをそのパーティーに招待するようにメアリーを説得するのは不可能だろう)

g. That question is unreasonable for you to expect John to be able to answer *t*.
(ibid.)
(ジョンがその質問に答えることができるだろうとあなたが期待するのは筋の通らないことです)

h. That book will be impossible for you to convince the class to try to finish *t* before Monday. (ibid.)
(月曜までにその本を読み終えるようやってみなさいと，あなたがクラスの学生たちを説得するのは不可能でしょう)

i. This race should be easy to persuade John to enter *t*. (Stowell (1981: 446))
(このレースに出場するようジョンを説得するのは，きっと容易なことでしょう)

j. John should be easy for us to tell Bill that he really ought to ask Mary to tell Jane to invite *t*. (ibid.)
(「ジョンを招待しなさい」とメアリーからジェーンに言ってほしいとビルがほんとうにメアリーに頼むべきだということを私たちがビルに言うことは簡単にできると思います)

k. This language is impossible to expect Scott to tell Greg to learn *t*.
(Stowell (1986: 477))
(この言語を学習しなさいとスコットがグレグに言うのを期待するなんて不可能です)

l. Mary is tough for me to believe that John would ever marry *t*.
(Kaplan and Bresnan (1982: 225))
(ジョンがメアリーと結婚するなんてことがあるとは私にはどうも信じがたい)

m. Ian is tough for Anneke to say that she has talked to *t*. (Brillman (2014: 7))
(イアンという人は，アネカが「私，以前，彼女に話したことがあるわ」ということを人に言いにくいような人です)

なお，Stowell (1981: 446) によると，このような長距離移動を含む英語の tough 構文に関する特徴は，英語以外の多くの言語に存在する，tough 構文と同種の構文には見られない際だった特徴の一つであるということになる．（スウェーデン語が英語と同じような特徴を示すいっぽう，フランス語やイタリア語にはそのような特徴が見られないということについては，Longenbaugh (2016) 参照．さらに詳しくは，Comrie (1997) 参照．)

Stowell (1981: 446ff.) は，長距離移動を含む tough 構文が可能となるのは「再分析 (reanalysis)」のメカニズム（本文の §9.3.1 参照）によると説明しているが，一方では，

(3) a. John will be easy [OP$_i$ to convince Bill to do business with t$_i$].
（ジョンと取引するようにビルを説得するのは容易なことでしょう）
b. A book like that is tough [OP$_i$ to claim you've read t$_i$ carefully].
（このような（あのような）本をあなたが入念に読んだことがあるなどと主張するのは無理なことです）

ただし，例文 (3a, b) のような文の持つ文法性については，人により判断が異なりうるので，この種の例文が Wh 移動による分析を支持する証拠となるのかどうかについては，今一つ明確でないところがあるということを Fischer et al. (2000: 259, fn. 2) は指摘している．なお，例文 (3b) は，時制文 (tensed clauses) の中から要素を取り出す形になっているが，このように時制文 がかかわる tough 構文については，後ほど §9.3 において再度取り上げることにしたい．

ところで，下記例文 (4) のように，寄生空所 (parasitic gap, pg) を持つ

Stowell (1986) は，本文の §9.3.4 で取り上げるように，不定詞の主語の位置および付加部の位置からの要素の取り出し，さらには時制文の中からの要素の取り出しによる tough 構文の生成が許されないことを説明している．（上記例文 (i) のような文の生成については，その前半の段階で，A′ 移動としての tough 移動が，軽動詞句 vP の指定部を経由する形で循環的に適用されるとする分析も考えられる．§6.2.4, §9.3.2 における解説および第 9 章の注 20 参照．）

上記例文のうち，(ic), (ij), (il) のように時制文が含まれている tough 構文の文の場合は，Nanni (1978), Chae (1992: 54), Grover (1995), Hicks (2004) などが指摘するように，文法性の判断が人により異なるようである（§9.3.7 参照）．少なくとも，このような文が非文法的な文とはならないとする方言や個人語にあっては，再分析により構成される複合的形容詞が，Goodall (1985) が提案しているように，[$_A$ A – X – V] のような，変数 X を採り入れた，いわば再分析の拡大版となっているということが考えられるであろう．（このような文法性判断の違いについて，「素性 [– Case] の浸透可能性」の観点から説明しようとする試みについては，第 9 章の注 20 参照．）

なお，Stowell (1981: 446ff.) は，次のような言語習得に関する興味深い問題をも取り上げている．すなわち，英語においては，上記例文 (ij) のように，（かなりの）長距離移動を経て生成されるような文の場合にも再分析が適用可能となるという言語知識を，英語習得の早い段階において，一次言語資料 (primary linguistic data) の中に含まれていると思われる単純な tough 構文の例を基に，幼児たちがどのようにして獲得することができるのかという問題である．詳しくは，Stowell (1981: 446ff.) 参照．

tough 構文が現代英語において生成可能であるという事実がある.[6]

(4) This book is difficult OP$_i$ to understand t$_i$ without reading pg carefully.

---

[6] 同じように，フランス語の tough 構文においても parasitic gaps が可能となるということを Sportiche (2006: 5) は次のような例を挙げながら指摘している.
  (i) ce fort sera facile à assiéger t sans encercler pg
    'This fort will be easy to lay siege to without surrounding'
    （この砦なら包囲網を敷かなくても簡単に取り囲むことができるだろう）
なお，Sportiche はフランス語の tough 構文の持つ特徴を下記 (iia-c) のようなものと仮定した上で，フランス語の tough 構文の統語構造およびその生成過程について，下記 (iii) のように捉えることを提案をしている.
  (ii) a. 主節主語の位置は意味役割を付与されない位置である.
    b. 不定詞内部（すなわち tough 節）において Wh 移動が見られる.
    c. 不定詞関係節の先行詞の位置から主節主語位置へ移動されるのは NP であり，DP 全体ではない.
  (iii) Ce fort sera facile [$_{CP}$ [$_{DP}$ e$_{wh}$ [$_{NP}$ fort]] [à [$_{TP}$ PRO assiéger t$_{DP}$]]]

上記 (iii) において，矢印で示された名詞句 fort の移動に関する部分は，関係節の構造に関する分析案のうち，「主要部引き上げ (head raising)」案または「無主要部 (headless)」案 (cf. Chiba (1972), Schachter (1973), Vergnaud (1974), Kayne (1994), 河野 (2012: 199-207)) と呼ばれる分析案を tough 構造に応用したものである（同じような tough 構文研究として S. Takahashi (2011) がある）. すなわち, その分析案によると, 基底構造においては, 関係節の先行詞 (DP)（の内部の NP 部分）が空所になっていて, 従属節の中からしかるべき NP を選んで移動させてその空所を埋めることにより, 先行詞としての DP 全体が形成されると考えられる. これと同じように, 上記 (iii) の主節主語 DP の場合も, 基底構造においては, D の位置に ce が埋まっているだけで, 補部の NP の位置は空所になっている. この空所は, 矢印で示されたような名詞句移動により埋められ, その結果, 主節主語としての DP 全体 (ce fort) が形成されることになる. なお, 上記 (iib) にうたっている Wh 移動は, この場合, DP wh 句としての [$_{DP}$ e$_{wh}$ [$_{NP}$ fort]] を元の位置から CP 指定部の位置に引き上げることを意味し, その引き上げ規則適用の結果, CP 指定部の位置に移動した +wh DP と, CP 主要部の位置を占める（補文標識としての) à との間に一致の関係が成立するとみなすことになると Sportiche は説明している (p. 5).
また, 上記 (iii) のような生成過程を仮定することにより, 一見, 仮定法動詞の認可に関する c-command 条件が破られているかのように見える下記 (iva, b) のような例文 (Sportiche (2006: 3)) の存在も, 問題なく処理することができることになる.
  (iv) a. une histoire qui soit intéressante est facile à trouver / à inventer / à imaginer
    'a story that BE interesting is easy to find / invent / imagine'

(この本は入念に読まないで理解しようとするのが困難な種類の本です)

いっぽう，下記例文（5a）のような wh 疑問文に見るように，Wh 移動によりできる痕跡 t は pg を認可できるが，受け身文（5b）に見るように，NP 移動によりできる痕跡 t は pg を認可できないという性質がある．したがって，tough 構文の文で，しかも pg を含む上記例文（4）が文法的文であるという

   （興味深い物語は {見つけ／創り出し／想像し} やすい）
 b. *une histoire qui soit intéressante est facile à lire/à recopier/à illuster/à réinventer ...
   'a story that BE interesting is easy to read/copy/illustrate/reinvent'
   （興味深い物語は {読み／コピーし／説明し／刷新し} やすい）

すなわち，まず，上記二つの例文の文法性の違いは，次のように説明することができるであろう．つまり，動詞 trouver/inventer/imaginer は仮定法動詞 soit の認可要素（cf. 千葉 (2013)）になれるので，上記例文 (iva) は文法的文となるが，いっぽう，上記例文 (ivb) の場合には，そのような認可要素になれる動詞が含まれていないので，非文法的文となるという説明である．ところで，仮定法動詞が認可されるためには，「認可要素によって構成素統御（c-command）されていなければならない」というような認可条件を満たしていることが必要だと一般的に考えられているのであるが，ただし，上記例文 (iva) は，少なくとも表層構造においては，この c-command 条件を満たしていないという問題にぶつかることになる．ところが，上で説明したような生成過程を経てこのような文が生成されるものと想定すれば，基底構造においては，主節主語の (une) histoire qui soit intéressante が認可要素としての動詞 trouver/inventer/imaginer により c-command されていることとなるので，この問題を回避することが可能となる（詳しくは，Sportiche (2006) 参照）．

なお，Sportiche (2006) が仮定法動詞の認可条件に絡めて提示している上記例文に見るフランス語のデータは，Chiba (1971) が問題提起した英語のデータ（下記例文 (va, b) 参照）と相通ずるところがあるという点で，特に興味深いと思われる．

 (v) a. The second major task which is facing Mr. Polk is to make the best possible use of M-G-M's extensive film library.
   （現在ポーク氏の抱えている二つ目の主要な課題は，MGM の所蔵する広範囲にわたるフィルム・ライブラリーを最大限利用するということである）
 b. One of the basic mistakes most owners make is to assume that all dogs are essentially alike and should be taught in the same way.
   （ほとんどの飼い主が犯す基本的誤りの一つは，犬はすべて基本的に同じで，同じようなやり方で教え込むべきだと考えることです）

すなわち，このデータは，「同一名詞句消去（Equi-NP Deletion）」の適用の際に必要とされる c-command 条件（これは，後に「PRO のコントローラが満たすべき条件」として再編成されるようになる）に絡む一つの問題を示唆するデータとして 1970 年代初期に提示されたものである（詳しくは，Chiba (1971) 参照）．

この事実もまた，tough 構文が NP 移動ではなく，Wh 移動により生成されることを物語るものと解釈できる．

(5) a. What report$_i$ did they file t$_i$ without reading pg carefully?
(彼らが入念に読まないままファイルにしまったのはどの報告書のことなの)
b. *This report$_i$ was filed t$_i$ without reading pg carefully.

ただし，上記の例文 (5a) のような wh 疑問文による寄生空所の文の場合でも，Wh 移動により生じた痕跡 t が (S 構造において) 寄生空所を c-command しているときは，一般的に非文法的文になる (cf. Chomsky (1982, 1986a)) ので，下記例文 (6), (7) (Lasnik and Stowell (1991: 712); ここでは，pg は e$_i$ の記号で表されている) に見るような文法性の違いが生ずることになる．

(6) a. Who$_i$ did you stay with t$_i$ [without your talking to e$_i$]
(あなたが話しかけもせずに一緒に過ごした人というのはどなたのことですか)
b. *Who$_i$ t$_i$ stayed with you [without your talking to e$_i$]
(7) a. Which book$_i$ did you discover t$_i$ [before Sam had read e$_i$]
(サムが読む前にどの本をあなたが見つけたの)
b. *Which book$_i$ t$_i$ was unavailable [before John had read e$_i$]

このような非文法的文を生み出す状況や制約のことを「反 c-command 効果／条件 (anti-c-command effects/condition)」と呼ぶことがある (cf. Browning (1987a: 60), Lasnik and Stowell (1991: 712))．

ここで，OE 時代の tough 構文の話題に戻って話を進めよう．OE 時代の easy タイプの形容詞の後ろに不定詞が続くような構文としては，下記 (8a-c) に示すような 3 種類の構文が可能であった (cf. Fischer et al. (2000: 265))．

(8) a. this is easy to do ('easy-to-please' type)

         b. it is easy to do this   ('it'-type)
         c. is easy to do this   (zero-type)

　さらに，easyタイプの形容詞と同じように，不定詞を従えることの可能だった形容詞のグループには，ほかにeagerタイプとprettyタイプの形容詞[7]がある．ただし，eagerタイプの形容詞は，easyタイプの形容詞とは異なり，(8b, c)に相当する構文を持っていなかった．また，(8a)のように，不定詞の目的語の位置に空の（null）目的語を用いることもできなかった．

　いっぽう，prettyタイプの形容詞とeasyタイプの形容詞との違いとしては，意味的用法の違いのほかに，すでに上で指摘したように，前置詞残留の構文が後者には許されない（cf. (1b, c)）が，前者にはそれが可能であるという違いがあった（Fischer et al. (2000: 265f.)）．上記例文 (1b, c) のような前置詞残留を伴うtough構文が可能となるのは，1400年あたり以降になってからである（op. cit., p. 267）．

　上記 (8c) の構文は非人称構文の一つ[8]であるが，(8c) に相当するOEの例文としては，次のようなものがある ((9a-c) は，それぞれ，Fischer et al. (2000: 265), Wurff (1990: 522), Wurff (1992a: 212) より．(9b) の現代英語訳は筆者による)．

(9) a. nis   me   earfoðe   to geþolianne þeodnes willan
        not-is for-me difficult to endure   lord's   will-ACC

---

[7]「prettyタイプの形容詞」というのは，'pleasant', 'pretty', 'beautiful'などの意味を表す形容詞のことを言う（cf. Fischer et al. (2000: 266)）．なお，Chung and Gamon (1996: 61ff.) は，広い意味でのtough構文として用いられる形容詞の種類をprettyタイプ，goodタイプおよびeasyタイプの三つに分類し，それぞれの特徴の違いについて解説している．

[8] これをAnderson (2005: 108) は「非人称tough構文 (the *tough* impersonal)」と呼んでいる．Wurff (1990: 522) によると，この構文は，およそ1400年以降には見られなくなるとのことである．

　なお，OEには形式主語 hit 'it' を用いた構文も用いられていたが，現代英語の場合と比べ，その使用頻度は少なかったようである（Wurff (1992a: 236), Chung and Gamon (1996: 69, note 1)）．

'it is not difficult for me to endure the lord's will.'

(*Guthlac* A, B 1065)

    b. himm   wass lihht to lokenn himm   fra   þeȝȝre laþe wiless
        for him was light to keep   himself from their   evil wiles
        'It was easy for him to keep himself from their evil wiles.'

(?c1200 Orm 10316)

    c. þam   broþrum wæs symble swyðe gewinnful   &   uneaðe niþer
        to the brothers was always very   troublesome and hard   down
        to astigenne to þam wæterseaðe
        to go   to the   water-well.
        'It was always very troublesome and difficult for the brothers to go down to the well.'

(GD 2(C) 5.112.15)

easy タイプの形容詞は主語名詞句を θ 標示しないと考えられるので，OE においては，一般的に，(9a-c) に見るような非人称構文として現れることになる．いっぽう，不定詞の目的語が NP 移動により主節主語の位置へ移動してきた上記 (8a) の構文，すなわち tough 構文の例としては，次のようなものがある（下記例文 (10a, b) は，それぞれ，Fischer et al. (2000: 262) および Chung and Gamon (1996: 58) より）．

(10) a. ælc   ehtnys   bið earfoðe to þolienne
        each persecution is   hard   to endure
        'Every persecution is hard to endure'   (CHom II, 42.313.110)
    b. þas   þing   synt earfoðe on Englisc to secganne
        these things are difficult in English to say
        'These things are difficult to say in English'

(ByrM 1 (Crawford) 76.9)

現代英語の tough 構文との表面的類似性，および，文頭の NP と不定詞との文法的・意味的関係から判断すると，この構文は古英語期の tough 構文であったと考えられる．また，上記例文内の不定詞 to þolienne は，能動態不定詞との間での形態的な区別はないが，Fischer (1991)，Wurff (1987, 1992a, b)，Chung and Gamon (1996: 60) などは，これを受け身不定詞であるとみなしている（関連する不定詞の用法については，Sweet (1892: 115f.; 1898: 119f.)，Jespersen (1924: 172; 1927: 216)，Nakagawa (2002: Ch. 4) 参照）．

　このことより，その不定詞の目的語には対格が付与できず，主節主語の位置に義務的に引き上げられることによりしかるべき格（すなわち主格）が付与されると説明できる．すなわち，OE 時代の tough 構文においては，主節主語の位置に引き上げられる不定詞の目的語は，NP 移動により，まず，不定詞の目的語の位置から不定詞の主語の位置に移動し (cf. Wurff (1987: 238)，Fischer et al. (2000: 271))，（途中，形容詞句 AP の指定部の位置を経て）そこからさらに主節主語の位置へと移動すると考えられる (cf. Wurff (1990)，Anderson (2005: 109))．つまり，最初の段階から NP 移動がかかわっていると考えられる．このことは，現代英語の tough 構文の分析の場合に広く見られるように (cf. Chomsky (1977, 1981))，主節主語と不定詞の目的語との密接な関係が，途中，空演算子 (OP) の Wh 移動を経ることによりもたらされるとする分析方法とは異なる点である．[9]

---

　[9] ただし，上で解説したように，tough 構文の場合，「不定詞 to þolienne は，能動態不定詞との間での形態的な区別はない」にもかかわらず，受け身文の場合と同じように，名詞句移動が生じるという点を捉え，Chung and Gamon (1996: 60) は，OE における tough 構文に関するこの種の分析の持つ大きな問題点として指摘している．さらに，この種の分析に含まれている，主節主語の位置が θ 標示されていないとするアイデアにも疑問を呈し，特に，θ 標示とかかわりのあるような 形容詞で，しかも主節主語の位置への名詞句移動が見られる構文の場合には，名詞句移動について，まったく異なる分析が必要となるであろうと述べている．Chung and Gamon によると，典型的な tough 構文の種類に属する easy タイプ（注 7 参照）の形容詞の場合は，tough 述語そのものに，主節主語にかかわる意味情報の一部が備わっていると考えられるので，tough 構文の主節主語の位置が θ 標示されないという立場は採らないことになる（詳しくは，Chung and Gamon (1996: 64ff.) 参照）．

このような分析方法を上記例文 (10) に当てはめて考えると，その大まかな統語構造は（かりに，不定詞全体を表す最大範疇を屈折句 IP として示すとすると）次のようなものになるであろう (Fischer et al. (2000: 270))．

(11)　ælc ehtnys$_i$ bið earfoðe [$_{IP}$ t$_i$ [$_{VP}$ to þolienne t$_i$]]

いっぽう，上記 (11) において，主節主語と痕跡 t との間に見られる同一指示性の関係を，上で述べたように，NP 移動などの移動規則により説明する分析方法の代わりに，ミニマリスト・プログラム (Minimalist Program, MP) (cf. Chomsky (1995)) の枠組みの中で用いられている「一致操作 (Agree)」により説明しようとする研究もある．そのような tough 構文研究の一つに中川 (2013a) を挙げることができる（ほかに D. Takahashi (2002/2006)，Nakagawa (2007a) なども参照）．すなわち，中川 (2013a) は，tough 構文の「主節主語が不定詞の目的語位置にある空所（NP$_i$）を直接認可するシステム」(p. 198) を提案している．中川 (2013a) はまた，OE の tough 構文においては，tough 述語の補部（いわゆる tough 節）は IP（や vP など，VP のさらに上位の投射を表す統語範疇）ではなく，せいぜい VP どまりであると考える．[10] 彼のこのアイデアをも採り入れて，上記 (11) に対応する統語

　Chung and Gamon (1996: 60f.) はまた，OE における tough 構文の分析の一つとして，Demske-Neumann (1994) による次のようなアイデアを紹介している．すなわち，本文中の例文 (10a, b) のような tough 構文の文は，歴史的には，非人称構文の不定詞の目的語を話題化 (topicalize) させて，主節主語の位置に移動させるという一種の「再分析」のプロセスにより生まれたものであるとする分析である．なお，そこに見られる主題化としての名詞句移動は，不定詞の部分が動詞的構成要素から形容詞的構成要素へと再分析されるという変化に伴い生じる現象であるということになる．すなわち，一般的に形容詞は構造格を付与（あるいは照合）できないので，格付与条件を満たすために，(θ 標示されていない) 主節主語の位置に移動することによりしかるべき格を付与（ないし照合）されることになる（このような分析の持つ問題点については，Chung and Gamon (1996: 60f.) 参照）．
　なお，現代英語において，tough 構文を一種の話題化構文と捉える見方については，§6.2.4, §10.1 参照．
　[10] tough 節が主語名詞句を持たない VP からできているとする現代英語の分析 (VP analysis) については，Bresnan (1971)，Faraci (1974: 175ff.)，Lasnik and Fiengo (1974)，

構造（ならびに空所の認可に関するメカニズム）を図示すると，おおよそ下記（12）のようなものになるであろう（cf. 中川（2013a: 199, (22))．

(12)　ælc ehtnys$_i$ bið [$_{AP}$ t_i earfoðe [$_{VP}$ (NP$_i$) to þolienne]]
　　　　　　└────────────▲ Agree

なお，上記の構造において，不定詞の目的語を表す空所（NP$_i$）が to þolienne の前の位置を占めていることに注意．これは，「OE において，対格目的語を伴う不定詞節内では目的語が to 不定詞に先行する語順が一般的であった」（中川（2013a: 197)) という事実を反映させたものである（cf. Wurff (1987), Fischer (1991), 小野・中尾（1980: 507))．

Brame (1975), Baker (1978: 197; 1995: 275ff.), C. Jones (1985: 182ff.; 1991: 146ff.), Jacobson (1992), Chung (2001b) 参照．
　C. Jones (1985: 182ff.) は，受け身文は there 構文同様，その生成には主語・述語からなる S の構造体が必要となり，したがって，tough 構文において VP 付加部を構成し，またそれ自身 VP である不定詞の部分（すなわち，不定詞の部分を EI で表すとすると，[$_{VP}$ VP EI] のような構造となる）は，受け身文の生成を許さないと説明している（下記例文 (i), (ii) 参照）．
　(i)　??Liberace would be easier [for there to be pictures of on the wall] than Billy Idol.
　　　　（ビリーアイドルの絵より，リベラーチェの絵のほうが，壁にかかっているのを想像しやすいことであろう）
　　cf. It would be easier [for there to be pictures of Liberace on the wall] than of Billy Idol.
　(ii)　*That book is easy (for Bill) [to be sent].
　　cf. It'll be easy for John to be sent that book.
　　　　It'll be easy for that book to be sent to John.
（例文 (i) は，この種の例文としては受容度の最も高いと思われる例文となっているが，それでも，完全に自然な文とはならないと C. Jones (1985: 184) は述べている．）
　なお，C. Jones (1985: 183f.) は，過去には何百年かの間，受け身の不定詞主語を取り出してできるような tough 構文の文が許されていた時期があったという Roger Higgins の指摘に基づき，次のような示唆に富む推測を加えている．すなわち，このような歴史的変化は，(たとえば，VP 内部で受け身文の形成可能性に変化が生じうるというように) VP 付加部の持つ一般的性質に変化が見られるというより，むしろ，tough 構文の不定詞部分が VP 付加部であるかどうかについての可能性に歴史的変化が見られるとみなすべきであると述べている．これは，中川（2013a）のアイデアと一脈相通ずるところのある見方となっていると言えるであろう．

上記 (12) の構造において,「tough 節内の空所 (NP$_i$) は (AP の指定部に基底生成された) 主節主語と一致関係に入ることで同一指示性を認可され」(p. 199),また,「(22) [= 上記例文 (12)] の認可 [すなわち, tough 節内の空所 (NP$_i$) の認可 (千葉)] においては, 空演算子移動は言うに及ばず, 何らの移動も関与していない. OE の tough 構文において空演算子移動が見られないのは,『移動の必要がないので移動しない』という経済性の原理に還元される」(p. 199) と中川は説明している.

中川 (2013a) はまた, 現代英語の tough 構文における tough 節の持つ「未発達性」についても, 以下のような主張をしている (pp. 201ff.). すなわち, まず, 下記例文 (13) に見るように, 動詞句削除 (VP deletion) を適用した tough 構文の文は一般的に非文法的文となるという事実がある.

(13) *John is easy to please, but Bill is hard to.   (Contreras (1993: 5))

一般的に, 動詞句削除が可能となるための条件としては, 中川も指摘しているように, Bošković (1997: 12) による解説の中に見いだすことのできる次のような条件 が考えられる (これは, Lobeck (1990) と Saito and Murasugi (1990) によるアイデアに基づくものである).

(14) Functional heads can license ellipsis of their complement only when they undergo Spec-head agreement.

すなわち, この条件は, 主要部位置を占める to などの機能範疇とその指定部の要素との間に,「指定部・主要部一致」の関係が成り立つときにのみ, その機能範疇が補部 (complement) の削除を認可することができるということをうたったものである (詳しくは, §9.2 参照).

もしこの条件に従うとすると, 上記 (13) のような文の場合は, 動詞句削除が許されず非文法的文となるという事実から, tough 節に現れる to の性質として, 次のようなことが考えられることになるであろう, と中川は説明している. すなわち, tough 構文においては,「tough 節の to が T にあって指

定辞と一致しない（時制指示を持たない）か，そもそも T にないことを意味する」(p. 192) と述べている．

　後ほど §9.2.2 において解説するように，「コントロール構文」の場合の不定詞 to は，時制要素 [+tense] を持ち「指定部・主要部一致」が成り立つので，その補部としての VP 部分を削除できるが，いっぽう，tough 構文をも含む「例外的格標示構文 (exceptional Case-marking construction)」の場合の不定詞 to は，時制要素 [+tense] を持たないため，結局，VP 部分の削除が許されない，とするアイデアがこれまでに提案されている．中川が上で「tough 節の to が T にあって指定辞と一致しない（時制指示を持たない）」と言っているのは，tough 構文の to が後者のグループに属するということを指していることになる．

　このような先行研究をも踏まえ，ミニマリスト・プログラムによる tough 構文の研究に取り組んだ 中川による tough 構文の分析について，さらに解説を加えてみよう．すなわち，中川 (2013a) はまた，「不定詞の主語がいかなる形式（語彙的名詞句，by 句の目的語，主節主語に対応する空所）でも顕在化することがない」(p. 201) ということも指摘している．これらの事実から中川は次のように推論する．すなわち，「これが意味するのは，他の不定詞と異なり，tough 節が外項を発達させず，また T までも発達させなかったということである」(p. 201)．

　ついで中川 (pp. 201f.) は，このような事実を基に彼が考えた「弱 vP 分析」(cf. Nakagawa (2001), 中川 (2011)) による tough 節の構造として，下記 (15) のようなものを提示している．

　　(15)　[$_{vP}$ [$_v$ to] VP]　　　　　　　　　　　　　(中川 (2013a: 201, (30)))

また，弱フェーズ（ただし，中川 (2013a) などの表記では，「フェーズ」は「フェイズ」となる）としての vP の構造の持つ特徴については，次のような説明を加えている．すなわち，「(30) [=上記の構造 (15)] の v は外項を持たず，時制に関する指示も持たない．その一方で to は V から独立している」(p. 202)．

(中川 (2017: 120) では，VP 削除が tough 構文に起こらないことについて，「一番自然な解釈は tough 節に T 主要部がないということになる．なお，to は v の位置にあると考える」と説明している．)

　上の説明にもあるように，弱フェーズの vP には外項が欠けているが，いっぽう，強フェーズの vP にはそれが備わっているという違いがある（「弱フェーズ」と「強フェーズ」の違いについては，さらに第 7 章の注 36 参照）．また，一般的に，統語範疇 VP の上位の範疇としては，弱フェーズの vP，強フェーズの vP，TP（= IP），CP などが現れることになるが，上にも述べたように，中川の提案によると，OE 時代の tough 節を形成する範疇は VP であるのに対して，現代英語の tough 節を形成する範疇は弱フェーズの vP であるということになる．このような「弱フェーズ vP 案」は Nakagawa (2007a, b)，中川 (2017) においても展開されている．(現代英語の tough 節を形成する範疇について，vP，VP 以外の範疇を考える場合，TP（= IP），CP いずれを採用するかの立場の違いで言えば，Berman and Szamosi (1972)，Berman (1974)，Hukari and Levine (1990) は前者の立場を採り，Chomsky (1977) は後者の立場を採るというふうに区別できるということを Chung (2001b: 165) は述べている．)

　なお，中川 (2013a)，Nakagawa (2007a, b) の場合，上で解説したような，時制要素 [+tense] を持った不定詞 to と，それを持たない不定詞 to のいずれのグループにも属さない，さらに三つ目の不定詞 to の存在を仮定している可能性があるが，その辺の詳しいことは明確にされていないようである．

6.2. 中英語における tough 構文

6.2.1. Anderson (2005)，Fischer (1991)，Fischer et al. (2000) の研究

　このセクションでは，中英語期に起こった tough 構文上の言語変化の様子について考えてみよう．pretty タイプの構文については，この時期，変化は見られないが，いっぽう，tough 構文についてはいくつかの変化を認めるこ

とができる．その具体例を取り上げる前に，そのような変化をもたらしたと考えられる，背景となる一般的な言語変化に関する重要な特徴を，Anderson (2005: 113) に従って，二つ押さえておくことにしたい．

一つ目の特徴として，OE 期には広範に見られた形態的な格の標示が次第に失われるようになり，(Anderson の言うところによると) 11 世紀末頃までには完全な形で消失することになるということを指摘できる．すなわち，「形態的格標示の消失化の現象」である．

二つ目の特徴は，主節に見られる語順上の変化についてである．それまで広く見られた動詞引き上げによる「V2 語順」の現象が，14 世紀末頃までには，否定文や wh 疑問文などのごく限られた環境以外には見られなくなるという統語的変化を指摘することができる．すなわち，「動詞引き上げ適用の限定化の現象」である．

このような二つの重要な言語変化の結果として，それまで OE には見られなかった，次のセクション §6.2.1.1 および §6.2.1.2 で解説するような特徴が tough 構文に生じることになる．

6.2.1.1. Wh 移動による tough 構文

中英語に見られる tough 構文の特徴として，まず指摘できるのは，後期中英語期になって，下記例文 (16a) に示すような，不定詞の部分が受け身であることが形態的に明示されたような種類の tough 構文が用いられるようになるという事実である (その文の構造を概略的に示した (16b) も参照．いずれも Fischer et al. (2000: 276) より)．

(16) a. þe blak of þe y3e . . . is . . . hardest to be helid
       the black of the eye   is   hardest to be healed
       'the black of the eye is hardest to cure'

       (Trevisa *De Proprietatibus Rerum* 42a/b)

   b. þe blak$_i$ is hardest [$_{IP}$ t$_i$ [$_{VP}$ to be helid t$_i$]]

第 6 章　OE, ME 時代の tough 構文の特徴とその歴史的変化　　57

　　さらに，この時期，下記例文 (17a, b) (Fischer et al. (2000: 272)) に見るような，前置詞残留を伴った tough 構文が登場することになる．

(17) a.　þei　fond　hit$_i$ good and esy　to dele wiþ　t$_i$　also
　　　　 they found it　 good and easy to deal with　 also
　　　　 'they found it good and also easy to deal with'

　　　　　　　　　　　　　　　　　　　(*Cursor Mundi* (Trinity & Laud MSS) 16557)

　　 b.　þe　gospel$_i$ ... is ... most esi　to wynne heuene by t$_i$
　　　　 the gospel　 is　 most easy to gain　heaven by
　　　　 'the gospel is easiest to gain heaven by'

　　　　　　　　　　　　　　　　　　　　　　　(Wyclif *Leaven Pharisees* 2.22)

　　このような言語変化は，tough 構文が NP 移動の規則により生成されるというそれまでの文法的メカニズムに変化が生じて，新たに Wh 移動により生成されることも可能になったということを示すものと捉えることができるであろう．すなわち，後期中英語においては，まず，上記例文 (16a, b) の場合のように，従来と同じような NP 移動により tough 構文が生成されるような場合が可能である．それに加えて，たとえば，上記例文 (17b) の生成過程を下記例文 (18) の構造表示 (Fischer et al. (2000: 274)) として示すとすると，まず空演算子 (null operator) の OP$_i$ が Wh 移動により t$_i$ の位置から従属節の COMP の位置に移動し，さらに，そこから得られる wh 連鎖 (OP$_i$, t$_i$) を主節主語と結び付けることにより tough 構文が生成される (cf. Chomsky (1981: 308ff.)) ようなことも可能となったと見ることができる．[11]

(18)　þe gospel$_i$ is most esi [$_{CP}$ OP$_i$ [$_{IP}$ PRO to wynne heuene by t$_i$]]

---

　　[11] ただし，Chomsky (1981: 309) における tough 構文の構造表示では，後ほど本文 §9.3.1 に挙げる例文 (30a, b) が示すように，空演算子 (OP) の部分が PRO を用いたものとなっている．

ここで問題としなければならないのは，このような Wh 移動による tough 構文の生成が何によりもたらされるようになったのかの解明である．考えられる原因の一つは，上の §6.1 において例文 (1a-c) を挙げて説明したように，pretty タイプの形容詞の場合には，すでに OE 時代に前置詞残留の構文の生成が可能になっていたので，その影響が tough 構文にも及ぶようになったためであろうと捉える見方である．ただ，このような類推方式による捉え方では，どうしてこの特定の時期にそのような類推的変化が実際生じたのかについて説明できていないという問題が残ることになるので，十分説得力のある説明とは言えないであろう (Fischer et al. (2000: 277f.))．

これよりずっと妥当性が高いと考えられる案として，Fischer et al. (2000: 278-280) は概略次のような説明を試みている．まず，すでに上で説明したように，中英語において，前置詞残留を含む（時制文としての）通常の受け身構文が可能となっていたという事実がある．いっぽう，tough 構文のほうも，受け身文を作り出す NP 移動と同じように，NP 移動規則により生成される構文の一つであった．したがって，不定詞の場合にも前置詞残留の構文が可能となるに及んで，これが同じく NP 移動により生成される tough 構文の場合にも可能となり，すでに上で取り上げた (17a, b) のような前置詞残留の tough 構文が登場するようになったと考えられる．

ここで，(17a, b) の例文の特徴を端的に捉えるために，単純化した例文 (19a, b) に置き換え，それぞれ，骨組みとなる構造を図式的に示すとすると，以下のようになるであろう (Fischer et al. (2000: 278))．

(19) a. This is easy to deal with. [to V P t]
 b. This is easy to gain heaven by. [to V NP P t]

上記二つの例文の大きな違いは，(19a) の場合には，それまで用いられていた NP 移動によっても生成（あるいは分析）可能であるが，いっぽう，(19b) の場合には，不定詞の直接目的語が移動しているのではなく，前置詞 by NP の中の名詞句が移動してできているので，これまでの NP 移動とは異なる別

の移動規則，すなわち，Wh 移動によって生成・分析されなければならないと判断されるであろう．なぜならば，(19b) に対応する受け身文（下記例文(20a)）は非文法的文となるのに対し，Wh 移動により生成される (20b) のような文は文法的文となるからである（例文は，いずれも Fischer et al. (2000: 274) より）．[12]

(20) a. *This can be gained heaven by.
    b. a sheete [$_{CP}$ which$_i$ that [$_{IP}$ they myghte wrappe hem inne t$_i$]]
       'a sheet that they could wrap him in.'

(Chaucer *Canon's Yeoman* 879)

したがって，母語習得のある段階において，上記 (19b) のような文に接するようになると，それまで NP 移動だけで（問題なく）生成・分析できていた (19a) のような文についても，新しく可能となった Wh 移動を用いた文法的メカニズムによってこれを生成・分析するようなことが起こる可能性が考えられる．すなわち，(19b) のような文の場合に働いているはずの Wh 移動を，(19a) のような文の場合にも当てはめてこれを生成・分析しようとする，一

---

[12] 同じような事実は，下に挙げたような例文によっても示すことができるであろう (cf. 中村・金子 (2002: 163))．
  (i) a. This drawer was hard to keep the files in.   (Baker (1995: 274))
      （この引き出しだったら，そのファイルを中に入れておくのは困難だった）
    b. *This drawer was kept the files in.   (ibid.)
    c. Which folder does Maigret keep the letters in?   (Haegeman (1994: 375))
      （メグレはその手紙をどのフォルダーの中にしまっているのだろうか）
（上記例文は，中村・金子 (2002: 163) が引用している Baker (1989)，Haegeman (1991) からのものを借用したのであるが，ここに引用するにあたり，それぞれ，新しい版 Baker (1995)，Haegeman (1994) の該当ページに書き改めてある．)
このような前置詞残留のかかわる言語現象については，前置詞がミニマリスト・プログラムで言う「フェーズ (phase)，位相」の一つであると考えるかどうかの問題が関係してくることになるが，ここでは，その問題については深入りせず，以下のような関連文献を挙げるだけに留めることにする．Baltin (1977), Van Riemsdijk (1978), Tanaka (1997), Kayne (1999, 2004), Abels (2003), Bošković (2004), Den Dikken (2010), Drummond, Hornstein and Lasnik (2010), Citko (2014).

種の再分析 (reanalysis) の現象が生じたことになる.

以上，おおざっぱながら，Wh 移動による tough 構文の生成が何によりもたらされるようになったのかの問題について，主に Fischer et al. (2000: 278-280) の解説を基に，中心となる部分についてだけまとめてみた.[13]

---

[13] 中英語期に見られる，Wh 移動による tough 構文の生成について，特に "social network", "borrowing" など社会言語学的観点を取り入れた説明を試みた研究の一つとして，Wurff (1992b) を挙げることができる.

なお，tough 構文と普通の Wh 移動構文には，いくつかの点で異なる特徴の見られることが知られている．たとえば，そのような相違点を示す言語事実として，中村・金子 (2002: 164f.) は以下のようなものを取り上げて解説している.

まず第一に，不定詞節の主語が PRO ではなく語彙主語である場合には，tough 構文が許されないという事実がある（本文の§6.2.4 および§9.3.1 参照）.

   (i) *The hard work$_i$ is pleasant for the rich [for poor immigrants to do t_i].
                                                                                               (Chomsky (1973: 240))
       （貧しい移民がそのやっかいな仕事をするのは金持ちにとって楽しい）
   cf. What kind of work$_i$ is it pleasant for the rich [for poor immigrants to do t_i]?
       （貧しい移民が請け負うのが，金持ちにとって愉快だと言えるのはどんな種類の仕事だろうか）

第二に，tough 構文においては，名詞句内の要素を取り出してそれを主節主語にすることが許されないという事実がある.

   (ii) *John$_i$ is fun to see [pictures of t_i].   (Chomsky (1973: 263))
       （ジョンの写真を見るのは愉快である）
   cf. Who$_i$ did you see [pictures of t_i]?
       （あなたは誰の写真を見ましたか）

第三に，tough 構文においては，時制節の目的語を主節主語にすることが一般的に許されないという事実がある（注 5 参照）.

   (iii)?*These flowers$_i$ would be easy for you to say [that you had found t_i].
                                                                                           (Ross (1986: 252))
       （この種の花なら，自分が見つけたんだとあなたはおそらくたやすく言えることでしょう）
   cf. What flowers$_i$ would it be easy for you to say [that you had found t_i]?
       （自分が見つけたんだとあなたがたやすく言えるとしたら，いったいどんな花の場合でしょうか）

さらに詳しくは，§§9.3.3-5, §9.3.7 の解説参照．なお，「wh 島の制約 (wh-island constraint)」に関して見られる両者の違いについては，§9.3.2 参照.

6.2.1.2. 受け身不定詞による tough 構文

　受け身不定詞は古英語期にも用いられていた（小野・中尾 (1980: 420) 参照）が，形容詞の後ろの位置に受動構造が起こり始めるのは 14 世紀後半からで，その後 15 世紀になるとかなり頻繁となる（中尾 (1972: 309) 参照）．特に，受け身不定詞による tough 構文が登場するようになるのは，後期中英語（の中でもおよそ 1400 年以降）である (Gaaf (1928), Fischer (1991), Wurff (1992b), Fischer et al. (2000) 参照）．その要因として，Fischer (1991: 160ff.), Fischer et al. (2000: 280) は，以下のようなものを指摘している．すなわち，古英語において用いられていた原形不定詞 (bare infinitive) による 'be V-ed' (V-ed はここでは過去分詞形を表す) の形式の受け身に代わって, to 不定詞による 'to be V-ed' の形式の受け身が初期中英語において新たに登場する[14] と，この新しい形式が様々な構文に用いられるようになる．特に，この受け身の不定詞が tough 構文にも採り入れられるようになったその理由の一つとして，まず，eager タイプの不定詞構文にこの受け身不定詞が採り入れられることで，tough 構文への導入が促されるようになったということが考えられる (cf. Fischer (1991: 177))．eager タイプの受け身不定詞構文の例として，下記例文 (21) (Fischer et al. (2000: 280)) を参照．

(21)　the quene was aferde to be schente

---

[14] この新しい形式の受け身の不定詞が 1400 年頃になぜ用いられるようになったのかについて，Wurff (1990: 534) は "the loss of verb-second" (V2 語順の消失) およびそれに伴って起こった言語変化 "the change in the position of INFL" (INFL の位置の変化) の二つがその必要条件として働いていると説明しているが，さらに詳しい説明がないので，このままでは，今一つ理解しにくいところがあるように思われる．

　なお，Fischer (1991: 174) は，受け身不定詞が大幅に採り入れられるようになった原因を次のように説明している．すなわち，「上で見たように [すなわち，中英語期に，文の中核部の構造に関する大きな変化が生じた結果，文法が変化すると共に—千葉]，不定詞の前の [目的語としての (§6.1 の (12) 参照) —千葉] 名詞句をその主語として解釈するように文法上の圧力が強くかかるようになった結果，ついには，受け身不定詞が大規模に採り入れられるようになった．」

'the queen was afraid of being ruined'

二つ目の理由として，後期中英語においては，心的概念を表すラテン語語彙の特徴を反映する形で，いくつかの形容詞，たとえば light や hard が 'easy-to-please' の構文（下記例文 (22a), (23a) 参照）と 'eager-to-please' の構文（下記例文 (22b), (23b), (24) 参照）のいずれにも用いられていたという事実を挙げることができる．

(22) a. a fool is eythe to bigyle
 'a fool is easy to mislead' (*RRose* 3955)
 [Fischer et al. (2000)'s ex. (78)]
 b. how freel he was and eþ to falle
 'how frail he was and easy (apt) to fall' (Audelay *Poems* 88 / 201)
 [Fischer et al. (2000)'s ex. (79)]

(23) a. þer been oþer namys fowndyne yn the chronyclys, the which byn herdur [harder] to vndurstonde.
 (a1475 (a1477) Bokenham *M Angl*.16 / 15)
 [Fischer (1991)'s ex. (68e)]
 （年代記の中には別の名前も見いだされるが，こちらは理解するのがさらに難しい）
 b. Here ȝe, rebel & hard [obstinate] to byleue.
 ((a 1382) *W. Bible* (1) (Bod 959) Num. 20.10) [Fischer (1991)'s ex. (69e)]
 （汝ら，我に逆らい信ずることをかたくなに拒む者たちよ，よく聴け）

(24) They were all eager to go home.
 （みんな家に帰りたがった）

同じ一つの形容詞が，このように二つの異なる構文に用いられることにより，曖昧性を生ずるであろうということが考えられる．このような曖昧性を

避ける方法として導入されたのが，'easy-to-please'の構文を受け身形態で表すという方法である．すなわち，easy, hard など語彙的に曖昧な形容詞の後ろに続く不定詞を受け身にするかしないかによって，その形容詞がどちらの用法の意味を表すかの区別が明確となり，したがって曖昧性も消えることになる．[15]

Fischer et al. (2000: 281) は，さらに，現代英語における統語的曖昧文の典型的な例の一つとして，下記例文 (25) を取り上げ，

(25) The lamb is ready to eat.

このような文の持つ曖昧性を解消する一つの方法としては，やはり，下記例文に見るような不定詞の受け身を用いるやり方が考えられるので，これと同じメカニズムが中英語においても働いていたのであろうということを指摘している．

(26) The lamb is ready to be eaten.

もともと，古英語および（初期）中英語における tough 構文は（たとえ，形態的には受け身の形はとっていないとしても）受け身タイプの文であったので，形態上も受け身不定詞の形をとることを推進するいくつかの要因の働きもあって，受け身不定詞が tough 構文にも拡大応用されるに至るというのは十分納得がいくことであろうと Fischer et al. (2000: 282) は述べている．

---

[15] Fischer (1991: 179) によると，ラテン語の影響を受けて生まれるようになった上記のような曖昧性は，初期近代英語の終わりまでにはほとんどの形容詞から姿を消すこととなり，普通の 'easy-to-please' の構文としての用法（たとえば (23a)）のみ残ることとなる．このようにして，古英語に見られるような，'eager' タイプの形容詞による構文と 'easy' タイプの形容詞による構文との間のかなりはっきりとした区別が，再び取り戻されることとなる．その結果，受け身不定詞により両者を区別する必要もなくなった．なお，現代英語において，形容詞の後ろに受け身不定詞が用いられるのは，主として，形容詞が普通の述語的形容詞としてではなく，副詞的用法として用いられる場合であるということを Fischer (1991: 175ff.) は指摘している．この中には "is *easily* to be V-en" のように，副詞そのものに変化する場合をも含まれる．なお，関連する事項として，§4.2 参照．

(なお，§4.2 およびその箇所の注 4 で取り上げた He is easily to be deceived の類の構文との関連性も考えられるであろう（Fischer et al. (2000: 282) 参照）．)

6.2.2. Fischer (1991)，Fischer et al. (2000) に対する Anderson (2005) による批判

ただし，このような，語彙的曖昧性を解消するために受け身不定詞の tough 構文が用いられるようになったとする説明に対して，Anderson (2005) は異を唱えている (pp. 116f.)．すなわち，たとえば，上記例文 (23b) のような構文でありながら，形容詞 hard の意味が (23b) のそれ（「誰々は<u>頑固である</u>」）ではなく，(23a) のそれ（「～するのが<u>困難である</u>」）であるとみなすことのできるような文が中英語に存在していた．すなわち，下記 (27a-d) のような例文（Anderson (2005: 117)）に相当する中英語期の文のことである．

(27) a. We ar hard of byleue that this shall be.　　　　(ca. 1533; OED)
　　　（これがそうであろうなどとは，我々には信じがたい）

　　b. I haue ... used all endevor and industrie to fynd out a meanes ... but being verie hard to meet with one, I haue therefore ...

　　　　　　　　　　　　　　　　　　　　(ca. 1598, Helsinki Corpus)
　　　（私はあらん限りの努力と勤勉さにより，何かいい方法はないかと探ってみたが，見つけるのはとても難しいということがわかり，したがって私は ...）

　　c. He found the natives ... very hard to believe that the fact was possible.　　　　(ca. 1726; OED)
　　　（その事実が本当にありうるなどと信じるのは，現地人にとってとても無理だということが彼にはわかったのである）

　　d. I have been very hard to sleep too, and last night I was all but sleepless.　　　　(ca. 1858; OED)

(私もまたこれまでずっと眠れない状態が続き,昨夜などは,ほとんど一睡もできなかったほどである)

　これらの例文は,不定詞主語を主節主語の位置に移動させてできた文に相当する文法的 tough 構文の例となっていることに注意されたい.§6.1 で取り上げた OE の非人称 tough 構文の例文 (9a-c) に相当する文でもある.主節主語の持つ意味役割は「経験者」であるが,与えられる格は与格でなく主格で,また,be 動詞との間で一致が見られるという特徴を持っている.中英語になって非人称構文が次第に用いられなくなっていく (cf. Lightfoot (1981: 98-105; 1999: 125-136), Allen (1995: Ch. 6)) につれて,§6.1 において取り上げた (9a-c) のような文は,上記例文 (27a-d) のような形態を取るようになっていく (Anderson (2005: 117f.)).

　ここで特に重要なことは,後者のような例文は,不定詞の部分が受け身文になっていないにもかかわらず,そこに用いられている tough 述語 hard の意味が「誰々は頑固である」という特殊な意味ではなく,普通の tough 構文の場合に見られる「～するのが困難である」という意味であると推測されるということである (Anderson (2005: 117)).このことより,Fischer (1991), Fischer et al. (2000) の期待するような一般化,すなわち,受け身の不定詞で表された場合の hard の意味は「～するのが困難である」の意味となり,いっぽう,そうでない場合の hard の意味は「誰々は頑固である」の意味となる,というようなきれいな一般化は成り立たないことになる.すなわち,受け身の不定詞になっていなくても,依然として,「～するのが困難である」という意味用法の hard から成り立つような文が存在していたことになる.したがって,受け身不定詞の tough 構文の使用により,期待するような語彙的曖昧性の完全な解消にはつながらないことにもなる.概略以上のような内容が,Anderson (2005) の反論の主旨ではないかと思われる.

　彼女が明確に述べていることで重要なことは,「非人称 tough 構文に現れる tough 述語の形容詞の意味も,普通の tough 構文に現れる tough 述語の形

容詞の意味も同じである」(pp. 118f.) という点である．同じようなことを指摘している言語学者として，Anderson は A. Cormack (p.c.) の名を挙げている (p. 118) [p.c. = personal communication（個人的談話）].

さらに，Anderson は，統語構造上見られる主要な言語変化と，上記二つの構文（すなわち，(27)のような構文と受け身の tough 構文）に見られる言語変化とを関連づけようとする見方については，以下のような問題点があることも指摘している．

すなわち，統語構造上見られる主要な言語変化は，中英語期末までにはおおむね終了しているものと一般的に考えられているので，比較的後の時代になって上記二つの構文が消滅するに至るという事実を考えてみると，そのような，統語構造上見られる主要な言語変化が，問題の二つの構文消滅の要因となっていると解釈するわけにはいかなくなるということを指摘している (p. 119)．つまり，両者には時代的に大きなずれがあるので，二つを直接関連づけるのはむずかしい，ということであろう．

6.2.2.1. 不定詞の接尾辞 -en の消失

すでに上で触れたことではあるが，Wh 移動による新しい種類の tough 構文の文 (e.g. This is easiest to gain heaven by)，および受け身不定詞を取り込んだ新しい種類の tough 構文の文 (e.g. The eye is hardest to be healed) は，共に 1400 年頃になって英語の歴史の上に登場したことが知られている (Fischer et al. (2000: 282))．しかし，Wh 移動による tough 構文と NP 移動による tough 構文とが，このように，同時期，同居する格好になっているのは，いささか不思議に思われるとして，Fischer et al. (2000: 282f.) は，この二つの構文に，後期中英語に起こった音韻上の変化を重ね合わせて考えてみることにより，その後に生ずる言語変化に対し，より原理的な説明を与えることが可能となるであろうと，概略次のような説明を加えている．

すなわち，この時期，それまで持っていた不定詞の接尾辞 -en が失われるようになると，その接尾辞がそれまでになっていた機能，すなわち，不定詞

第 6 章　OE, ME 時代の tough 構文の特徴とその歴史的変化　　67

の目的語に与えられる格，および不定詞の主語に与えられる意味役割を共に吸収するという機能が形態的に表示されないこととなる．その結果，受け身用法であることが形態的に明示されていない不定詞が与えられた場合，その不定詞を受け身の働きをしているものとして正しく解釈するのが，言語習得者にとってますます困難になるだろうと考えられる．古い世代の者なら，tough 構文に接したときには，NP 移動を用いて下記 (28a, b) に示すような分析を施すことで対処したであろうが，

(28) a.　the which$_i$ byn herdur [$_{IP}$ t$_i$ [$_{VP}$ to vudurstonde t$_i$]]
　　 b.　hit$_i$ esy [$_{IP}$ t$_i$ [$_{VP}$ to dele wiþ t$_i$]]

若い世代の者の場合，不定詞語尾が失われてしまった tough 構文に接した時，(普通の受け身文の場合と同じような) NP 移動による分析は，もはや選択肢の中に入ってこないものと考えられるであろう．

そのような状況において，採りうる手段の一つとして考えられるのが，上記 (28a, b) を下記 (29a, b) のように再分析するという対処法である．

(29) a.　the which$_i$ byn herdur [$_{CP}$ OP$_i$ [$_{IP}$ PRO to vudurstonde t$_i$]]
　　 b.　hit$_i$ esy [$_{CP}$ OP$_i$ [$_{IP}$ PRO to dele wiþ t$_i$]]

すなわち，(28a, b) の場合と同じ文を生成するのであるが，今度の場合，そのために用いるのは Wh 移動という新たな手段であるという違いが見られる．さらにまた，"This is easiest to gain heaven by" のような，前置詞残留を含んだ別種の tough 構文の文が登場するようになるのも，この新しく導入した Wh 移動方式の直接の表れとして受け取ることができるであろう．

ところで，受け身不定詞の tough 構文が用いられなくなる理由として，Fishcer (1991: 179) は次のように説明している．すなわち，中英語期において，ラテン語の影響を受けて，eager タイプの用法と easy タイプの用法の二つを兼ねるという語彙的曖昧性を持つようになった形容詞 (§6.2.1.2 の上記例文 (22), (23) 参照) のほとんどのものについて，初期近代英語の終わりまで

には，そのような曖昧性の特徴が消失するという変化が生ずる．すなわち，古英語期においてそうであったような，eager タイプの用法と easy タイプの用法の明確な区別が再び可能となる．その結果，曖昧性を解消するために用いられていた受け身の不定詞は不必要となる．

6.2.2.2. 主語読みの解釈と目的語読みの解釈

このような説明に対し，Anderson (2005) は，この場合にもまた異議を唱える．それというのも，受け身不定詞の tough 構文が用いられるようになった理由として Fischer が挙げている「語彙的曖昧性の解消」に基づく説明には，すでに指摘したように，Anderson は疑問を感ずるからである．すなわち，Fischer の考えとは異なり，非人称 tough 構文の場合も，普通の tough 構文の場合も，tough 述語の形容詞の表す意味は同じであると考えるので，Anderson は，受け身不定詞の tough 構文がなぜ消失したのかについての Fischer による上記のような説明にも従わないことになる．むしろ，このような，語彙項目の持つ意味に関して見られる変化 (lexical semantic change) とは直接関係ない理由により，受け身不定詞の tough 構文が好まれなくなったとみているようだ (pp. 119-120)．「たとえば」として彼女の挙げている理由は以下のようなものである．

すなわち，受け身不定詞による tough 構文が，おそらく，その他の構文についても見られるように，一般的に受け身不定詞というものが広い範囲にわたって用いられなくなることの一環として，文体的にみて有標である (stylistically marked) とみなされるようになる．その結果，それが使用される頻度が以前よりずっと少なくなったとした場合，次のような状況が生じることが考えられる．すなわち，tough 構文の中でも特に，不定詞を構成する動詞が自動詞・他動詞の両方の用法を許すような動詞から成る tough 構文の文に接したような場合に，その文の主節主語が何を指すかの解釈として，不定詞の主語に相当すると捉える解釈（これを「主語読み (subject reading)」の解釈あるいは「主語コントロール (subject control)」の解釈と言う），および不

定詞の目的語に相当すると捉える解釈（これを「目的語読み（object reading）」の解釈あるいは「目的語コントロール（object control）」の解釈と言う）の二つが可能となる．したがって，言語使用者は，このような点で曖昧であるような文，たとえば，下記例文（30a, b）（Anderson (2005: 120)）に示すような両方の解釈を許すような文に直面することになるであろう．

(30) a. That woman$_i$ is difficult PRO$_i$ to teach.
  b. That woman$_k$ is difficult PRO$_i$ to teach e$_k$.

このような推論に従うとするならば，さらに加えて，よく知られているように，言語使用者には，曖昧な言語形式を用いるのを避けたいと思う傾向が見られるということからも，次のような考えに至るというのも理にかなったことであろうと Anderson は推測する．すなわち，言語使用者というものは，この種の曖昧性を心地よく思わず，したがって，上記のような文に対して，最終的にはただ一つの解釈しか当てはめないようになるものと考えられるので，上記 (30a) のような解釈を持つ非人称 tough 構文（すなわち，§6.1 の例文 (9b, c) に相当する文）がついには消滅するようになると考えてよいであろう．（ただし，このような説明では，(30a, b) のうち，(30b) のほうだけが残ることに対する理由づけにはなっていないように思われる．注 16 参照）

歴史上実際に起こった言語変化をこんなふうに捉えるということは，つまり，非人称 tough 構文および受け身不定詞の tough 構文が最終的には二つとも消えていくことになるその引き金はいったい何なのかという疑問に対して，Fischer と Anderson は部分的に異なる答えを与えていることになる．

すなわち，両者はどちらも，許される「選択の幅」あるいは「選択肢の数」を問題にしているという点では同じであるが，問題となっている言語変化を考える場合，重要なのは何かという点で両者は異なることになる．Fischer の場合は，（tough 構文の中に現れる）「特定の形容詞そのものが持つ意味の数が，2 から 1 へと制限されること」を重要視しているのに対し，Anderson の場合は，「tough 構文そのものが持つ解釈の数が 2 から 1 へと制限される

こと」を重要視していると言えるであろう．したがって，Anderson の場合は，結局，tough 構文に許されている意味解釈の選択肢の幅が 2 から 1 へと軽減されることが，問題となっている言語変化の重要な引き金になっていると考えることになるであろう．

　以上が，Fischer の案に対する Anderson による対案のあらましを筆者なりに解説したものである．ただし，Anderson 自身の言うところによると，これまでに彼女が集めた証拠がまだ不十分であるため，この二つの案のどちらがより妥当であるかを決めることはできず，したがって，この問題の決着には今後の研究を俟たなければならないと断っている (p. 120).[16]

　ところで，「主語読み」の解釈を持つ §6.2.2 の例文 (27a-d) は，形容詞 hard に関する例だけとなっているが，Anderson (2005: 117, fn. 24) によると，彼女の収集した同種の例文の中には，hard 以外にも，easy, difficult などその他の tough 述語の例文も含まれるとして，以下の例文を追加している．

(31) Hutchinson was neither easy to believe it, nor frighted at the example. (ca. 1655, OED)
(ハッチンソンにとって，そのことは容易に受け入れられることではなかったが，そのいっぽう，その実例に驚きもしなかった)

同種の例文として，Cormack (1998: 294, note 20) も，OED の中から以下のような例文を引用している．

(32) a. He is a very subtle fish, and hard to be caught. (1653)
(それはとてもすばしっこい魚なので，捕まえるのが難しい)

---

[16] なお，本文でもコメントしたように，筆者自身にも，上記のような Anderson 案は十分説得力のある案のようには思えない．特に，非人称 tough 構文 (に匹敵するような解釈を持つ，subject control の tough 構文) のほうが消えて，もう一方の解釈が残るのはなぜかについての説明が十分ではないように思われる．

第 6 章　OE, ME 時代の tough 構文の特徴とその歴史的変化　　　71

  b.　I am difficult to believe that ...　　(1691)
   （私にはそんなこと信じがたい）

　このような文の持つ特徴として，Cormack は概略以下のような説明をしている．

　すなわち，(32a, b) のような文は，不定詞の主語に与えられた意味役割が主節主語に引き継がれるという点で，形容詞 certain の持つ補文構造の文に類似しているが，ただし，後者の文のほうが前者の文と比べ，より非人称的 (impersonal) であるという重要な違いがあるので，直観的にも違った感じを与えることになる．

　その違いはどこから来るかというと，(32a, b) のような文の場合，補文としての不定詞に加えて，もう一つ別の項 (argument) として，「誰にとってやさしいか，難しいか」の意味情報を表す（前置詞句 for NP に相当する）項が隠されているという点である．この「経験者」としての隠れた項が，上記例文 (32a) の場合は，不定詞 to catch の（表面に現れていない）意味上の主語と同じものを指し，またいっぽう，例文 (32b) の場合は，不定詞 to believe の主語を指すことになる (p. 294, note 20)．（ただし，このような特徴は，形容詞 certain （の不定詞構文）の場合にも当てはまるという点が，この説明には見落とされているように思われる．）

　Cormack (1998: 294, note 20) では明示的に示されていないが，Anderson (2005: 118) によると，その後の Cormack による tough 構文の研究 (Cormack (2002)，ただし筆者は未読) において，上記例文 (27a–d)（および (31), (32b) のような文）は，その文の生成過程において，その主節主語が，(tough 述語を主要部とする) 形容詞句と併合 (merge) された後，普通は前置詞句 for NP に付与されるはずの「経験者」としての意味役割が，その主節主語に引き継がれるというような分析を Cormack (2002) が提示しているとのことである．このような分析は，後ほど §7.1 および §7.4 において取り上げることになる．日本人英語学習者および幼児母語話者に見られる tough

構文の解釈についての誤りのうち，特に「主語読み」の解釈を与える誤りの背後にあると推測される言語直観と密接にかかわるという点で，大変興味深いと思われる．

なお，同じく Anderson (2005: 118) によると，上記例文 (27a-d) のような文に関する Cormack の分析は，次のような捉え方をしているのがその特徴であるということになる．すなわち，これらの文には，tough 述語の受け身相当語句 ("a passive version of the *tough* adjective" (p. 118))（ただし，形態的には，その能動態としての形式と異なるところがない）が用いられているものと考えられる（同じような捉え方は，すでに本文の §6.1 で指摘したように，Fischer (1991) および Wurff (1992a) にも見られる）．したがって，もし能動態相当語句としての tough 述語の場合であるならば，前置詞 for と一緒になってその補部としての NP（厳密には DP）に格を付与することのできるはずのその格付与能力が，受け身相当語句としての tough 述語の場合には失われてしまっていることになり，その NP はその位置においては格を付与されることがない．その結果，その経験者としての名詞句は，「二重格付与の制約」すなわち，各連鎖にはただ一つの格しか付与されてはならないとする制約（a chain condition that bans double Case marking (cf. Chomsky (1986b))）に対する違反を引き起こすことなく，主節主語の位置に引き上げられて，その位置で構造格としての主格を付与される，あるいは，もともと持っていたその主格を正しく照合される（§6.1 において挙げた例文 (10a) [= ælc ehtnys bið earfoðe to þolienne] についての解説参照）ことになる．[17]

---

[17] Cormack による以上のような分析は，Anderson によると，すでに Cormack (1998) において明示的に示されていることになるのであるが，Anderson によるこのような捉え方は，正直なところ，Cormack の同論文を読んでも筆者にはそのようには理解できなかった点である．ただし，ここでは，Cormack (2002) や Cormack との個人的談話をも資料として取り上げて論じている Anderson (2005: 117f.) が述べていることにそのまま従った解説を試みたことを断っておきたい．

なお，第 5 章の注 3 においても指摘したように，Anderson (2005: 119) は，OED および Helsinki Corpus を調べた結果，本文中の例文 (27a-d) のような構文は，受け身不定詞の

6.2.3. 受け身 tough 構文の衰退の原因—Ioup (1975) による説明

受け身不定詞の tough 構文が次第に姿を消すようになるその原因として，Ioup (1975: 150f.) が指摘しているものを最後に取り上げてみよう．Ioup は次の二つの要因があいまって，受け身文の主語位置から要素を取り出す形の tough 構文が用いられなくなったとする趣旨の説明をしている．

まず第一に，受け身文以外の場合には，主語名詞句を取り出して tough 構文にすることは一般的に許されないという事実がある．したがって，tough 構文の規則を定式化する場合，不定詞の主語の位置からの要素の取り出しは，受け身文の主語の場合にだけ許されるというような条件を規則に盛り込む必要があり，それだけその規則が複雑になるということを指摘することができるであろう．

第二の要因として考えられるのは，受け身文の tough 構文を用いて表現しようとする意味情報は，受動態の形を取らずとも，能動態の形のままの tough 構文を用いて表現することが一般的に可能であるという事実である．すなわち，能動態と受動態の両方の tough 構文を許すよりも，能動態の tough 構文に限定することにより，文の生成手順がそれだけ簡潔になるという利点が考えられる．

以上二つの要因が働いた結果，受け身文の主語位置から要素を取り出す形の tough 構文が次第に用いられなくなるというのは，ある程度説得力を持つアイデアであるように思われる．ただし，受け身文の tough 構文の中には，上で指摘したような問題点を生み出さないような種類のものがあるという事実を Ioup (1975: 151) は指摘している．すなわち，後に §9.4 において取り上げることになる下記例文 (33a-d) に見るような 種類の tough 構文のこと

---

tough 構文と同様，おおよそ 19 世紀後半になって消滅したことがわかると述べている．すなわち，例文 (27a-d) のうち，特に (27d) の用いられていた年代 (ca. 1858) から推測すると，このような構文が，少なくとも 1860 年頃までは用いられていたということが読み取れる．ただし，その使用頻度は，受け身文の場合と比べ，かなり低かったのではないかと推測される（第 7 章の注 6 参照）．

である.

(33) a. Such flattery is easy to be fooled by.

(Chomsky (1964: 67; 1973: 265))

（人はその種のおべっかにはたやすく騙されるものです）

b. He's easy to be intimidated by.　　　(Huddleston (1971: 162))

（彼には誰でもすぐに脅迫されてしまうのです）

c. The doctor was hard for John to be examined by.

(Nanni (1978: 92))

（その医者にジョンが診察してもらうのは難しかった）

d. Those commercials are easy to be taken in by.

(Bochner (1976: 46))

（その種のコマーシャルにはたやすく騙されるものです）

このような文は，受け身文の by 句の中の名詞句を取り出してできた tough 構文の形をしているが，これまで問題にしてきたような，受け身文の派生主語を取り出してできた tough 構文の場合とは異なり，同じ意味内容を能動態の文のままの tough 構文で表すことができないという特徴が見られる．すなわち，たとえば，上記例文 (33a) に対応させた下記例文 (34) のような能動態の tough 構文は非文法的文になるという特徴が見られる．

(34) *Such flattery$_i$ is easy t_i to fool Susan.

すなわち，上記例文 (33a-d) に見るような種類の受け身 tough 構文の文には，それなりの存在理由があるということになるであろう．したがって，この種の受け身 tough 構文の文は，現代英語においても，文法的文として依然用いることができるということになる．Ioup (1975: 151) によると，この種の tough 構文は，新しいタイプの 受け身 tough 構文であることになるが，いつ頃から用いられるようになったのかなど詳しいことはわからない．

以上，受け身文の派生主語を取り出してできる形の tough 構文が，一般的

には次第に用いられなくなっていく原因について,いくつかのアイデアを取り上げ解説を試みた.[18]

6.2.4. tough 構文に見る for 句の扱い

不定詞節の主語を取り出して主節主語の位置に据えたような tough 構文の文が現代英語においては非文法的文となる[19]ことを指摘している比較的

---

[18] ここで取り上げた Ioup (1975) による説明において,そこに挙げた二つの要因のうち最初のほうの要因は,「受け身文以外の場合には,主語名詞句を取り出して tough 構文にすることは一般的に許されないという事実」が実際見られることが前提となっていると理解できる.したがって,本文の§6.2.2 において取り上げた例文 (27a-d), (31), (32b) (ここでは,そのうち例文 (31) と (32b) の二つだけを,それぞれ,(ia), (ib) として下に再録しておこう) のように,能動態の文の主語名詞句が取り出されてできた形の tough 構文が部分的ながら見出されるということは,1 番目の要因が,要因としての機能をそれだけ弱めることになる可能性があるということにも留意しなければならないであろう.
   (i) a. Hutchinson was neither easy to believe it, nor frighted at the example.
       b. I am difficult to believe that ...

[19] tough 述語の中には,普通の叙述用法 (predicative use) としての tough 構文ではなく,限定用法 (attributive use) として用いた場合に,「主語読み」の解釈を許すような文が可能となることがあるのではないかと思われる.以下に挙げるのは,筆者が行ったインフォーマントチェックの結果得られた英語母語話者 (大人) の反応を示すデータの一部である.
   (i) a. It seems (?to be) such an (absolutely) impossible thing to have happened.
       (そんなようなことが起こったなんて(絶対に)不可能なことのように思われます)
       b. Such an accident seems (?to be) an impossible thing to have happened.
       c. *Tom is an absolutely impossible man to do such a work.
       (トムはそんなような仕事をするなんて絶対にあり得ない人です)
   (ii) a. ?Such an accident seems (*to be) (absolutely) impossible to happen in Japan.
       (そのような事件が日本で起こるなんて(絶対に)あり得ないことのように思われます)
       b. *They will be impossible to arrive on time in this snowstorm.
       (このような吹雪の中,彼らが時間どおり到着するのは不可能でしょう)
   (iii) a. *It seems such an absolutely impossible creature to have lived on the earth.
       (地球上にそのような生き物が生息していたなどとはほとんどあり得ないように思えます)
       b. *The creature seems impossible *t* to have lived on the earth.
       c. ?The creature seems impossible to believe *t* to have lived on the earth.

初期の tough 構文研究の一つとして，Berman (1973) を挙げることができる．すなわち，Berman は，下記例文の (35a), (36a), (37a) にそれぞれ対応する tough 構文の文 (35b), (36b), (37b) がいずれも非文法的文となることを指摘している (p. 35) (便宜上, 主節主語がもともと占めていた tough 節の主語の位置に, 痕跡 (*t*) の記号を書き入れて示してある).

(35) a. [For your letter to be under this bed] is impossible.

　　 b. *Your letter is impossible *t* to be under this bed.

(36) a. [For it to rain on St. Patrick's Day] is impossible.

　　 b. *It is impossible *t* to rain on St. Patrick's Day.

(37) a. [For there to be five mistakes in this manuscript] is impossible.

　　 b. *There is/are impossible *t* to be five mistakes in this manuscript.[20]

(iv) a. *Ed is an easy man to do it.
　　 b. Ed is an easy man (for us) to expect *t* to do it.
　　　 (エドならそうするだろうと私たちには十分思えます)
(v) a. ??John is easy/impossible to believe *t* to be a spy.
　　　 (ジョンがスパイだと信じるのは容易な／不可能なことです)
　　 b. ?John is easy to believe *t* to have been trained as a spy.
　　　 (ジョンがスパイとしてこれまで訓練を受けてきたと信じるのは容易なことです)
(vi) a. ??John is a man easy to believe *t* to be a spy.
　　 b. ?John is an easy man to believe *t* to be a spy.

特に (ia) のような文が文法的になることに加え，(ib) および (vib) のほうが，それぞれ，(iia) および (via) に比べ文法性がより高くなるという点に注意したい．このような事実の存在を考慮すると，"an easy man to VP" の形をした構文をそれに対応する tough 構文から派生させる (ないし，関連づける) ことを考えるときには，そのような事実をも矛盾なく扱えるような分析や説明を提示しなければならなくなるであろう．

なお，関連するデータとして，Halpern (1979: 53) の挙げている下記例文を加えることができるであろう．

(vii) That is a {strange / natural / easy} thing to happen.
　　　 (そのようなことが起こるのは {奇妙な／自然な／よくある} ことだ)

[20] 例文 (37b) において，is/are とあるのは，たとえ複数形の five mistakes に一致させた are を選んだとしても，単数形の is を選んだとしても，いずれの場合も非文法的文になると

Berman (1973: 35) はさらに，上記の例文 (35a), (36a), (37a) のような場合は，それぞれ，(35b), (36b), (37b) に見るように，不定詞節の主語を取り出してできる tough 構文の文ばかりでなく，(動詞あるいは前置詞の) 目的語を取り出して主節主語の位置に据えたような tough 構文の文の場合でも，同じように非文法的文となるということを，次のような例文を挙げて説明している (Berman の議論の趣意を汲んで，便宜上，不定詞節の部分を [　] で示すと同時に，痕跡記号 (t) も書き加えてある).[21]

いうことを表す (下記例文 (iid) の場合も同じ).
　例文 (36), (37) のように，虚辞 (形式主語) としての it / there を含む文の場合には，特にその点に注目して，主節主語の位置に虚辞の it / there を据えたような tough 構文の文は非文法的文になるという捉え方ができるであろう．たとえば，Postal and Pullum (1988: 637), Postal (2010: 243) は，そのような観点から，それぞれ下記例文 (ia, b) および (iia-d) のような例文について説明している．

　(i) a. We prevented it from becoming obvious that things were out of control.
　　　　 (事態が手に負えなくなっていることが明るみに出ないよう，私たちは工夫しました)
　　 b. *It$_i$ was tough to prevent t_i from becoming obvious that things were out of control.
　　　　 (事態が手に負えなくなっていることが明るみに出ないようにするのは一苦労でした)
　(ii) a. It was difficult for Zeus to make it snow.
　　　　 (ゼウスにとって，雪を降らせるのは困難だった)
　　 b. *It$_i$ was difficult for Zeus to make t_i snow.
　　　　 [意味は (iia) と同じ．ここでは，「ゼウスが雪をこしらえる」(Zeus makes snow) の意味は考えないことにする]
　　 c. It was easy for Zeus to allow there to be riots.
　　　　 (ゼウスにとって，暴動の起こるがままにしておくのはたやすいことであった)
　　 d. *There$_i$ was / were easy for Zeus to allow t_i to be riots.
なお，このように，虚辞が tough 構文の主節主語にはならないということについて，中島 (2016: 96) は概略次のように説明する．すなわち，tough 構文の主節主語としては，一般的に話題性が高いものが選ばれなければならないという特徴があるのに対し，虚辞は意味的に無 (ゼロ) であり，そのため，一般的に話題にはならないという性質があるからである．これは機能文法的観点を採り入れた説明になっていると言えるであろう．機能文法的観点から見た tough 構文の研究の例について，さらに詳しくは §10.1 参照．
　[21] 例文 (38b) のような形式主語 it を含む別の用法の例として，Grover (1995: 115) の挙げている下記例文 (i) を加えることもできるであろう．

(38) a. *This bed is impossible [for your letter to be under *t*].

b. *St. Patrick's Day is impossible [for it to rain on *t*].

c. *This manuscript is impossible [for there to be five mistakes in *t*].

すなわち，tough 構文に現れる「受益者」を表す前置詞句（for NP）は，通常，不定詞節ではなく主節の一部を成し，意味特性としては，[+animate] を持つものに限られると思われる。[22] 上記例文（38a-c）に現れる for NP は，

(i) *John is easy for it to bother that Mary is missing.
（メアリーがゆくえ不明になっているのがジョンには気がかりであろうということは想像に難くない）

例文（38c）と同種の例文としては，Berman (1974: 264) の挙げている下記 (iia, b) のような例を加えることもできる。

(ii) a. *The soup could be unpleasant for there to be a fly in.   (Berman (1974: 264))
（そのスープの中に蝿が入っているのは気持ちが悪くなる）

b. *North Vietnam is easy for there to be bombing raid over.
(Lasnik and Fiengo (1974: 549))
（北ベトナムへの爆撃急襲は容易に行われうる）

いっぽう，Fleisher (2015: 96, fn. 32) は，下記例文（iiia）のように，there 構文の there to be の後ろの位置から取り出された要素が主節主語を形成するような tough 構文の文の場合は，非文法的な文になるとしながらも，下記例文（iiib）のような，例文（ii）と同種の文の場合には，文法性がそれほど悪くならないと述べている。

(iii) a. *Rhubarb is impossible for there to be in this cake.   (Hendrick (2013: 3))
（このケーキの中にルバーブが入っているなんて考えられない）

b. ?This cake is impossible for there to be rhubarb in.

なお，例文（iiia）のような文が非文法的文となるのは，次のような理由によるのかもしれないと Fleisher はまた述べている。すなわち，tough 構文の主節主語と最終的に結び付けられる tough 節内の要素が（定名詞句の一種である）pro であるとする分析（cf. Rezac (2004, 2006), Fleisher (2015)）に従うと，例文（iiia）のような文は，there 構文の持つ定性制限 (definiteness restriction)（cf. Milsark (1974), Heim (1987)）に触れることになるからである。

[22] tough 述語の後ろの（任意的）前置詞句 for NP の NP は，[+animate] の意味特性を持つものに限られるということについては，Ioup (1975: 161ff.) 参照。Ioup の提案する tough 構文の基底構造は，Berman and Szamosi (1972) のものと同様の，以下のようなものである (p. 161).

(i) [[for NP_2 to V NP_3] be easy (for NP_1)]

このような構造において，for NP_1 が選ばれるときには，NP_1 と NP_2 との間には同一指示的な (coreferential) 関係が見られ，NP_2 は消去されるか，または代名詞の形を取らなけれ

第 6 章　OE, ME 時代の tough 構文の特徴とその歴史的変化　　　79

このような意味特性条件を満たしていないので，形容詞 impossible の補部として用いることはできないことになる．あと考えられる構造分析として

ばならない．また，NP_2 が [+animate] のときは，基底構造において NP_1 を選択することはできない，などの特徴が見られることを Ioup (1975: 161f.) は説明している．

ただし，上記構造 (i) および上に述べたその特徴は，本文（および注 23）で解説する tough 述語の持つ二つの異なる意味・用法のうち，tough 構文として用いられる場合の tough 述語の持つ基底構造ならびにその特徴を表していることに注意されたい．したがって，注 24 に挙げる例文 (ia, b) の場合には，そのような特徴が当てはまらないことになる．

Ioup (1975: 162) は，tough 節の主語名詞句 NP_2 が省略される場合，NP_1 との同一性条件のもとに消去されることとなり，したがって，NP_1 が [+animate] でなければならないという選択制限が NP_2 にもそのまま引き継がれることになると説明している．Ioup によると，下記例文 (iia-c) が非文法的文となるのは，そのような選択制限を満たしていないからだということになる．（記号 Δ は，省略された主語を表す．）

(ii)　a.　*A high temperature is easy Δ to crystallize at.
　　　　　（高温で結晶化するのは簡単なことです）
　　　b.　*The West is impossible Δ to rise in.
　　　　　（西から日が昇るのは無理なことです）
　　　c.　*Ms. Thornberry's yard is difficult Δ to blossom in.
　　　　　（ソーンベリーさんの家の庭に花が咲くというのは無理なことです）

ただし，これらの例は，上記構造 (i) の NP_3 の位置からではなく，付加部の位置から要素を取り出してできた tough 構文の例とみなすことができるので，そのために非文法的文となっていると言えるかもしれない．（後ほど §9.3.4 において取り上げることになる例文 (45a, b) 参照．）

なお Ioup は，上で述べたように，上記構造 (i) における NP_1 は [+animate] でなければならないという選択制限を課しているのであるが，ただし，下記例文 (iiia) が非文法的文になるということについては，この選択制限の違反のためであるという説明は採っていない (Ioup (1975: 195, note 12) 参照)．むしろ，NP_1 が [+animate] となっていても例文 (iiib, c) が非文法的文となる同じ原因によるものとみなし，次のような理由を挙げている．すなわち，下記例文 (iva-c) のように，There-insertion (there 挿入) の可能な環境においては，それに対応する tough 構文が一般的に許されないという関係が見られる（例文 (iiia-c) 参照）ということから，(iiia) が非文法的文となることを説明しようとしている．

(iii)　a.　*The table is hard for a lamp to stand beside.
　　　　　（そのテーブルはそばにランプを置きにくい）
　　　b.　*The kitchen is difficult for a stranger to be in.
　　　　　（その台所は中に見知らぬ人が居にくい）
　　　c.　*Illegally parked cars are a pleasure for some police officers to be looking for.
　　　　　（駐車違反の車は一部の警官にとって探すのが楽しみとなっている）
(iv)　a.　There stood a lamp beside the table.

は，(38a-c) に示したように，不定詞節の主語として用いられているとする分析である．しかしながら，このような構造において，問題となっている名詞句を不定詞節の中から取り出して，主節主語の位置に移動させる際には，不定詞の主語の頭上を越す形となるので許されないことになると Berman は説明している．すなわち，このような非文法的文の場合，Berman は後ほど §9.3.7 で取り上げることになる Chomsky (1973) の「指定主語条件 (Specified Subjecte Condition)」と同じような条件が働いた結果，非文法的文が生ずるというような説明をしていることになる．[23]

---

  b. There is a stranger in the kitchen.
  c. There are some police officers looking for illegally parked cars.
すなわち，この二つの構文を作り出す規則のそれぞれの構造記述 (structural description) の間には，相補的分布 (complementary distribution) の関係が見られると Ioup (1975: 153) は説明している．

 さらに，Ioup は tough 構文と there 挿入に見られるこのような密接な関係には，受け身文に対応する tough 構文が許される場合と許されない場合の違い (§9.4 に挙げる例文 (80)-(82) 参照) を説明するときにも応用できる部分があることを示唆している．すなわち，by 句の中の名詞句が，行為者を表さない (non-agentive) 名詞句となっているとき，すなわち，受け身の過去分詞形動詞が形容詞的働きをしているような場合のほうが，受け身の tough 構文の許容度がそれだけ高まるようだと述べている (p. 153).

[23] ただし，Ioup (1975: 155) が文法的文として挙げている下記例文 (ia-d) の場合には，このような説明が当てはまらないように思われる．
 (i) a. This substance will be hard for the acid to dissolve.
   （この物質は酸に溶けにくいでしょう）
  b. The material is not easy for my scissors to cut.
   （この生地は私のハサミで切るのは容易でない）
  c. This wall will be difficult for the whole can of paint to cover.
   （この壁はペンキ一缶を全部使っても，全体を塗り終えるのは無理でしょう）
  d. Onions are simple for the blender to dice.
   （玉ねぎはこのミキサーで簡単にさいの目に切れる）
このように，for 句の中の名詞句が [-animate] の場合は，下記例文 (iia-c) (Ioup (1975: 154)；もともと Lasnik and Fiengo (1974: 549) より) のような場合とは異なり，一般的に for 句を自由に移動させることができないという特徴が見られるということを，Ioup (1975: 155) は (iiia-d), (iva-d) のような例文を挙げて説明している．
 (ii) a. John is easy for Bill to please.
  b. John is easy to please, for Bill.
  c. For Bill, John is easy to please.

なお,形容詞 impossible を始めとする tough 述語の後ろに for 句が続いた場合の,その for 句の統語的・意味的位置付けについて考える場合には,以下に示すような Berman (1973: 36) の解説が役に立つと思われる.すなわち,まず,次のような文の場合は,for John が主節の一部を成す前置詞句として解釈される場合と,「補文標識 for」+「主語名詞句」として解釈される場合の二つの解釈を許す曖昧文となる.[24]

(iii) a. *This substance will be hard to dissolve, for the acid.
  b. *The material is not easy to cut, for my scissors.
  c. *This wall will be difficult to cover, for the whole can of paint.
  d. *Onions are simple to dice, for the blender.
(iv) a. *For the acid, this substance will be hard to dissolve.
  b. *For my scissors, the material is not easy to cut.
  c. *For the whole can of paint, this wall will be difficult to cover.
  d. *For the blender, onions are simple to dice.

このことは,すなわち,問題の for 句が主節の要素ではなく,tough 節の一部を成す構成素であることを示唆することになる.

さらに,同じようなことを示すもう一つ別の種類のデータとして,Ioup (1975: 155f.) は,下記例文 (v) と同じような語順を持つ下記例文 (via-d) のような文が非文法的文になるという事実を挙げている.
(v) To please John is easy for Bill.
(vi) a. *To dissolve this substance will be hard for the acid.
  b. *To cut the material is not easy for my scissors.
  c. *To cover this wall will be difficult for the whole can of paint.
  d. *To dice onions is simple for the blender.

[24] 一般的に tough 述語に二つの異なる意味があり,用法も微妙に異なるということについては,Lasnik and Fiengo (1974: 560ff.), Nanni (1978: 47ff.) などにおいても指摘されている.すなわち,下記例文 (ia, b) (Lasnik and Fiengo (1974: 560):もともと Berman and Szamosi (1972) の例文 (77a, b)) に用いられている tough は「つらい,なかなか厳しいところがある,こたえる」のような意味を持ち,tough on John のように,前置詞 for の代わりに on を用いることのできる形容詞である(例文 (ic) 参照).tough 述語の持つこのような意味のことを Nanni (1978: 50f.) は "suffering meaning / sense"(「苦痛読み」)と呼んでいる.
 (i) a. For his wife to accept this view would be tough for John.
  b. It would be tough for John for his wife to accept this view.
  c. For his wife to accept this view would be tough on John.
いっぽう,tough 構文に用いられる tough のほうは,「誰々にとって~するのが困難だ」の

(39) It would be impossible for John to read that book.

すなわち，具体的コンテクストを与えて示すとすると，以下のような二つの異なった解釈の可能性があることがわかるであろう．

(40) a. It would be impossible for John [to read that book] — he simply wouldn't understand the technical terms.
(その本を読むのはジョンには不可能だろう．だって，彼にはそこに用いられている専門用語がまったく理解できないから)
b. It would be impossible [for John to read that book] — it'll be in the bindery for the next six months.
(ジョンがその本を読むのは不可能であろう．だって，今後6ヶ月の間その本は製本所入りになるから)

ただし，tough 構文の文として表現した場合は，上記二つの解釈のうち (40a) に相当するほうの解釈のみが可能となるということが，以下に示すような文法性の違いから理解できる．[25]

意味の形容詞である．tough 述語の持つこのような意味のことを Nanni (1978: 50f.) は "effort meaning / sense" (「苦労読み」) と呼んでいる．(前置詞 for の代わりに on を用いた tough 構文の文が一般的に非文法的文になることについては，注28 参照．)

このように tough が二つの異なる意味を持つため，本文の例文 (39) は，そこでも説明しているように曖昧文となる．同じような説明は Berman and Szamosi (1972: 322f.) などにも見られる．なお，白川 (1983: 45) は，tough タイプの形容詞が Silva and Thompson (1977) の言う「E クラスの形容詞 (Comment on Expriencer class, class E)」の部分集合を成すということを指摘し，注2 (p. 45) において，Silva and Thompson の挙げている E クラスの形容詞のリストを以下のように引用している (イタリック体は，tough タイプの形容詞を表す)．これらの形容詞は，suffering や effort などの感覚を経験する「経験者」の存在を含意するという特徴を持つ．

(ii) advisable, convenient, dangerous, *difficult*, *easy*, good, *hard*, imperative, important, *impossible*, inconvenient, necessary, nice, pleasant, *simple*, tiresome, *tough*

[25] Ioup (1975: 157ff.) も，Lasnik and Fiengo (1974) の研究を受けて，同じように tough 述語の持つ曖昧性についての解説を加え，tough 述語の持つ二つの意味のうち，

(41) a. That book would be impossible for John to read — he simply wouldn't understand the technical terms.

b. *That book would be impossible for John to read — it'll be in the bindery for the next six months.

　すなわち，(40b) の場合には，that book を取り出すことは，指定主語条件（に相当する条件）に違反するので，(41b) に見るように，tough 構文の文が生成できないことになる。[26] なお，以上のような Berman (1973) による説

---

tough 構文として用いられるほうの意味を [+agentive] と表し，またもう一方の意味を [+benefactive] と表記している.

　ただし，Lasnik and Fiengo の説明とは異なり，下記例文 (i) には，[+benefactive] の解釈（すなわち，tough on/easy on の解釈）だけでなく，[+agentive] の解釈（すなわち，tough 構文的解釈）も可能であるということを，Ioup は下記 (iia, b) のような二つの異なる後続文で繋げることができるという証拠を示しながら主張している.

(i) For Joe Namath to break his leg would be tough for him (i.e. on him).

(Lasnik and Fiengo (1974: 561))

(脚を骨折するなんて，ジョー・ナマスにとって大いなる痛手となるであろう [Lasnik and Fiengo の解釈に基づく日本語訳])

(ii) a. For Joe Namath to break his leg would be tough for him; he's wearing that new protective padding. [+agentive]

(ジョー・ナマスにとって，自分の脚の骨を折ろうとするのは一苦労であろう．というのも，現在彼はあの新しい保護用パッドを着けているのだから)

b. For Joe Namath to break his leg would be tough for him (on him); it would ruin him for the season. [+benefactive]

(脚を骨折するなんて，ジョー・ナマスにとって大いなる痛手となるであろう．というのも，それにより今シーズンはもうダメになるであろうから)

さらに Ioup (1975: 159) は，下記例文 (iii) の場合も，tough 構文の例であるにもかかわらず，Lasnik and Fiengo の予測に反して曖昧文となると主張している.

(iii) For Joe Namath, his leg would be tough for him to break right now.

(a. ジョー・ナマスにとって，目下のところ，自分の脚の骨を折るのは一苦労であろう／b. ジョー・ナマスにとって，今，骨折したとしたら痛手となるであろう)

[26] Bresnan (1971) は，tough 構文の不定詞部分が S 補文ではなく VP 補文であると主張する一方で，good, bad, sweet, pleasant, appropriate のような形容詞の場合には，基底構造に直結した下記例文 (ib), (iib) においては，この二種類の補文がいずれも許されるということを以下のような例文を挙げながら説明している (p. 267).

(i) a. *Such things are not good/appropriate for there to be children involved in.

明の中で前提となっている「tough 移動」分析案は，tough 移動される名詞句が，元の位置から主節主語の位置まで直接移動されるというような統語的メ

---

  b. It is not good/appropriate for there to be children involved in such things.
(ii) a. Such things are not good/appropriate for children to be involved in.
  b. It is not good/appropriate for children to be involved in such things.

すなわち，上記例文 (ia) が許されないのは，次のように説明される．まず，前置詞句 for there の持つ意味特徴から，この部分は形容詞 good/appropriate の補部とみなすことはできない．残された可能性としては，for there が不定詞の主語となり，全体で S 補文を形成するという分析が考えられることになる（上記例文 (ib) 参照）．ただし，Bresnan の言うように，tough 移動の対象となるのは VP 補文の場合に限られるとすれば，(ia) のような S 補文から成る tough 構文の文は生成できないことになる．

 いっぽう，(iib) のように，問題の前置詞句が for children の場合には，これが good/appropriate の補部となり，残りの不定詞が VP 補部を形成するとの分析が可能なので，tough 移動を適用することが許され，したがって，(iia) のような tough 構文の文が生成できることになる．

 ところで，(iia) の文は不定詞の部分が受け身形になっているので，もし Bresnan の主張どおり，S 補文ではなく VP 補文の例であるとするならば，Bresnan よる tough 構文の分析案において，受け身形の VP 補文がどのようにして生成可能となるのかの問題が生じてくることになるであろう．むしろ，Bresnan の VP 補文案を理論的に当てはめると，一般的に，受け身の tough 構文の文は非文法的文となることが予想されるように思われる．実際，Postal (2010: 336) は，受け身形と tough 構文とが共起できないことを指摘している研究の例として，Lasnik and Fiengo (1974) と Bresnan (1971) を挙げているのであるが，筆者の見る限り，この点を明確に述べている箇所は Bresnan (1971) には見いだすことができないようである．なお，現代英語において，受け身の tough 構文の文が許される場合があるということについては §6.2.3 および §9.4 参照．

 上で紹介したような，S 補文と VP 補文のいずれも可能とするような形容詞類と，(Bresnan が主張するような) VP 補文だけを許す形容詞類（すなわち，厳密な意味での tough 述語）の区別については，方言・個人語による部分的差異が見られるようである．Bresnan (1971: 267) によると，Lees (1960) のように，両者の区別が厳格な方言・個人語もあれば，Postal (1968: 25)〔= Postal (1971: 29)〕のように，そうではない方言・個人語も見られることになる．後者の場合には，hard/easy/difficult のような形容詞の場合でも，下記例文 (iii) のような用い方が許されることになるということを Bresnan は指摘している (p. 267)．いっぽう，この種の文に対する Bresnan 自身の反応を示す例としては，彼女の挙げている下記例文 (iva-c) (p. 264) 参照（下線は千葉）．

(iii) For John to please Mary is hard/easy/difficult.
(iv) a. *For a woman to act that way is hard.
  b. *For students to grasp this concept is tough.
cf. c. For a woman to act that way is surprising.

カニズムに基づいていることに注意されたい．なお，上記例文 (41b) が非文法的文となる理由として，tough 構文の生成に必要とされる再分析が適用できないためであるとする捉え方もあるが，それについては §9.3.1 参照．（さらに，例文 (41b) の非文法については，§10.1 において解説するように，tough 構文の主節主語の持つ意味論的あるいは語用論的特徴の観点から説明することも考えられるであろう．）

ただし，下記例文 (42b)［= 注 5 の例文 (id)］のような場合には，for it の部分が主語の働きをしていると思われるのに，問題のない文となるようなので，再分析（のメカニズムに含まれている隣接条件）による説明がうまく当てはまらないと言えるかもしれない（下記例文は，いずれも Hartman (2011: 395) より）．

(42) a. It is impossible for it to be important to Mary to avoid cholesterol.
  b. Cholesterol is impossible for it to be important to Mary to avoid.
       (... because we all know she's perfectly healthy.)
(43) a. It is important to Mary for it to be easy to avoid cholesterol.
  b. *Cholesterol is important to Mary for it to be easy to avoid.
       (... because she's on a diet and doesn't want temptations.)

例文 (42b), (43b) に見られる文法性の違いは，Hartman (2011: 395) によると，次のように説明される．すなわち，tough 構文の文の生成は，まず，不定詞の部分において，空範疇が不定詞の目的語の位置からその不定詞の指定部位置に A′ 移動され，ついで，その位置からさらに主節主語の位置へと A 移動されるという，「二段階移動分析 (two-step movement analysis)」(cf. Brody (1993), Hornstein (2001), Hicks (2003), Longenbaugh (2017)) のメカニズムにより行われることになる（例文 (42b) のように不定詞が二重に含まれる構造を成すような場合は，A′ 移動が循環的に 2 回適用されることになる．A′ 移動から A 移動へと引き続き移動規則を用いて tough 構文の文が生成されるとするアイデアのことを，Keine and Poole (2016, 2017), Poole et al. (2017) は「長距離移動分析 (longmovement analysis)」と呼んでいる)．[27]

　ところで，例文 (42a, b) と (43a, b) に見られる大きな違いは，後者の場合にだけ，主節の一要素として前置詞句 to Mary が存在するという点である．したがって，(43b) の場合には，不定詞の指定部位置に移動した cholesterol と主節主語の間に to Mary が介在要素として存在するために，「欠如要素介在制約 (Defective Intervention Constraints)」(Chomsky (2000b: 123)，McGinni (2003)，Boeckx (2008)，Hartman (2011)；第 7 章の注 18 および中村ほか (2001: 217ff.) 参照) の働きにより，主節主語の位置への A 移動が阻止されることになる．その結果，(43b) は非文法的文となる．(上記の例文 (42)，(43) に見られるような事実の指摘は，Hartman (2011: 395) によると，David Pesetsky に負っているとのことである．)

　なお，Hartman (2011: 393) は，本文の §9.3.1 で取り上げることになる，for 句が二つ用いられているような場合の tough 構文の文が許されないという事実 (第 9 章の例文 (32a-d) 参照) も，同じように，上記の欠如要素介在制約により説明できると述べている．ただし，このような説明が可能となるのは，上記の「二段階移動分析」(あるいは「長距離移動分析」) の特に，移動の二段階目で A 移動を用いる分析を採用するからであるということも Hartman は強調している．すなわち，欠如要素介在制約は，A′ 移動には適用されず，A 移動だけに適用されるという性質を持っているからである．[28]

---

[27] このように，A′ 移動と A 移動をこの順に組み合わせて用いる tough 構文の生成方式は，第 1 章において解説した「一貫しない移動 (improper movement)」に該当するので，問題となりそうである．ただし，この問題に対しては，Brody (1993) の提示している方策，あるいは Hicks (2003) の示している「密輸方式 (smuggling)」(§8.1 参照) などの対処法が考えられるということを Hartman (2011: 394, fn. 6) は指摘している．

[28] 注 24 において説明したことと関連することであるが，Hartman (2011: 390) は，次のような事実も同じように説明できるということを指摘している．すなわち，下記例文 (ia-c) に見るように，形式主語 it で始まる構文に関して言えば，tough 述語の中には，意味役割 (θ-role) としての「経験者」を表す前置詞句として，for 句以外のものが用いられることがある．ただし，tough 構文そのものの場合には，下記例文 (ii)-(v) に見るように，そのような前置詞句を用いると非文法的文となるという事実がある．

いっぽう，Longenbaugh (2017) の説明によると，(43b) のような文が非文法的となる理由は，for it 以下の部分がフェーズとしての CP を形成することになるので，CP 境界を超えた A 移動を禁ずる一般的制約（第 9 章の注 31 参照）が働くためであるということになる．ここで，比較的最近の tough 構文研究の一つとして，Longenbaugh (2017) について，特に「tough 移動」に関する部分の概要をまとめてみると以下のようになるであろう．

まず，Longenbaugh は tough 構文を話題化 (topicalization) の一種である

(i) a. It is important to John to avoid cholesterol.
　　b. It is annoying to the girls to make small-talk.
　　c. I was tough on me to lose my wife.
(ii) a. It is important (to Mary) to avoid cholesterol.
　　b. Cholesterol is important (*to Mary) to avoid.
(iii) a. It is enjoyable (to John) to eat strawberries.
　　b. Strawberries are enjoyable (*to John) to eat.
(iv) a. It is annoying (to those boys) to talk to John.
　　b. John is annoying (*to those boys) to talk to.
(v) a. It was hard (on me) to give up sugar.
　　b. Sugar was very hard (*on me) to give up.

このような文の場合も，問題の前置詞句が同じように介在要素の働きをするので，不定詞の指定部の位置まで移動させた要素をさらに主節主語の位置に移動させることができなくなり，結局，(iib), (iiib), (ivb), (vb) に見るような非文法的文が出現することになると説明できることになる．

ただし，欠如要素介在制約を用いた統語論的説明には，Keine and Poole (2016, 2017), Poole et al. (2017) などによる批判が提示されている．その要点は，概略次のようになるであろう．すなわち，関連あるデータを吟味してみると，問題となっている現象は，pretty に代表される述語など A 移動の含まれない構文の場合にも見られる，もっと一般的な現象であり，これには意味論的説明が必要だということがわかる（意味論的説明を試みる提案として，Gluckman (2016) を挙げることができる）．さらに，この現象は，Hartman の主張する長距離移動による説明を擁護する証拠とならないばかりか，むしろ，主節主語は基底生成されるとするアイデア (bese-generation account) を採る Chomsky (1977) などの分析を強く支持する証拠となると言える．詳しくは，Keine and Poole (2016, 2017), Poole et al. (2017) 参照．(上記の非文法的文を別のメカニズムを用いて説明しようとする試みについては，Longenbaugh (2016) 参照．)

なお，Chung (2001b: 210, fn. 5) は，形式主語 it で始まるほうの構文についても，経験者を表す前置詞句の前置詞として to を用いた場合の文は非文法的文となるという反応を示す母語話者がいることを報告している．

と捉え（§10.1 参照），したがって，生成過程の最初の段階で，A′ 移動としてのtough 移動を駆動する働きをするのは，不定詞の目的語 DP の持つ topic 素性であると考える（すなわち，その DP は ϕ 素性のほかに topic 素性を持ち，また，topic 素性は A′ 素性の一つであり，A′ 素性には，ほかに focus 素性や wh 素性などがあると考える）．言語一般の持つ特徴として，A 移動は ϕ 一致（ϕ-Agree）により引き起こされ，いっぽう，A′ 移動は A′ 一致（A′-Agree）により引き起こされると言える．さらに，英語の持つ特徴として，軽動詞 v は ϕ 素性と A′ 素性を兼ね備えることができるのに対し，補文標識 C は A′ 素性のみを備えることができると考えられる（このような特徴のことを「複合 v / 分離 C 仮説（Composite-v / Split-C hypothesis）」と呼ぶ）．

　以上のような諸特徴を基に，Longenbaugh は tough 移動を次のように説明している．すなわち，tough 移動は A 移動と A′ 移動の両方を併せ持つ複合移動（composite movement）より成る（この複合移動のことを「A/A′ 移動」と呼び，複合移動を駆動する一致操作のことを「ϕ/A′ 一致」と呼ぶ）．まず，不定詞の目的語 DP が，A/A′ 移動により主要部 v の指定部を順次経由して主節の指定部 Spec (vP) に達したのち，A 移動の一種である EPP 移動により，主節主語の位置 Spec (TP) に収まるという生成過程を経ることになる．下記 (44) に示す構造表示（Longenbaugh (2017: 8)）のうち，(44a, b) は，tough 構文の文 *Aspects* was hard to read の生成過程の前半部をサイクル毎に示したものであり，(44c) は，その後 A 移動により *Aspects* が主節主語の位置を占めるに至る段階の模様を示している．なお，(44d) は以上のような生成過程を全体的にまとめて図示したものとなっている．

第 6 章　OE, ME 時代の tough 構文の特徴とその歴史的変化　　　89

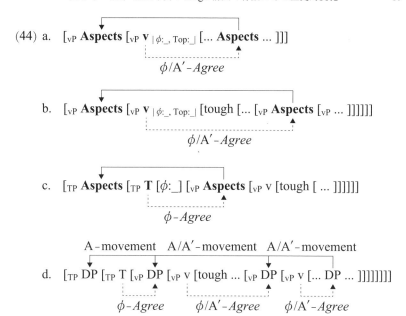

（上記の構造表示において示されているように，tough 節を形成する範疇が vP であるとするアイデアは，§6.1 で解説した中川 (2013a) のものと同様である．そのほか，細かい点に関する Longenbaugh の tough 構文分析案の内容については，Longenbaugh (2017) 参照．）

　すでに上で説明したことであるが，現代英語では，受け身不定詞の tough 構文が広く用いられることはなくなってきている，あるいは，非文法的文とみなされる傾向が強いという事実がある．これは，後期中英語において一度登場した構文が，近代英語以降になり姿を消すようになったということを物語る．言語の歴史的変化の上で，このような現象が実際見られるというのを知るのは興味深いことである．

　以上解説したような tough 構文の歴史的発達の様子を背景にして考えてみると，次の章で取り上げる，日本人を含む英語学習者一般に見られる tough 構文についての誤りの例は，大変興味深い現象に思えてくるに違いない．

第 7 章　現代英語における tough 構文の使用に見る誤りの例

7.1. 日本人英語学習者に見られる誤りの例

千葉 (2008: 18f.) は，tough 構文について，日本人英語学習者に見られる誤りの代表的なものをいくつか紹介しているので，ここに引用してみよう．まず，次のような tough 構文の文が与えられたとき，その意味解釈として，主節主語が意味上，不定詞の目的語ではなく，主語であると誤解する可能性が強いことを指摘することができる (§6.2.2.2 で取り上げた「主語読みの解釈」参照).

(1) a.　[Lotte's chocolate Four Season]$_i$ is very hard to melt t_i.[1]
　　b.　[A patient with a broken leg]$_i$ is difficult to dress t_i.

すなわち，そのような英語学習者は，上記の例文に示されているような痕

---

[1] (1a) として挙げた例文は，1990 年 3 月に売り出されたチョコレート「フォーシーズンミルクチョコレート」の外箱に印刷されていた英文 "Lotte's Four Season is very hard to melt. It does not melt in your hands for 365 days." に基づいている．この英文の存在は，このチョコレートが売り出されていた当時，津田塾大学大学院生だった望月好恵氏に教えていただいたものである．

跡 t_i の位置，すなわち，不定詞 melt, dress の目的語の位置からではなく，不定詞の主語の位置から NP_i が移動したような構造を持った文として，このような文を理解することになる．[2]

　日本人英語学習者の場合，tough 構文の主節主語を不定詞の主語と結び付けて解釈するという誤りが見られるその理由の一つとして，英語の tough 構文に相当する日本語表現の場合には，そのような解釈が許されるという事実が影響しているということも考えられるかもしれない．すなわち，「ロッテのチョコは溶けにくい」「脚を骨折した患者は（自分で）着替えるのが難しい」などの日本語表現は，文法的な文として用いることができるからである．下記例文 (2a-e) 参照．

(2) a. そのような独特の唇をしているので，ジョンは人とキスしやすいでしょう．
　　b. そのような水着を着ていると，おぼれやすいよ．
　　c. 猛吹雪のため，列車が定刻通りに到着するのは困難だろう．
　　d. そういう次第なので，ジョンはその試合に {?負けやすい／??勝ちやすい／?負けにくい／?勝ちにくい} と思われています．
　　e. ジョンは人にだまされ {やすい／にくい}．

（日本語の tough 構文について，詳しくは Inoue (1978, 2004, 2006), Saito (1982), Kuroda (1987), Takezawa (1987), Kaneko (1994), Ikeya (1996), 高見 (2001: Ch. 5), 三木 (2001: 234ff.; 2004), 金城 (2011), Nagamori (2017) 参照．）

　また，中国語の場合にも同じような特徴を指摘することができる．すなわち，Comrie and Matthews (1990: 56) によると，下記例文 (3a, b) に見るように，tough 構文の主節主語名詞句が不定詞の目的語と解釈される英語の文の場合だけでなく，不定詞の主語と同一であると解釈されるような（現代で

---

　[2] このことと密接に関係する tough 構文の第二言語習得研究については，Cook (1973), d'Anglejan and Tucker (1975), Yamaoka (1988), Anderson (2005: Ch. 3) 参照．

第 7 章　現代英語における tough 構文の使用に見る誤りの例

は一般的に許されない）英語の文の場合にも，それに相当する中国語の文は文法的となる．

(3) a.　Yǔfǎ　　　hěn　róngyi　wàngjì
　　　　grammar　very　easy　　forget
　　　　'Grammar is very easy to forget.'
　　b.　Wǒ　hěn　róngyi　wàngjì
　　　　I　　very　easy　　forget
　　　　'I forget very easily (lit. I am very easy to forget).'

このことからさらに，次のような中国語の文の場合は，ここで問題になっている，主語，目的語いずれの解釈が可能となるかについて，いずれの解釈も可能な曖昧文となるという事実も指摘されている（p. 56）．

(4)　Tā　bù　róngyi　wàngjì
　　　He　not　easy　　forget[3]
　　　'He doesn't forget very easily,' **or** 'He is not easy to forget.'

日本人英語学習者が tough 構文の主節主語を不定詞の主語と結び付けて解釈するという誤りが見られるその理由の二つ目つとして，次のようなことも考えることができるであろう（cf. 千葉 (2008: 1; 27, note 2)）．すなわち，下記例文 (5a-d)（(5b-d) は Bhatt (2006: 178, note 19) より）に見るように，不定詞構文の中には，不定詞の主語が主節主語と結び付けて理解されなければならないような文も日常的によく用いられているという事実がある．

(5) a.　Susan seems / is likely to be smart.
　　b.　The book is available to be read.
　　c.　The story is not fit to be printed.

---

[3] 例文 (4) の逐語訳は筆者が加えたものである．

d. The volcano is ready to erupt.

おそらく，日本人英語学習者の場合，tough 構文の具体的文に接する前に，上記例文のような文（のいくつか）に接するという学習経験を持つ人が多いように思われる．したがって，以前に身につけた文法的知識を tough 構文の場合にも誤って当てはめて考えるということが十分ありうるであろう．

したがって，このような間違いを犯さないように学習者を指導する場合には，このような異なる二種類の不定詞構文の違いについても十分理解させるような指導法が望まれることになるであろう．

7.1.1. 非対格動詞と受け身不定詞の主語の場合

また同じように，次のような非文法的な英語の文を文法的な文と思い込むという誤りもしばしば見られる．

(6) a. *Democracy is tough [t to take root easily in this country].
（民主主義がこの国に簡単に根付くのは難しい）
b. *The tree is easy [t to strike root in any soil].
（その木はどんな土壌でも根を張りやすい）

(*The Daily Yomiuri*, 5 May 1976, "Jottings")
c. *A patient with a broken leg is difficult [t to dress herself].
（脚を骨折した患者は自分で着替えするのが難しい）
(7) a. *If you leave them on an asphalt street in a sizzling hot day like this, which chocolate do you think [t is easier t to melt]?
（こんなに焼け付くような暑い日に，アスファルトの道路の上にチョコレートを置いた場合，どのチョコレートが他のものより溶けやすいでしょうね）
cf. Which chocolate do you think is easier to melt with this burner?
（このバーナーだったら，どちらのチョコレートのほうが溶かしやすいと思いますか）

b. (Be careful!) *With this type of swimsuits, you will be easy [*t* to drown in the river].

(気をつけて！この手の水着じゃ、その川ですぐに溺れてしまいますよ)

c. *Young mothers may be difficult [*t* to feed their babies].

(8) a. *The train is impossible [*t* to arrive on time].

(その列車が定刻どおり到着するのは不可能です)

b. *John is easy to arrive.　　　(Montalbetti and Saito (1983b: 471))

(ジョンは難なく到着できます)

c. *A decreolization is very difficult [*t* to occur in such a social situation].

(そのような社会的状況では、脱クレオール化はとても起こりにくい)

d. *The book is impossible [*t* to be read in a week].

(その本は一週間で読むのは不可能です)

e. *Babies may be difficult [*t* to be fed].[4]

---

[4] Yip (1995) は Appendix C: Questionnaire on *Tough*-Movement and Related Structures (Chapter 6) の中に、英語の第二言語学習者が陥りやすい誤りをチェックするためのアンケート用の文（文法的文、非文法的文を含む）として20の数の文を掲げているが、その中には、以下のような tough 構文に関する非文法的文が含まれている。ただし、アンケート用の文なので、*, ?? など非文法的文であることを示すマークは付されていない。

(i) a. Some facts are difficult to be explained by this theory.
　　　(この理論では説明するのが難しいような事実がいくつか存在する)
　b. Rebecca is possible to get the job.
　　　(レベッカならその仕事にありつけるのが可能だ)
　c. Some people are impossible to be convinced.
　　　(人の中には、説得するのが不可能な人もいる)
　d. I am difficult to find a roommate.
　　　(私には同室者を見つけるのが難しい)
　e. My wife is easy to be pleased.
　　　(私の妻は簡単に喜ばせることができる)
　f. Wooden houses are easy to catch fire.
　　　(木造家屋は火がつきやすい)

Anderson (2005: 231) が取り上げている下記 (iia, b) のような例文も同種の誤りの一つである。

(赤ん坊は授乳するのが難しいかもしれない)

特に興味深いと思われるのは，上記 (8) に挙げた例文の場合である．(8) の五つの例文のうち，前半の三つは不定詞が非対格動詞 (unaccusative verb) の arrive, occur からできている例文であり，後半の二つは受け身不定詞になっている例文[5]である．すなわち，(非対格動詞の場合，非対格仮説のアイ

 (ii) a. Passivized infinitive
   *When she's angry, Susan is hard to be calmed down.
   （怒っているとき，スーザンをなだめるのは難しい）
  b. Experiencer subject
   *Helen is easy to agree with what you say so you shouldn't worry.
   （ヘレンは君の言うことに同意しやすいので，心配いらないよ）

上記 (ii) のデータは，もともと M. Dimitrakopoulou (p.c.) から得られたものであると Anderson は断っている．興味あることには，Dimitrakopoulou の行った実験の中で，コントロール群として参加を依頼した英語母語話者のうち，実に 38% もの人が上記 (iia) のような受け身不定詞の構文の文を文法的文として受け入れたとの報告もそこに記されている．また，上記例文 (iia) を受け入れる場合より，(iib) を受け入れるような場合のほうが多く見られたことも述べられている．この事実について Anderson (2005: 232) は，現代英語の母語話者にとって，tough 構文の不定詞の目的語が主節主語と同じものであるということが，たとえ不定詞の部分が受け身になっていなくても明らかなので，わざわざ不定詞の部分を受け身にしたような tough 構文の文は，完全に非文法的文であるというよりも，「余計な部分のある (redundant)」もの ［すなわち，その分だけ自然さに欠けたところのある文—筆者］として受け取られるのであろうと推測されるという趣旨のことを述べている．

下記例文のような受け身不定詞による tough 構文の文法性については，母語話者の間で判断が分かれるということを Nakamura (1991: 377, note 14) も指摘している．
 (iii) a. John is easy to be pleased.（ジョンは喜ばせやすい）
  b. The room is easy to be heated.（その部屋はすぐにあったまる）
なお，不定詞主語の取り出しによる tough 構文の（母語話者による）使用例についてさらに詳しくは，§7.2 に挙げる解説およびデータを参照．

Brody (1993: 7) には，tough 構文の不定詞の部分について，"an ordinary nonpassivized transitive verb" であると述べている箇所が見出されるが，おそらく，そこには，受け身不定詞による tough 構文を自然な文として認めない Brody の立場が反映されているのであろうと推測される．

[5] Montalbetti et al. (1982), Montalbetti and Saito (1983a, b) は，英語の場合と異なり，スペイン語においては，受け身文に対応する tough 構文が可能となるという事実を取り上げている．いっぽう，Boeckx et al. (2010: 140) はブラジルのポルトガル語に見られる，不定詞主語の取り出しによる tough 構文について論じている．

デアに従うとすると) いずれの場合も, 少なくとも基底構造においては, 不定詞の目的語の位置を占めていた名詞句が, いったん不定詞の主語の位置に移動し, さらに主節主語の位置に引き上げられる, あるいはその位置の名詞句と一致 (agreement) の関係で結び付けられて解釈されるような生成過程をたどってできあがる文であると考えることができる.

したがって, これらの例文は, (少なくとも, 中級程度以上の学習段階にあると思われる) 英語学習者が, 英語学習のある段階において, tough 構文の主節主語は, 不定詞の主語ではなく目的語の位置と関係づけて解釈しなければならない種類の文であるというような, ある意味で現代英語の母語話者の持つ言語直観に近い感覚を身に付けていたとしても, そのような言語直観ではまだ不十分で, 上記 (8a-e) のような例文の場合には, 正しく対処しきれず, その結果, 上に示したような, 文法性に関して誤った判断をする恐れの十分にある種類の例文である. つまり, これらの例文は, 「主節主語を不定詞の目的語として正しく結び付けて解釈した」つもりでも, これらの例文の場合には正解とはならない, やっかいな点を含んだ構文であることにもなる. それだけに, これらの例文は, 英語学習者にとって難易度の高い構文になっているとも考えられる. 英語学習の学校教育の現場において, 丸暗記式ではなく, 学習者を納得させるような説明を何か考えようとするとき, どのように指導したらよいかについて英語教師が頭を悩ませる可能性のある構造を持った英文の一つと言えるかもしれない.

正直なところ, 筆者自身, このような例文の場合, 論理的に考えると, 半分くらい文法的であるというような反応が英語の母語話者から返ってきてもいいのではないかというような期待を, ある時期, まじめに抱いたことがあることを告白しなければならない.

このような期待を抱くことが, 必ずしも的外れであるとは言えないと思われるような言語事実があることを指摘することができる. たとえば, 非対格動詞および受け身動詞のように, もともと目的語の位置から移動してできた主語の場合は, 一般的制約の一つである「主語の島の制約 (subject island constraint)」の対象にならない という事実があることが知られている（cf. Chomsky (2008: 147), Bošković (2012: 247f.)). 以下，Chomsky (2008: 147) の挙げているデータおよび解説を基に，要点を紹介してみよう（下記例文 (9), (10), (11) は，構造表示の点で，Chomsky のものに一部手を加えたものとなっている）．

「主語の島の制約」は，下記例文 (9a, b) に見るように，主語の位置が一種の島 (island) を形成するので，そこから要素を取り出すことができないということをうたった一般的制約の一つである．それに対し，目的語の位置から要素を取り出してできる文の場合には，下記例文 (10a, b) に見るように，文法的文となる．

(9) a. *It was the CAR (not the TRUCK) [of which]$_i$ [they found [[the driver/picture t_i] caused a scandal]]

  b. *[Of which car]$_i$ [did [the driver/picture t_i] cause a scandal]?

(10) a. It was the CAR (not the TRUCK) [of which]$_i$ [they found [the driver/picture t_i]]

  b. [Of which car]$_i$ [did they find [the driver/picture t_i]]?

大変興味深いことに，下記例文 (11a, b) のような場合には，「主語の島の制約」の対象とならず，文法的文となる．

(11) a. It was the CAR (not the TRUCK) [of which]$_i$ [[the driver/picture t_i] was found]

  b. [Of which car]$_i$ [was [the driver/picture t_i] awarded a prize]?

このような違いはどこから来るのであろうか．Chomsky (2008: 147) によると，(11a, b) のように，基底構造において主語の位置を占めていなかった要素が，表面的構造（surface structure）の上で主語の位置を占めるに至るような生成過程を経る場合（たとえば，受け身文や非対格動詞からなる文の場合）は，「主語の島の制約」の対象とならないということになる．

第 7 章　現代英語における tough 構文の使用に見る誤りの例　　99

　このような言語事実を背景とすれば，上記例文 (8a-e) のように，基底構造においては，目的語の位置を占めていたと考えられる要素が，生成過程のある段階で主語の位置に収まったような構造の見られる文の場合には，その後の生成過程の上で，問題となっている主語の取り扱いに関し，他とはどこか異なる振る舞いを見せるというようなことがあってもよいのではないか，というような推測を働かせることも十分考えられるであろう．

　ただし，tough 構文の場合には，たとえ，基底構造上は目的語の位置を占めていた要素が，生成過程のある段階で主語の位置を占めるに至ったとしても，筆者が期待したような「特別扱い」は許されないようである．すなわち，受け身文や 非対格動詞の場合でも，「(文の派生のある段階において) 主語の位置から取り出してできるような tough 構文は許されない」というような制約により，一律に非文法的文扱いされるらしいということになる．

　なお，受け身の tough 構文が許されていた時代の英語においては，目的語の位置から要素を取り出す形の (普通の) tough 構文も，主語の位置から要素を取り出す形の (受け身の) tough 構文も共に許されていたことになる (Ioup (1975: 149ff.) 参照)．[6] したがって，上で述べたように，現代英語におい

---

　[6] ただし，主語の位置から要素を取り出す tough 構文が許されていたのは，このように，基底構造において目的語であったものが，受け身構文の派生主語 (derived subjecte) となった場合に限られていたのかどうか，それとも，OE および ME においては，能動態の文の場合も含めて，主語の位置から要素を取り出す形の tough 構文が一律的に許されていたのであろうか．

　少なくとも，本文の §6.2.1.2 において紹介したように，「古英語および (初期) 中英語における tough 構文は (たとえ，形態的には受け身の形はとっていないとしても) 受け身タイプの文であった」とする Fischer et al. (2000: 282) による事実指摘に従うと，「少なくとも初期中英語期までは，不定詞主語の位置からの要素の取り出しによる tough 構文は，受け身文としての解釈を持つような文の場合に限られていた」と言えるであろう．

　なお，この話題についての研究をさらに深めていくときには，§6.2.1.2 において取り上げたような，後期中英語において見られる例文で受け身文ではない (22b), (23b) などの例文の存在も貴重な資料となりうるであろう．このことに関し，1470 年代から 1690 年代の英語の例文を検索できるコーパス Early English Books Online (EEBO) (755 million words in 25, 368 texts) を調べてみた結果，次のような結論を引き出すことができることがわかる．すなわち，この時期，一般的に，受け身以外の主語読み tough 構文の使用頻度は，目的語読

て，受け身文や非対格動詞の場合にも tough 構文が許されるのではないかと推測することには，それなりの理由があるということになるであろう．

以上のような事情を考えると，上で説明した英語学習者の陥りやすい誤りのうち，特に，受け身文や非対格動詞のかかわる例文 (8a-e) のような場合には，ある種の同情を禁じ得ないと筆者などには思えてくるのである．

Stuurman (1990: 128) が解説している非文法的 tough 構文の例も，非対格動詞に関するものなので，ここで取り上げてみよう．すなわち，Stuurman は下記例文 (12a-c) を挙げながら，以下のような主旨の説明を加えている．

(12) a. Mary arrives.
    b. *Mary arrives Bob.
    c. *Bob is hard to arrive.

すなわち，ちょうど，(12b) が示すように，動詞 arrives が目的語 Bob を従

み tough 構文，受け身 tough 構文および It is tough (for/to NP) to VP の構文と比べると極めて少ないと言っていいであろう．

なお，4世紀から17世紀末までの英語のデータを検索できる Helsinki Corpus を調べた Song (2008: 36f.) は，受け身不定詞の主語を取り出した形の tough 構文のほうが，普通の tough 構文の文より，6対2の割合でより多く用いられていることがわかるという報告をしている．いっぽう，1995年度の *The Times* と *Sunday Times* を CD-ROM 版で検索した結果，受け身文および能動態の文いずれの場合も，不定詞主語の取り出しによる tough 構文の使用例はごくわずかしか見出すことができない（すなわち，下に示す tough 関連の4種類の文 (ia-d) の中で占める使用率の割合は，それぞれ，0.1％および0.5％）ということもまた Song (2008: 29) は述べている．

  (i) a. It is tough to please John.
     b. John is tough to please.
     c. John is tough to be pleased.
     d. John should be tough to be a ref.

（なお，「too/enough 構文」としての too が伴われた tough 述語の場合には，主語の取り出しによる上記 (id) に相当する文の使用頻度が52.9％にまで上昇するという興味深いデータ検索結果についても Song は報告している (pp. 43ff.)．その理由についての考察については注12参照．)

えることができないのと同じように，(12c) において，受け身の不定詞 (passival infinitive) としての to arrive を形容詞 hard の後に置くことはできない［すなわち，tough 構文として用いることはできない——筆者］．その理由は，(12c) のような文においては，Bob が動詞 arrive に対して，(表面上は欠けている) 目的語のような働きをしていることになるからである．

　上記説明のポイントは，tough 構文の主節主語は，不定詞の主語ではなく目的語に対応するという特性があるので，目的語を取れない arrive のような動詞の場合には，それに対応する tough 構文も非文法的文となる，というところにあると思われる．ただし，ここで問題となるのは，非対格動詞のことを「目的語を取れない動詞」というように表現することである．英語の非対格動詞の (表層上の) 主語は，基底構造においては目的語の位置に現れているとする非対格仮説をも考慮した，もう少しきめ細かな記述が求められるところである．

　ついでながら，関連ある例文について，筆者の依頼した米国人インフォーマントによる反応を示すと，次のようになる．

(13) a. *Babies may be difficult to be fed for young mothers.
　　　　　（若い母親にとって，赤ん坊に授乳するのは難しいかもしれない）

　　 b. *Young mothers may be difficult to feed their babies.　[= (7c)]

　　 c. *Democracy is difficult/impossible to take root in this country.
　　　　　[cf. (6a)]

　　 d. *The train will be impossible to arrive on time in this snowstorm.
　　　　　[cf. (8a)]

　　 f. *The chocolate is not easy to be melt in a few seconds.
　　　　　（そのチョコレートを数秒で溶かすのは容易ではない）

　　 g. *The enemy leader is hard to die/to be killed in the battle.
　　　　　（その戦いで敵のリーダーが死ぬ／殺されるとは考えにくい）

　　 h. *The house is impossible to catch fire so rapidly.

(その家がそんなに急激に燃え出すなんてありえない)

  i. ?Japanese houses are easy to catch fire. [§7.2.2 の解説参照]
   (日本家屋は火がつきやすい)
 cf. The house is easily to catch fire.

(14) a. *If you leave them on an asphalt street in a sizzling hot day like this, which chocolate do you think is easier to melt? [= (7a)]
   b. (Be careful!) *With this type of swimsuits you will be easy to drown in the river. [= (7b)]

ここで問題にしている英語の第二言語学習者による誤りの例のいくつかは，すでに上で解説したように，英語の古い時代には，文法的文として実際用いられていた時期があったことが知られている．1400 年から登場するようになった受け身の tough 構文の場合がその一つである．さらには，'eager-to-please' の構文に現れる形容詞 eager と同じ用法を持つものとして easy, hard などの形容詞が用いられていたことが知られている．ここに，§6.2.2 で取り上げた例文 (27) を例文 (15) として再録しておこう（同種の例として，§6.2.1.2 の例文 (22b), (23b) および §6.2.2.2 の例文 (31), (32) も参照）．

(15) a. We ar hard of byleue that this shall be. (ca. 1533; OED)
   b. I haue ... used all endevor and industrie to fynd out a meanes ... but being verie hard to meet with one, I haue therefore ...
               (ca. 1598, Helsinki Corpus)
   c. He found the natives ... very hard to believe that the fact was possible. (ca. 1726; OED)
   d. I have been very hard to sleep too, and last night I was all but sleepless. (ca. 1858; OED)

これらの例文は，不定詞主語を主節主語の位置に引き上げてできた文に相当する文であり，少なくとも，当時の英語としては文法的な tough 構文（と

第7章　現代英語における tough 構文の使用に見る誤りの例　　103

類似）の例として用いられている．上ですでに触れることのあった OE 時代の非人称 tough 構文に相当する文とも考えられる．例文（15a-d）の場合，主節主語のもつ意味役割は「経験者」であるが，ただし，その格は与格ではなく主格となっていて，be 動詞との間で一致が見られるという特徴を持っているということもまたすでに解説したとおりである（§6.2 参照）．

　少なくとも，現代英語の（それも，そのうちの主要な方言の）習得を目指す，普通の意味での英語学習や外国語学習の立場からすると，上に紹介した tough 構文の使用に見られるような誤りの例は，「とんでもない誤り」または「重大な誤り」の一つとみなされるかも知れないが，英語の歴史や普遍文法の観点から見ると，このような誤りの例は，一つの興味深い言語資料を提供してくれていると捉えることも可能である．自然言語の一つとして英語を位置づけ，普遍文法理論のアイデアも当てはめて考えてみると，問題となっている誤りの例は，ある意味で「先祖返り」の一種に数えられるかもしれない．

　ここで，不定詞主語の取り出しによる tough 構文の文（および，それと関連する文）の持つ文法性について，Noam Chomsky が述べている箇所があるので，それを次に紹介してみよう．下記（16a-f）のような例文について，

(16) a. His enemies are impossible to forget/understand/forgive Clinton.
　　　（彼の敵はクリントンのことを忘れる／理解する／許すことができない）
   b. He is impossible to forget/understand/forgive Clinton.
   c. Clinton is impossible to forget/understand/forgive.
　　　（クリントンのことを忘れる／理解する／許すのは不可能だ）
   d. Clinton is impossible to expect anyone to forget/understand/forgive.
　　　（クリントンのことを忘れる／理解する／許す人がいるなどと期待するのは不可能だ）
   e. Clinton is impossible to meet anyone who will forget/under-

stand / forgive.

(クリントンのことを忘れる／理解する／許すような人と出会うなんてことはあり得ない)

 f. Clinton is impossible to be forgotten / understood / forgiven

(クリントンが人から忘れられる／理解される／許してもらえるのはあり得ない)

Antony and Hornstein (eds.), *Chomsky and His Critics* (2003), p. 317 において, Chomsky は次のような主旨のことを述べている. すなわち, 例文 (16a, b), (16e, f) は非文法的文 (彼のことばで言えば, gibberish (ちんぷんかんぷん) の文, 意味不明の文) であり, いっぽう, 例文 (16c, d) は Clinton 以外の誰かが Clinton のことを forget / understand / forgive したり, あるいは, その誰かが別の誰かに Clinton のことを forget / understand / forgive するよう期待するという内容をそれぞれ表す文として正しく解釈できる. また, (16d, e) のペアについて言うと, 例文 (16d) は不自然 (unnatural) な文として聞こえる [おそらく, 長距離移動による生成過程が見られるからであろう——千葉] が, 注意深く聞けば, 何を言おうとしているのかがはっきりしてくるので, この文と非文法的文 (16e) との間には, 明確な文法性の違いが読み取れることになる. (主語読みの tough 構文が意味解釈 (や LF 構造) の点で問題となることはないという指摘については, Clark (1990: 197) 参照.)

なお, Williams (1983: 442) は, expletive *it* / *there* (虚辞の it / there) が tough 構文の主節主語にならないことを示すために, 以下のような例文を挙げ,

(17) a. There seems to be someone here.

  b. It is certain that Bill is here.

(18) a. *There is easy to want to be a riot.

   (暴動が起こることを期待するのはたやすい)

  b. *It is easy to want to be clear that Bill is here.

第7章　現代英語における tough 構文の使用に見る誤りの例　　　105

（ビルがここにいるのは確実だということを期待するのはたやすいことです）

次のような主旨の説明を加えている．すなわち，上記例文 (18a, b) の非文法性は，主語の取り出しによる tough 構文となっていることから生じるということが言えるかも知れないが，同じく主語の取り出しによる tough 構文でも，下記例文 (19) の場合には，完全に非文法的文が形成されるわけではない．[7]

---

[7] Goodall (1985: 72) もまた同じように，下記 (ia) のような例文を挙げて，この文は完全に整った文とは言えないにしても，want to を wanna のように「wanna 短縮 ("wanna" contraction)」させた場合の文 (ib) が非文法的文になるのと比べると，はるかによい文であると述べている．
  (i) a. Those flowers are hard to want to bloom.
        （これらの花が咲くのを願うのは無理なことです）
     b. *Those flowers are hard to wanna bloom.
　なお，Goodall が上記 (ia, b) のようなデータにより示そうとしたのは，次のような事実である．すなわち，I want PRO to go, too のようなコントロール文の場合には，want と to との間に PRO が介在していても wanna 短縮の妨げとならないので，I wanna go, too のような文が許されるに対し，(ib) のような tough 構文の場合は，後ほど §9.3.1 で解説する「再分析 (reanalysis)」が適用された後，want と to の間に「格標示された変更 (variable)」としての痕跡 t（あるいは空演算子 OP）が入り込む形になるので，wanna 短縮の妨げとなる．このことはすなわち，tough 構文の場合に，再分析により複合的形容詞 [$_A$ hard to want] が形成され，さらに，その後ろの痕跡 t が，「変更」としての t から「名詞句移動による痕跡」としての t に変化した後でも，元の「格標示された変更」としての情報が依然として保たれていることを示すことになる．
　Chomsky (1982: 56f.) は，再分析のメカニズムとしては，再分析の後も，再分析されていない構造と再分析された構造の両方が S 構造において利用できるようなものを考える必要があるということを下記例文 (iia) のような寄生空所の文を挙げて説明している．
  (ii) the book is hard to buy t without reading e
すなわち，再分析の後，t が実質的に名詞句 (the book) の移動痕跡のような振る舞いを示すようになるとしても，一方では，t が元の変更（空演算子）としての特徴も保持していると考えられるので，寄生空所 e を認可することができ，したがって，上記例文 (ii) が文法的であることが説明できることになる．
　上に取り上げた，Goodall による主張は，このような Chomsky による上記アイデアを支持する別の証拠を提示することを狙いとしたものとなっている．詳しくは，Chomsky (1982: 56f.) および Goodall (1985: 70ff.) 参照．

(19) ?John is easy to want to win.
　　（ジョンに勝ってほしいと期待するのはたやすい）

したがって，主語の位置に there（および it）が収まったような tough 構文の場合は非文法的文となるという事実は，主語の位置からの取り出しを禁ずる制約では説明できないこととなる．いっぽう，[Williams が主張するように――千葉] tough 構文の主節主語の位置は θ 位置であると考えれば，主語の位置に there が収まったような tough 構文が非文法的文となるという事実は容易に説明がつくことになる (p. 442) というような主旨の説明である．

このように，上記例文 (19) は，主語位置からの移動が完全なる非文法的文をもたらすとは限らないということを示す文として挙げられているのである．しかしながら，ふつう問題とされている，主語位置からの取り出しの例文では，tough 述語のすぐ下の不定詞補文の主語を取り出した格好になっているのに対し，(19) の例文では，さらに下の不定詞の主語が問題となっている (cf. John is easy to want *t* to win) という違いが見られることに注意．[8]

7.1.2. 主語読みの許されない理由

現代英語において「主語読み」の解釈が許されない理由として，Chomsky (1981: 314) が挙げている以下のような説明が興味深いと思われる（下記例文 (20a, b) は，Chomsky (1981: 314) の例文 (23), (24) をそれぞれ引用したものである）．

(20) a. *John is easy [t to like Mary]
　　b. *who is it easy [t to like Bill]

---

[8] 例文 (19) が，John is easy *t* to want to win のような構造を持つと捉えた場合に，おそらく不自然な文となると考えられる原因としては，この構造において，①不定詞の主語 *t* = John が「行為者」としての意味役割をになっていない（後ほど §9.4 で取り上げる「tough 述語に課せられた意味的制約」参照）ということ，および，②目的語ではなく主語の位置からの取り出しが見られる，という二つの要因が働いていることが考えられるであろう．

第 7 章　現代英語における tough 構文の使用に見る誤りの例　　107

すなわち，Chomsky (1981) 以前の tough 構文の分析によると，(20a) が非文法的文となる理由としては，(20b) の場合と同じような説明が与えられていた．すなわち，まず (20b) において，格標示されていない変更 (variable) t は θ 役割をになうことができないので，その結果，(Wh 移動適用後の不定詞の部分に，[Op$_i$ [t$_i$ to like Bill]] のような) 不適格な連鎖 (Op$_i$, t$_i$) を含むことになり，そのため (20b) は非文法的文となる．同じように，(20a) の場合も，格標示されない t を含む連鎖 (John, t) には θ 役割が与えられず，その結果，θ 役割を持たない主節主語 John を持つ (20a) の文は非文法的文となる．[9]

それに対し，再分析のメカニズム (§9.3.1 参照) を採り入れたその後の新しいアイデア (cf. Chomsky (1981)) によると，(20a) のように変更が介在している構造においては，tough 構文の生成に必要とされる再分析のメカニズムが正しく適用できず，したがって，(20a) は非文法的文となる，というような説明になる．[10]

---

[9] 同じような観点から，本文中の例文 (20a) のような文の非文法性を論じている tough 構文研究の一つに Kaneko (1996: 24) がある．なお，Goodall (1985: 72) は，下記例文 (i) のような受け身の tough 構文の文が非文法的となることに対して，同じような説明を与えている．

　　(i)　*Those books are easy to be published.
　　　　（それらの本は出版するのが容易だ）

いっぽう，McCloskey (1984: 478)，Obata and Epstein (2012: 379, fn. 11) は，例文 (20a), (i) の非文法性は，GB 理論の中の一般的原理の一つである空範疇原理 (Empty Category Principle)，すなわち「非代名詞的空範疇は適正に統率されなければならない」に帰することができるであろうと説明している．

[10] Montalbetti et al. (1982: 350f.) による説明の場合は，次に説明するように，上で解説した二つの説明を合体したような内容となっている．すなわち，彼らは tough 構文の生成には，まず，tough 述語と不定詞の複合体により，主節主語に適当な θ 役割が付与できるように再分析が必要だと考える．さらに，その再分析の条件としては，「tough 述語＋不定詞」の後ろに格標示された空範疇が続くような構造体が形成されていることが必要であると考える．ところが，下記例文 (ia) に見るように，不定詞の主語の位置，ならびに，下記例文 (ib) に見るように，受け身不定詞の後ろの位置に現れた空範疇 e の場合は，いずれもこの条件が満たされていないことになり，したがって，tough 構文の生成に必要とされる再分析が適用できないことになる．そのため，再分析の適用により始めて可能となる主節主語への θ

なお，下記例文 (21) (Chomsky (1973: 264, fn. 43); ただし，ここでは，便宜上，痕跡 (*t*) を書き加えてある) のような非文法的文の場合も，上記いずれかのアイデアを用いた説明が考えられるであろう．

(21) *Poor immigrants are pleasant for the rich *t* to do the hard work.

ところで，第 6 章の注 10 で触れた Bresnan (1971), Faraci (1974: 175ff.), Lasnik and Fiengo (1974) などのアイデアに従って，tough 構文の補文の部分は VP であるとすれば，現代英語において，一般的に受け身の不定詞主語を取り出してできるような tough 構文は非文法的文となる (Ch. 5 参照) ということが説明できるのと同じように，上記例文 (20a), (21) が非文法的文となることも，tough 構文の持つ構造上の特徴から理論的に引き出されてくることになる．[11]

したがって，tough 構文に与えられる「主語読み」の解釈に対応する構造で，理論的に可能性が残っているのは，この場合，$John_i$ is (for) t_i [$_{VP}$ to like Mary] のように，「経験者」(あるいは「受益者」) をになう項が取り出されて

役割の付与も不可能となり，結局，例文 (ia, b) はいずれも非文法的文になるというような説明を彼らは与えている．
 (i) a. *John is easy e to go to school.
   b. *This book is easy to be read e.
[11] たとえば，Faraci (1974: 187ff.) は，too/enough 構文の場合には，下記例文 (ia, b) に見るように，「主語読み」および「目的語読み」の文がいずれも文法的文になるのに対し，tough 構文の場合には，下記例文 (iia, b) に見るように，主語読みの文は許されないという事実を挙げている．その理由として，Faraci は，前者の構文の場合には，不定詞補文の構造が S および VP いずれも可能であるのに対し，後者の構文の場合には，(主語の欠けた) VP による不定詞補文しか許されないからであると説明している．
 (i) a. The $statue_i$ was too small ___$_i$ to attract attention.
    (その像は余りにも小さすぎて，注目されなかった)
   b. The $statue_i$ was too small for anyone to notice ___$_i$.
    (その像は余りにも小さかったので誰も気がつかなかった)
 (ii) a. *The $statue_i$ is hard ___$_i$ to attract attention.
   b. *Mary made the $statue_i$ hard ___$_i$ to attract attention.
    (メアリーはその像が注目を集めにくいようにこしらえた)

主節主語の位置を占めるに至る（あるいは，移動規則を考えない場合は，t_i の位置と John$_i$ とを結び付ける）と考えられるような生成過程のみであることになる（このような分析の可能性について詳しくは，§7.4 を参照）．

さらに別の説明としては，§6.2.2.2 に挙げた Cormack (1998) による説明を参照．なお，tough 構文の補文の部分を VP であるとする分析について，Chomsky (1973: 263, fn. 41) は，VP の意味上の主語を決定するための意味解釈上の新たなメカニズムがさらに必要となるであろうと述べている．OE における tough 構文の不定詞部分が VP であるとする中川 (2013a) のアイデアについては §6.1 参照．

また，上で取り上げた，格標示との関連に基づく Chomsky (1981) による解決案に沿った説明は，西前 (2015) によっても提示されている（詳しくは，西前 (2015) を参照）．[12]

---

[12] 不定詞の主語の位置から要素を取り出した形の tough 構文の文が許されないという事実について，「反局所性制限 (anti-locality restriction)」のアイデアを採り入れてこれを説明しようとする案も提出されている．たとえば，Brillman (2014: 17, fn. 19) は，まず，この制限を次のように説明する．すなわち，ある要素を XP（X 句）の指定部の位置から，その XP を直接支配する別の XP の指定部の位置へと A′ 移動させることは，この反局所性制限のために許されないことになる．ただし，この制限は，短い移動の（すなわち局所的）A 移動を禁ずるものではない．

もし，このような反局所性制限が文法の中に働いているとすれば，下記例文 (ia) のような文が非文法的文となることは，(ib) のような構造および生成過程を参照することにより理解できるであろうと Brillman は説明している．

(i) a. *Anne is tough t to visit Ian.
 b. Anne is tough [$_{CP}$ t_A [$_{TP}$ t_A to [$_{vP}$ t_A visit Ian]]]

すなわち，(ib) の三つの t_A のうち，右端の t_A の位置を占めていた Anne が，A 移動により，真ん中の t_A の位置（すなわち，不定詞の主語の位置）に移動した後，これを A′ 移動により，さらに左端の t_A の位置に移動させようとするときには，上記の反局所性制限がそれを妨げることになるになるので，結局，(ia) のような文は生成できないこととなる．（ただし Who saw John? のよう文は文法的文となるが，このような場合は，wh 句が主語の位置を移動しないとする「元位置の wh 句 (wh-in-situ)」としての取り扱いを受けるという説明が Brillman (2017: 90, 144ff.) に見られる．また，Who does Bill think t saw John? のような文の場合には，従属節の部分に CP 範疇が欠けているとみなす，あるいは，CP があるとしても，従属節の主語の位置から，途中 CP 指定部の位置を経ずして，主節の CP 指定部の位置へと直接 wh 句を移動させるという分析法を採ることにより，反局所性制限の対象から免れ

7.2. インターネット上に見られる主語読みの tough 構文

7.2.1. 非対格動詞などの場合

英語の非対格動詞のうち arrive, happen, occur および自動詞のうち take

ることができるとしている（Brillman (2017: 122-124) 参照）．)

なお，上記のような tough 構文の分析案は，すでに §6.2.4 において紹介した Hartman (2011) による「二段階移動分析 (two-step movement analysis)」の一つと言えるが，両者には次のような違いが見られる．すなわち，Hartman の場合は，基底構造において不定詞の目的語や主語の位置を占めている要素で，tough 移動の対象となる要素は空範疇 (OP) であると考えるのに対し，Brillman の場合は，空範疇ではなく，具体的内容を持った DP (たとえば，上記例文 (ib) の場合で言えば，Anne そのもの) であると考えるという違いが見られる（詳しくは，Brillman (2014) 参照）．

反局所性制限のアイデアを用いた言語分析は，Saito and Murasugi (1999: 180ff.), Grohmann (2000, 2003), Abels (2003), Bošković (2005), Muriungi (2011), Erlewine (2016), Brillman and Hirsch (2016), Brillman (2017) などにおいても展開されている．「局所性の制約」は，言語に広く見られる重要な制約の一つと考えられるが，二つの要素の間の距離が余りに近い場合には，逆に両者の間での重要な関係を成立させることができないということをこの反局所性制限が示唆することになると言えるであろう．

大変興味深いことに，反局所性制限のアイデアは Fukui (1993) の提案しているものにきわめて近い内容のものとなっているということを指摘することができる．Fukui は Frampton (1990) や D. Takahashi (1993) の分析をも採り入れて，「二つの要素 x, y の間の距離があまりにも近すぎる (too close) 場合には，x を y に付加させることが許されない」(p. 122) というような制約が言語には働いていることを指摘し，この制約が，結局は経済性の原理に基づいているということを説明している．Fukui が取り扱っている具体例の中には，tough 構文の例は登場しないが，提案されている上記制約の持つ一般的性質から判断して，tough 構文の場合にも十分当てはまる性格のものであることがわかる．詳しくは，Fukui (1993) 参照．

ここで，話を反局所性制限のアイデアに戻すことにしよう．tough 構文と部分的に似た性質を持つと考えられる，下記例文 (ii) のような too/enough 構文の場合には，主語位置からの要素の取り出しが許されるその理由について，Brillman (2014: 17, fn. 19) は次のように説明している．

(ii) Anneke is too shy *t* to date Ian.

すなわち，このような文の場合には，TP と CP との間に DegP (= Degree Phrase) が存在するので，TP 指定部の位置から CP 指定部の位置への A′ 移動は，反局所性制限にうたわれている条件には合致しないので，反局所性制限の対象から外れることとなるからである．tough 構文と too/enough 構文との違いについて，さらに詳しくは Brillman (2014; 2015; 2017: Ch. 3), Brillman and Hirsch (2016) 参照．

place, take root について，その主語が tough 述語（difficult, easy, hard, impossible）の主語と同一指示的解釈となるような tough 構文の文が可能かどうかを Corpus of Historical American English（COHA）のデータベース（そこに含まれている資料年代は 1810-2009）で検索してみた結果，該当する例として，次の二例しか見いだすことができなかった（13 Nov. 2013 調べ）．

(22) a. The idea of one man, or set of men, combining to own in absolute

---

なお，上記例文 (ii) は，形容詞 shy を用いた例なので，期待される Anneke is too easy *t* to date Ian のような tough 構文の例になっていないが，Brillman and Hirsch (2016) にはそのような例が上がっているので，論点がもっと明確となるよう，念のため，次に示すようなペアの文を (iiia, b) として引用しておこう．

(iii) a. *Anneke is tough to talk to Ian.　　　　　　(Brillman and Hirsch (2016: 80))
  b. Ian is tough enough to talk to Anneke.　　　　　　(ibid., p. 83))

ところで，もし，上で説明したような分析が正しいとするならば，第 5 章で取り上げた下記例文 (iva) のような受け身の tough 構文の文 (Chomsky (2000a: 168) より) の場合，too を用いたほうの文だけが文法的文となることが予測されるはずであるが，事実はどうであろうか．少なくとも，Chomsky (2000a: 168) の反応はその予測とは異なり，例文 (iva) は，too のあるなしにかかわらず，ともに不自然な文となるようである．すなわち，この点に関し，個人語・方言の違いが見られるのかもしれない．第 5 章において取り上げた (文法的文としての) 例文 (4b) もこの種の文の一つであるので，下に例文 (ivb) として再録しておこう．

(iv) a. John was (too) easy to be caught.
  b. It wasn't supposed to end like this. Something like 20 previous jobs had been nearly effortless, too easy to be planned.

ここで，興味あるデータ検索の結果報告として，Song (2008: 43ff.) が報告しているものを紹介してみよう．注 6 においても触れたことであるが，そこに引用した 4 種類の tough 構文関連の文 (注 6 の例文 (ia-d) 参照) のそれぞれの使用頻度を比較して見ると，能動態の不定詞の主語を取り出した形の tough 構文の場合，too のあるなしにより，それぞれ，52.9%および 0.5%の使用頻度が示されているので，両者にはかなり大きな違いが見られることがわかる．(受け身文の主語を取り出した形の tough 構文の文については，too を伴った文に関するデータが示されていないので，比較することができない．)

Song の報告しているデータ検索によると，該当する文 (すなわち，too のある tough 構文の文) の使用例が見いだされる tough 述語 (e.g. hard, impossible, dangerous, good, exciting) と，それの見いだされない tough 述語 (e.g. difficult, easy, nice) との間で違いが見られるようである．ただし，問題となっている種類の tough 構文の使用可能性については，さらに，tough 述語ごとに異なる振る舞いが見られると言えるのかどうかについて，詳しいことはわからない．

monopoly the great channels of internal communication as they then existed, — the Hudson, or the Ohio, or the great lakes, — would have been regarded as a wholly inadmissible supposition, a contingency impossible to occur. (Charles F. Adams, "The Government and the Railroad Corporations," *North American Review*, January 1871, 31–62)

b. Why don't you take me? I've only got five minutes. Why does it have to least beyond these grabbing actions. Oh I believe in love that thing that is impossible to happen. (Kathy Acker, "The Birth of the Poet" (play script), 1981)

なお，Time Magazine Corpus および British National Corpus (BNC) を用いて同じように検索した結果，ヒットする該当例がゼロであることがわかった．(中に，"Governments do not make it easy to arrive at such figures, and some of them deliberately lie, but ...." のような例も見いだされるが，ただし，これは，その意味内容からわかるように，"Governments do not make it easy PRO to arrive at such figures, and ...." のように解釈されるべき文であり，ここで問題にしているような，不定詞の主語が取り出されてできた tough 構文の例ではないことになる．)

いっぽう，Corpus of Contemporary American English (COCA; 450 million words, 1990-2012, Brigham Young University) による検索では，該当する例として，以下のような例を一つだけ手に入れることができた．

(23) Well, first, let me just say this, I have a best friend, Gayle King is my best friend, everybody knows that, and this would be impossible to happen. (Source: Ind_Oprah; 2006)

Google Books: American English (155 billion words) の検索結果では，該当例がかなりの数見いだされる (14 Aug. 2013 調べ) のであるが，ただし，ヒットする該当例の中には，英語母語話者以外の人によると思われる英語の

文章も多数含まれているので，この種のデータコーパス検索により得られる該当例文の取り扱いには十分気をつけなければならないと思われる．

なお，以上のようなデータコーパスの検索から何年かたった 2018 年 2 月 26 日現在の時点において，別のデータコーパス NOW (Newes on the Web; 2010 年から現在までの新聞および雑誌を基盤とした 57 億語からなるデータで，Brigham Young University の Mark Davies 教授により新たに開発されたもの) を同じような要領で検索した結果を，参考のため，ここに記しておこう．すなわち，以下のようになる (( ) 内の数字は該当する例文の個数を示す).

> impossible to happen (33), easy to happen (14), difficult to happen (21), hard to happen (4); difficult to occur (1), easy to occur (1), impossible to occur (3); difficult to take place (2), impossible to take place (9); difficult to take root (1)

ここに出てきていない組み合わせは，該当例を見いだすことができなかったことを表す．このデータコーパス NOW の場合は，収集されているデータの絶対量が，上に挙げた他のもの（ただし Google Books: American English (155 billion words) を除く）と比べてかなり多いということもあって，それだけヒットする数も相対的に増えていると言えるが，上に挙げた最初の三つの例を除いて，該当する例の数は全体的にごくわずかであると言っていいであろう．

以上，インターネット上のデータコーパス検索の結果からも，受け身の不定詞および非対格動詞の場合を含め，一般的に，不定詞主語の取り出しによる tough 構文の（母語話者による）現代英語の使用例はきわめて少ないということができるであろう．

7.2.2. "easy to catch fire" の場合

§7.1.1 に挙げた例文 (13i) Japanese houses are easy to catch fire には，英語母語話者による文法性判断の結果として (?) の記号をつけてみたのであ

るが，その辺の事情について，ここで説明してみたい．

　"easy to catch fire" をインターネットで検索してみると "answers.com" <http://wiki.answers.com/> のさらに内部の Answers.com > Wiki Answers > Categories > Science > というホームページに繋がり（13 June 2018 調べ），そこには，以下のような英語による解説が行われているのを見ることができる．

(24) Which one is more easy to catch fire straws or wood?
Answer:
It is very interesting to find out that straws are actually more easily [sic] to catch fire than wood ...!

　いっぽう，"Sketch Engine" Corpus: enTenTen12 <https://the.sketchengine.co.uk/bonito/> で同じ英語表現を検索してみると，そこに現れるデータの中に，以下の4つの該当例文が含まれていることがわかる（13 Aug. 2013 調べ）．

(25) a. When the summer comes the trees get hot and dry and become easier to catch fire. Well enough about that I am hear to tell (doc#1834222)

b. You should put torch-like green laser pointer of high power far away from things easy to catch fire. In this regard, the former Defense Department (doc#2860223)

c. If the door points to the north, the living room should not be too big or the owner will have lawsuits and te [sic] house is easy to catch fire. If the door points to the south, (doc#6195595)

d. These are often rice papers or cotton. But due to the fire hazard involved, never leave a paper lantern on without somebody nearby as it is very easy to catch fire and cause an accident around your home. (doc#10043574)

（ただし，同じ "Sketch Engine" の中にある "Corpus: British National Corpus" では "easy to catch fire" の例はヒットしない．また Brigham Young University 制作の "Corpus of Contemporary American English," "Corpus of Historical American English" および Google Books（American & British）のいずれのコーパス検索でも easy to catch fire の例はヒットしないことがわかる．）

さらに，Google Search の中の "Web" を検索し，ヒットした "is easy to catch fire" の該当例（およそ 101,000 例）のうち，特に，英語母語話者の手になるのではないかと思われるものを下にいくつか引用しておこう（2 July 2014 調べ）．

(26) a. Loose clothing is easy to catch fire. Don't pour water on a oil/grease fire. Instead, cover the pan with a lid and turn off the stove. Water will only cause the fire to spread faster. If a fire occurs in the oven, close the oven door and turn off the oven. ("Fire Prevention & Safety Tips," Florida Homeowners Insurance, Jun 6, 2009 <www.securityfirstflorida.com> 2 July 2014)

b. Salmon has a layer of fat between the skin and flesh which is easy to catch fire – so use caution or wrap in foil. Leaner fish and shellfish like Halibut, Ahi Tuna, ... ("Newsletter," Coleson Soods, Inc., <www.colesonfoods.com/newsletter.htm> (P.O. Box 30535 Seattle WA 98113))

c. This year's brush fire season is expected to be active, due in part to a lingering drought from last winter. Summer rains helped ease conditions, but the terrain is far from saturated and the recent freeze has created an abundance of dried vegetation that is easy to catch fire. (Cindy Swirko, Sun staff writer, "Area brush fire season ignites," *The Gainesville Sun*, Dec. 6, 1999, p. 5)

(ただし，同じ "Google Search" の中の "News" による検索では，ヒットする例がないことがわかった．いっぽう，§7.2.1 で紹介した最新のデータベース NOW を検索した結果 (26 Feb. 2018 調べ)，上記 (26a-c) と同種の例を 4 例見いだすことができることがわかる．)

米国人インフォーマントの中には，Wooden houses are easy to catch fire のような文について，「かなり口語的な表現としてなら問題ないであろう．自分自身としては，そのような言い方はしないが，誰か他の人がそのような言い方をするのはあるような気がする」("OK only in very colloquial usage. I would never say it myself but I can imagine someone else saying it.") のような反応を示す人がいる．上でも示したように，インターネットを広く検索してみると，問題の例文に相当する文の使用例をいくつか見いだすことができるのは，このような事情によるのかも知れない．

7.2.3. "a cinch to VP" の場合

tough 述語の一つである名詞句 a cinch の場合は，主語読みの用法の例を英語の辞書の中にも普通に見いだすことができるという点で，例外的な語彙であると言えるかもしれない．たとえば，『ロングマン現代英英辞典』<https://www.ldoceonline.com/jp/dictionary/cinch> に次のような例文が掲載されている．

(27) The L. A. Dodgers are a cinch to win the division.
　　　(ロスアンジェルス・ドジャーズが地区優勝するのは確実である)

また，WordReference Random House Learner's Dictionary of American English 2017 (<WordReference.com>) は，口語的表現として，"a person or thing certain to fulfill an expectation, esp. a team or contestant certain to win a sporting event" の意味で a cinch が用いられることを，次のような例を挙

げて説明している．

(28) The Giants are a cinch to win Sunday's game.
（ジャイアンツは日曜日の試合にはきっと勝つでしょう）

『ジーニアス英和辞典』第5版には，以下のような受け身不定詞の例文が上がっているのがわかる（日本語訳もその辞書からの引用）．

(29) The candidate is a cinch to be elected.
（その候補者はきっと当選するよ）

さらに，データコーパスの "Corpus of Contemporary American English" を検索してみると，次に示すように，受け身不定詞の例を含め，該当する例を4つ見いだすことができる（28 Dec. 2017 調べ）．

(30) a. And while Denzel Washington is a cinch to be nominated for his portrayal of Rubin 'Hurricane' Carter in 'The Hurricane,' the film could also get numerous major nods as a way of honoring veteran director Norman Jewison. (Steven Rosen, "And the OSCAR goes to... Surprise! Public, critics disagree on year's top films," *Denver Post*, Jan. 18, 2000)
（また，映画「ハリケーン」の中のルビン・「ハリケーン」・カーターの役により，デンゼル・ワシントンがノミネートされるのは確実であるが，ベテラン監督のノーマン・ジュイソンに敬意を表する意味で，その映画に数々の主要な賞が与えられることもまた十分考えられる）

b. He'd be a cinch to make the Swedish team at the Atlanta Olympics, but McTear won't give up his U.S. passport. (Mike Fish, "Houston McTear, record sprinter," *Atlanta Journal Constitution*, Oct. 22, 1995)
（マックティアはアトランタで開かれるオリンピックのスウェーデン

チーム入りは確実であろう．しかしながら，彼はアメリカの代表選手として出場することを決して諦めないであろう）

c. Westwood is a cinch to make the Ryder Cup team thanks to his performance last year, but he ranks 82nd on the Order of Merit and has only two top-10s in 2001. (Joel Boyd, "True to his defiant form, Hoch just keeps getting better with age," *Chicago Sun-Times*, July 12, 2001)

（昨年度の彼の演技が認められて，ウェストウッドはライダー賞を確実に獲得するであろうが，優秀点の順位では 82 位に止まり，また，2001 年度のトップテン入りは二回のみという成績である）

d. Making a sour joke, some of the survivors at Citi have labeled Reed a "serial killer." As that suggests, he is not a cinch to win popularity contests at Citi right now. (Carol Loomis, "The reed that Citicorp leans on," *Fortune*, 128 (1), 1993)

（シティコープで生き残った者の中には，辛口の冗談を飛ばして，リードのことを「連続殺人者」と表している者もいる．このことからもわかるように，シティコープの会社内で今すぐ人気投票が行われるとしたら，リードが選ばれるのは容易なことではない）

また同じように，データベース NOW を検索してみると，40 近くの該当例を見いだすことができる (26 Feb. 2018 調べ)．

このように，特に口語的表現の中には，主語読みの解釈のできる tough 構文の例で，しかも現代英語の中に依然息づいていると言えるようなものを，ごくわずかではあるが，見いだすことができるようである．

7.3. 「Hubbell 事件」について

ここでは，アメリカ政界に関連する話題で，tough 構文に密接にかかわる

第7章 現代英語における tough 構文の使用に見る誤りの例　　119

ちょっとした事件について，閑話休題的に取り上げてみたい．クリントン大統領時代のアメリカの政界を巡る一事件として一時期話題となった，次のような tough 構文まがいの文のことを読者諸賢はご存じだろうか．と言っても，もちろん，専門的意味での「tough 構文」が関係する文として，(政界人やジャーナリストを含む) 一般の人がその文のことを認識していたわけではないが．すなわち，話題となったのは，"The Riady is just not easy to do business with me while I'm here" という文（「文」というより，このような場合，一般の人が使う日本語で言えば「文章」や「言い回し」ということになるであろうが）についてである．事件のあらましは以下のようなものである．

　クリントン大統領の法律顧問であった Web Hubbell は，100 万ドル以上の架空請求詐欺，郵便電信詐欺や租税法違反の罪に問われ，禁錮 21ヶ月の判決を受けた．彼が刑務所内から弁護士に電話を掛けたときのテープ記録の中に上記のような発話部分があるということが，Dan Burton を委員長とする委員会 (Government Reform and Oversight Committee) で取り上げられ話題となったことがある．実際には，問題の発話は，"The reality is, it's just not easy to do business with me while I'm here" (実際は，俺が刑務所にいる間，俺と取り引きするなんて，たやすくはできないことだ) のようなものであったのを，Burton 委員長が聞き間違って，"The Riady is just not easy to do business with me while I'm here" (リアディ一家が俺と取り引きしようとしても，俺がここにいる限り簡単にはいかない) のような文として一般に広まったというのが実情であるようだ．

　というのも，収監中の Hubbell が外の弁護士と電話で交わした会話の中に，当時，1996 年の大統領選における不法な選挙基金集めを巡り取り調べを受けていた中心的存在であり，また，クリントン一派の友人でもあった「Riady ファミリー ("the Riady family")」の名前が出てくることを半ば期待しながら，Burton 委員長が問題の録音テープを聞いたに違いないということが考えられる．したがって，実際には Burton 委員長による聞き誤りであったにもかかわらず，上記のような発話部分がテープの中に含まれていた

とする委員長の主張が，そのまま報道される結果となったというのが事実のようである (*New York Times*, 5 May 1998; *Time*, 18 May 1998).

これは，ホワイトハウスを巡る政治的スキャンダルの一つとしてアメリカで話題になった事件であるが，それとは異なる角度から，特に言語学研究者の注意をひくのは，聞き誤りとされた問題の発話が，「tough 構文」に関連する興味深い誤りの文に該当するという点である．読者もすでにおわかりのように，問題の文章が，実際に "The Riady is just not easy to do business with me while I'm here" であったとしたなら，少なくとも現代英語の tough 構文の文としては，「主語読み」の非文法的文と見なされることになる．すでに §7.1.1 においても指摘したように，Chomsky なら「ちんぷんかんぷん」の文であると反応することになるであろう．このことに関し，筆者が特におもしろいと感じたのは，*Time*, 18 May 1998, p. 34 に掲載された「Hubbell 事件」関連記事の中の次のようなコメントである．

> If Webster Hubbell had really said, as Dan Burton's creative transcript had it, "The Riady is just not easy to do business with me while I'm here," what language was he supposed to be speaking? Did people on the staff of Burton's Government Reform and Oversight Committee actually take that to be an English sentence? Do they talk that way themselves? [...] Or did chairman Burton think that whenever White House people discuss that golden Asian connection to the Clinton-Gore campaign, they lapse into Pidgin English, reminiscent of the language that G. I.s in Korea employed to palaver with shoeshine boys and barmaids?　（下線は千葉）

すなわち，もし Burton 委員長が言うように，実際に Webster Hubbell があんなふうな喋り方をしたのだとしたら，「Hubbell は一体どんなひどい言葉をしゃべっていると思われていたことになるのか」「Burton 委員会のメンバーは，ほんとうに，あれをまともは英語の文章だと思ったということなのか」「委員会のメンバー自身も，日頃あんな話し方をしているということなの

か」「ホワイトハウスの連中も会議の席では，朝鮮戦争のときに，アメリカ兵が靴磨きの少年やバーの女給とペラペラおしゃべりするときに使った言葉遣いを思い出させるようなピジン英語になってしまう，というようなことをBurton 委員長がほんとうに思ったのか」というような手厳しい批判を浴びせている．

おそらく，一般の現代英語の母語話者の語感からすると，話題になっている文章は，「とんでもない英語」で，「英語とは言えない」しろものなのであろう．

上でこれまで取り上げてきたように，ここで問題とされている「とんでもない英語」に相当する文は，今から何百年か前の英語では，自然な文として実際に用いられていたことがあり，また，英語の第二言語学習者に見られる誤りの中や，あるいは，英語を母語として習得中の幼児に見られる誤りの中にも，この種の文の使用が見られるという事実があることも知られている．

上で紹介した Time 誌の記事に見られるような，問題の文に対する反応は，もちろん，英語母語話者の一人として，現代英語の文法を習得している普通の大人が懐く言語直観を反映したものと受け取ることができる．本人が習得している，あるいは，現在習得中の文法（ここでは，文法の中の特にtough 構文の生成・解釈にかかわる部分）の中身が異なると，当然のことながら，たとえ同じような文に接したとしても，それぞれの文法に応じて形成される個人個人の言語直観に従って，「とんでもない間違いの文である」あるいは「問題ない自然な文である」などとその反応がそれぞれに異なりうるというのは，言語の本質を表していて，大変興味深いと思われる．

7.4. tough 構文の母語習得に見られる誤りについて

7.4.1. C. Chomsky (1969)，Kessel (1970)，Anderson (2005)

これまで何度か触れることがあったように，現代英語の大人の文法からすると，tough 構文についての間違った言語使用であるとされるいくつかの現

象は，古い時代の英語の用法や，第二言語としての英語学習者の言語使用の中に実際に見られるばかりでなく，英語を母語として習得中の幼児や児童の間にも見られることが知られている．

そのような誤りの中で，典型的に見られるのは，与えられた tough 構文の文の主節主語を，不定詞の主語と同じものを指すものとして（すなわち，「主語読み（subject reading）」ないし「主語コントロール（subject control）」の文として）誤って理解するという現象である．たとえば，5歳〜10歳児50人を対象として行った C. Chomsky (1969) の実験の結果知られているのは，50人のうち14人の子どもたちが，"John is easy to see" のような文を主語コントロールの文として理解していると思われるというような報告である．[13]

同じような誤りが見られるという報告が，Kessel (1970)，Anderson (2005) などによってもなされている．[14]

さらに興味あることには，tough 構文に関する英語の母語習得研究の中に，被験者とのやりとり（インタヴュー）の中に現れる発話の中で，幼児たち自らが，そのような種類の，間違った文を口にすることがときたま見られ

---

[13] Tough 構文の母語習得に関する C. Chomsky (1969) の実験，およびその改良編としての C. Chomsky (1971, 1972)，Perry and Shwedel (1979) の実験についての解説については，大津（1989: 265-273）参照．また，Brillman (2017: §4.2.2) は，C. Chomsky (1969) 以降の tough 構文の母語習得に関する研究の中から，重要だと思われるもの6つを取りあげ，それぞれその要点について解説している．すなわち，C. Chomsky (1969)，Cromer (1970)，Armbuster (1981)，Anderson (2005)，Becker et al. (2012)，Wexler (2013) の6つである．

[14] Childes のデータを検索してみても，子どもの発話の中には，tough 構文（関連の）の文を明らかに主語読み（主語コントロール）の文として間違って用いていると断定できるような例は，たまたまであろうか，見いだすことができないことがわかる．すなわち，tough 述語のうち easy, difficult, hard, impossible, tough を含む発話データをすべてチェックしてみたが，不定詞の主語を取出して主節主語にしたような誤りの tough 構文の文であると明確に言えるものは，一つも見いだすことはできなかった．ただし，tough 構文そのものではないが，関連ある構文として，"because I'm easy at telling," "because I'm easy at guessing" のような表現（いずれも，4歳6ヶ月児の発話の中より）は見いだすことができる．なお，本文で次に取り上げることになる例文 (31b) [=*He's hard of seeing. (cf. He is hard of hearing.)] を参照されたい．

るということを報告しているものをいくつか指摘することができる．たとえば，C. Chomsky (1969)，Kessel (1970)，Anderson (2005) がそのような例である．それぞれ，指摘されている具体的発話の例を挙げると，下記例文 (31a-c) のようになる．

(31) a. *He's easy to please his mother probably.
b. *He's hard of seeing.　(cf. He is hard of hearing.)
c. *The fairy was easy to fight with the knight.

これらの例文は，すでに§7.1.1において取り上げた例文 (6)–(8) と類似の文であり，現代英語の大人の文法から見ると，いずれも非文法的文となるような文であるが，母語習得の段階がまだ大人並に達していない子どもの文法では，このような文が文法的文として作り出されることになる．

Anderson (2005) は，3歳4ヶ月～7歳5ヶ月児44人を対象に行った実験結果に基づき，tough構文の母語習得に関してこれまでに提出されている理論（で，しかもよく知られているような理論）の中には，今回の実験結果では支持できないと思われるようなものがいくつか含まれているということを指摘している．

たとえば，C. Chomsky (1969) は，tough構文を解釈するために必要な統語的知識の習得には遅れが見られるという主張をしているが，今回のAndersonによる実験結果では，4歳未満の子どもの中に，そのような知識をすでに習得していると思われるような子どもがいることがわかる．さらに，Cromer (1983) が，11～12歳児になっても，tough構文の持つ意味的・統語的特徴に関するが知識がまだ十分に備わっていない子どもがいるというような見方をしているが，Andersonの実験結果からすると，この場合はむしろ，次のように解釈するのが妥当だということになる．すなわち，このような年長の子どもたちがその段階で習得している文法では，tough構文の解釈に関して，大人の場合とは異なり，複数の解釈の仕方が許されるというふうになっているために，彼らの言語知識を実験で調べてみたときに，大人の場合

に期待されているような解釈の仕方とは異なる仕方で解釈するというようなことが起こりうるのではないか，ということである．

　Anderson (2005) は，それまでのいくつかの習得研究にならって，被験者44人を3つの習得段階，すなわち，①「tough 構文の知識が未発達の段階 (primitive rule (P-R) stage)」と②「部分的に大人と同じ知識を持つと同時に異なる部分もある中間段階（Intermediate period）」および③「大人と同じ知識になっている段階」の3つに分類し，それぞれのグループに該当する被験者が全体の被験者44人のうちどれだけの数いるかを，次のような数字で示している．すなわち，それぞれ，3/44 (7%), 30/44 (68%), 11/44 (25%) となる．この数字を見てわかるように，かなりの部分の被験者 (68%) が中間段階にいることになる．同様の結果，すなわち，被験者64人のうち49人 (76.6%) が中間段階にいることを示す実験結果が，McKee (1997) による研究においても報告されている，ということを Anderson (2005: 318) は述べている．さらに，興味深い事実として彼女が指摘するのは，中間段階にいる子どもの年齢層が，ある一定の狭い範囲に留まっているのではなく，3歳4ヶ月から7歳3ヶ月へと，かなりの広がりを見せているということである．[15]

　Anderson (2005) は，それまでの tough 構文の母語習得の研究が抱えている問題点をいくつか指摘している．その中で特に，従来，中間段階にいる子どもが見せる変わった解釈の仕方のほうにむしろ焦点を当ててきたために，次のような重要な点が説明できなかったということを強調している．すなわち，不定詞の主語が何を指すかというコントロールの問題についての一般的

---

[15] 同じように，tough 構文の知識が大人並みになっているグループの子どもたちの年齢分布も，4歳7ヶ月から7歳4ヶ月へと広がっているのに対し，未発達段階の子どもたちの年齢層は，比較的狭い範囲（3歳8ヶ月から5歳8ヶ月）に留まっているという事実を彼女は報告している (p. 317)．さらに，特別驚くべきことでもないと思われるが，この未発達段階のグループの子どもたちが，全体の中で一番年下の年齢層を形成するわけではなく，このグループには5歳以上の子どもが二人含まれていた，ということも彼女は報告している (p. 317)．

な文法知識（すなわち，大人と同じ文法知識）を身に付けていることを示す発達段階を大分過ぎた後になっても，子どもたちが，ある種類の tough 述語からできた tough 構文の場合には，コントロールの捉え方に関し，期待されている解釈とは異なるような解釈のほうを選ぶ傾向が強いのはなぜかということについては，これまで納得いく説明を与えることができなかった．[16]

そのような従来の習得研究とは異なり，Anderson (2005) の立場で，中間段階の子どもの習得している文法の姿を捉えると，次のようになる．すなわち，その段階にいる子どもの，tough 構文のコントロールに関する知識には欠陥が見られると言うよりも，むしろ，その部分が大人とは異なる内容の文法構成になっていると考えることになる．

以下に展開する論考は，主として Anderson (2005) の研究を基に，tough 構文の母語習得に見られる現象のうち，特に「主語読み」の解釈に関する部分に焦点を当てて考察したものである．

---

[16] 彼女の指摘しているその他の問題点の中には，以下のようなものが含まれている（p. 234）．
  (i) tough 述語ではないと思われるような形容詞を，間違って tough 述語の中に加えているような研究が見られる．
  (ii) tough 述語の形容詞の意味を被験者が正しく把握しているかどうかを，実験に先立ってチェックすることが重要であるが，そのような事前評価（pre-assessment）が十分行われていないものがある．また，tough 述語以外の語彙項目に関しても，実験の中で用いる例文に現れるものの中に，被験者にとっておなじみではないと思われる語彙項目があれば，同じように事前評価が必要である．
  (iii) 実験方法の中に，子どものもの文処理能力に過度な要求を強いるようなやり方が含まれているような場合には，tough 構文についての子どもの理解力を正しく判定できず，そのため，実際とは異なる否定的な評価を生じさせる可能性があるので，気をつけなければならない．
  (iv) 実験項目として用いる tough 構文の数，あるいは，不定詞の部分に用いられる動詞の種類がごく限られたものになっているものがある．
  (v) 3 歳児でも比較的しっかりした統語的能力を身に付けているということを示すような証拠が最近では増えつつあるということもあり，tough 構文の統語的特徴に関しても，少なくとも部分的な知識は 3 歳児でも身に付けているかも知れないので，実験を行うときには，（実験にいろいろと困難点が伴うことは確かであるが，それでも）5 歳児未満の被験者を含めることがぜひ必要となる．

まず、そのような子どもの文法では、上記例文 (31) の構造は、(31c) の場合を例として示すとすれば、おそらく下記 (32) のように表示することができるであろう。

(32) The fairy$_i$ was easy [(for) t$_i$] [PRO$_i$ to fight with the knight]

この構造は、英語の母語習得者および第二言語学習者に見られる tough 構文についての誤りを説明するために、千葉 (2008: 17) が提示している下記 (33) のような（部分的）構造表示、あるいは、千葉 (2008: 18) にも引用されている Rezac (2006: 299) による下記 (34) のような構造表示と同趣旨のものである。[17]

---

[17] ここで問題にしている構造表示とよく似たものを扱っている tough 構文研究の一つに Asakawa and Miyakoshi (1996) がある。ただし、下記例文 (ia) に対して (ib) のような構造表示を彼らが想定していることからもわかるように、主節主語は不定詞節の主語の位置から移動するものと捉えられている。
  (i) a. *John$_i$ is easy [e$_i$ to please people].
      b. John$_i$ is easy (for John$_i$) [e$_i$ to please people].
動的文法理論（第1章の注2参照）による tough 構文の分析を提案する Asakawa and Miyakoshi によると、上記 (ib) のような文の基盤となる構造として、下記 (iia) のようなものが考えられる。ただし、(iia) を基盤として (ib) を経て派生されると考えられる tough 構文の文 (ia) も、(iib) が非文法的文となるのと同じように非文法的文となる、というような説明が与えられている (p. 131)。
  (ii) a. John$_i$ is easy for John$_i$.
       b. *John is easy for himself.
彼らの提案する動的文法理論に基づく tough 構文分析について、詳しくは Asakawa and Miyakoshi (1996) を参照。なお、動的文法理論の解説については、発案者自身による論文 Kajita (1977) を参照。
いっぽう、上記 (ia) のような文が非文法的文となることを、Jones (1991: 224ff.) は、tough 構文の持つ意味的特性から説明できると捉えている。すなわち、tough 述語は、一般的に、ある行為を遂行するにどのくらいの「代価 (cost)」（たとえば、努力、苦難、利益など）が伴うのかを表す言語表現であると考えられる (cf. Nanni (1978: 60ff.))。ところで、tough 構文の主節主語は、そのような「代価」をもたらす引き金となるものを表すことになる。しかしながら、Jones の説明によると、この場合の「代価」という概念は、ある人が何かを行う際に、その人自身が自分にとってどれだけの「代価」をもたらすことになるかというような意味までを表すことはできないと思われる。したがって、そのような解釈を要求する

(33) *Susan$_i$ is easy (for) t_i [PRO to win].
   cf. *John$_i$ seems (to t$_i$) that Mary is intelligent.
(34) *Kate$_1$ is easy (for her$_1$) [$_C$ PRO$_1$ to read the books].

なお，普通の tough 構文において，tough 述語と不定詞の間に現れた for 句は，不定詞の主語というよりも主節の一部を成す前置詞句であるとするアイデアについては，Chomsky (1973), Berman (1973: 35ff.), Fiengo and Lasnik (1974), Faraci (1974), Lasnik and Stowell (1991), Rezac (2006) 参照．[18]

ところで，千葉 (2008) を執筆していた段階では，筆者は tough 構文についての重要な博士論文である Anderson (2005) のことをまだ知らずにいたが，その後，彼女のこの tough 構文研究の中においても，上に紹介したのと

ことになる上記 (ia) のような文は非文法的文となる．詳しくは，Jones (1991: 224ff.) を参照．

[18] ただし，Hartman (2011: 389) は，tough 構文における for 句が，下記 (ia, b) に示すように，二つの異なる構造上の位置に現れうるということから，もともと曖昧な性質を持っているということを指摘している．
   (i) a. John is [$_{AP}$ easy [$_{PP}$ for Mary$_i$] [PRO$_i$ to talk to ___]]
       b. John is [$_{AP}$ easy [$_{CP}$ for Mary to talk to ___]]
(違いが明確になるように，ここでは，Hartman の挙げている例文に構造表示に関する情報を付け加えてある．)
特に，Hartman (2011: 395) が挙げている下記例文 (ii) のように，for の目的語の位置が形式名詞 it で占められているような文の存在を考えると，上記 (ib) のような構造を想定するのは，むしろ避けられないことになるであろう．
   (ii) Cholesterol is impossible for it to be important to Mary to avoid (... because we all know she's perfectly healthy). [=第 6 章の注 5, (id)]
Hartman は，そのほかに，上記 (ib) のような構造案と下に示すような，Chomsky (2000b) による Defective Intervention Configuration の一般的制約（ただし，Chomsky (1998; 2000b: 123) では，"Configuration" ではなく "Constraints" の用語を用いている；§6.2.4, §9.5 参照）を組み合わせることにより説明できる言語事実がいくつか（三つ）存在することを指摘している (cf. 第 6 章の注 28). 詳しくは Hartman (2011) 参照．
   Defective Intervention Configuration (= intervention effects):
      α > β > γ (> は c-command を表す）において，β が inactive になっていると，α と γ の matching はブロックされる（すなわち，β は defective intervener となる）．

同じような趣旨の，構造表示についてのアイデアが提示されているのを知ることができたので，今回は彼女自身のアイデアをここに取り上げることにする．すなわち，Anderson（2005: 404）は，tough構文の母語習得に関する実験の中で用いた例文の一つ The soldier was easy to fight に対して，被験者が「主語読み」の解釈をした場合の統語構造として，次のようなものを提案しているのである．

(35) The soldier$_i$ was easy [(for) e$_i$] [PRO$_i$ to fight the girl/pro$_k$].[19]

このような構造表示を提案する立場に見られる特徴は，ふつう，tough構文の「補文主語の取り出し」として考えられることの多い現象を，そうではなく，tough述語を修飾するfor前置詞句からの名詞句の取り出し，すなわち，「前置詞forの目的語の取り出し」であるとみなしている点である．このような構造表示から得られる，この文の意味解釈の主要な部分は次のようになるであろう．すなわち，まず不定詞で表されているのは，ある行為内容であるが，そのような行為を行うのがやさしい，あるいは難しいと感ずるのは誰であるか，すなわち，「経験者（Experiencer）」（あるいは「受益者（Benefactee）」; cf. Culicover and Wilkins (1984: 115)）としての意味役割をになう名詞句は文中のどれか，という情報が主節主語によって表されている．さらに，その「経験者」はまた，不定詞の部分で表されているその行為のにない手である「行為者（Agent）」と同一人物であるという意味解釈もそこから得られることになる．

つまり，上記例文 (31a-c) のような文を用いる子どもは，上記のような意味解釈が可能な文として，これらの文を理解しているものとするアイデアを，上記 (35) のような構造表示は表していることになる（cf. Anderson

---

[19] 例文 (35) の不定詞の部分が，"to fight" ではなく "to fight the girl/pro$_k$" のようになっているのは，原文どおりである．おそらく，「主語読み」の解釈が明確になるように，不定詞の目的語の位置を the girl や任意的代名詞 pro で埋めて示したものと推測される．

(2005: 404))．

7.4.2. tough 構文の母語習得研究の重要な課題

ところで，tough 構文の母語習得研究の重要な課題として，少なくとも次の二つを指摘することができるであろう (cf. Anderson (2005: 418))．一つ目に，母語習得のある段階，すなわち，中間段階 (the Intermediate stage) において，子どもはなぜ大人の文法で許されないはずの主語読みの解釈を問題のない解釈とみなす（そのような解釈を好む傾向がある）のか．つまり，周りから与えられる言語データの中には見いだされないはずの解釈を生み出すような文法をなぜ習得しているのか，という課題である．そして二つ目として，子どもは何を基にして，主語読みの解釈を許さない大人の文法へと習得のステップを進めて行くのか，という課題である．この二つの問題のうち，まずここでは，一つ目の問題を，子どもが用いることのある上記例文 (31a-c) のような文の場合に当てはめて考えてみることにしよう．

千葉 (2008: 17) でも指摘したように，上記例文 (35) は，大人の場合であれば，for のあるなしにかかわらず非文法的文となるのであるが，母語習得の途中にある子どもの場合は，それがどうして許されるのであろうか．以下に示すのは，この問題に対する，Anderson (2005: 407–409) の提示している説明である．

まず，tough 述語の主節主語の位置には，語彙的名詞句を配置することができるという情報が，早い時期から「肯定的証拠 (positive evidence)」の形で子どもに与えられていると考えられる．すなわち，（不定詞の目的語が取り出されたとして解釈される，普通の意味の）tough 構文に見られる主節主語としての名詞句の場合や，Homework is easy のような文に見られる主語名詞句の場合などの情報から，子どもはそのように判断するものと考えられる．

次に，形容詞の中には，clever, sensible のように，tough 述語の場合と同じく，語彙的タイプの項と命題的タイプの項，すなわち，不定詞で表されて

いる項の両方を同時に「意味的に選択する (semantic select, s-select)」ものがあり，しかも，そのうちの前者の項は，下記例文 (36a, b) (p. 407) に見るように，主節主語の位置および前置詞句内部の位置のいずれの位置をも占めることができるという情報が，同じように肯定的証拠の形で，子どもに与えられていると考えることができるであろう．

(36) a. Rachael-Anne is sensible to practice her lecture.
　　　　（講義の準備をするとは，レイチェル・アンは賢明だ）
　　 b. It is sensible of Rachael-Anne to practice her lecture.

そこで，このようなデータを基に，子どもは，tough 述語としての形容詞の場合にも，「経験者」の意味役割をになう名詞句を統語上配置すべき位置として，前置詞の目的語の位置（(36b) 参照）だけでなく，主節主語の位置（(36a) 参照）も許されるものと誤解する結果，子どもの文法では，主語読みの解釈を許すような tough 構文が許されることになるのであろう．[20]

tough 構文についての子どもの言語習得状況をこのように捉えるということは，つまり，このような子どもは，tough 述語の持つ語彙的特徴について正しく理解していないために，上記例文 (31a-c) に見るような間違った tough 構文の使い方をするのであると考えるのではなく（すなわち，語彙項目に関する知識の問題ではなく），そのような誤りが生ずるのは，むしろ，大人の文法の中にも含まれている文法的操作を，子どもが自分なりに拡張させる形で誤って用いるためであるとみなすということになる．

このことをもっと具体的に説明すると，次のようになるであろう．すなわ

---

[20] この場合に子どもの頭の中で（無意識のうちに）働いていると思われる論理的思考法として，Anderson (2005: 433) は「アブダクション的発想法（仮説構築的推論）」の作用を用いた説明を行っている．すなわち，子どもは，tough 構文以外の現象に見られる表面的に同じような文法的交替，およびそのほかの肯定的証拠を基に，大人の文法では許されていない解釈をアブダクション的に発想させてこれを当てはめるのであろう，という趣旨の説明である．

ち，大人の文法の場合は，tough 述語によって選択された「経験者」をになう名詞句に対する格付与（または格の照合，以下同じ）の役目は，前置詞 for によって行われるので，格付与のためその名詞句を移動させる必要はなく（したがって，経済性の原理に従うと，移動させてはならず），そのままの位置に留めておいて，主節主語の位置には形式主語 it をあてるというような文法的操作を行うことになる．

いっぽう，子どもの文法の場合には，前置詞 for の目的語に対する格付与は，上にも述べたように，その前置詞によって行ってもよく，またその目的語を主節主語の位置，すなわち，Spec TP（主節の TP の指定部）の位置に移動させることによって行ってもよい，というようなメカニズムになっていると思われる．したがって，子どもは，前置詞 for の目的語を主題化させる形で主節主語の位置に移動させる[21] ことにより，同時に格付与条件をも満たすような文を生成していることになると考えられる（Anderson (2005: 409)）．

このように，子どもの文法では，「経験者」をになう名詞句を主題化させることにより，格付与の条件が満たされると Anderson (2005) は考えるのであるが，この主題化の操作により，PRO が満たさなければならない一般的条件をも同時に満たすことになるのではないかと彼女は説く．すなわち，すでに上でも説明したように，前置詞 for の目的語は，不定詞の意味上の主語（PRO）と同一指示的であるという特徴も持っている（上記の構造 (32), (35) 参照）ので，そのことにより，PRO は前置詞 for の目的語により制御（control）されているはずだということになる．

ところが，基底構造のままの位置では，c 統御（c-command）の条件を満たすことができないので，前置詞句の中にある名詞句が，その位置のままで PRO を制御することは期待できない．この問題を解消するためには，問題の名詞句を，c 統御の条件を満たすようなしかるべき位置に移動させなけれ

---

[21] Anderson の用語で言えば，"topicalization of the *tough* experiencer" (p. 409) による移動ということになる．

ばならない．そのような位置として手近にあるのは，主節主語の位置であるので，その位置へと名詞句を移動する処置が講ぜられることになる．このようにして，主題化のために主節主語の位置に移動させた名詞句が，格付与の条件を満たすと同時に，PRO 制御にかかわる c 統御の条件をも満たす格好となっていると考えられる (Anderson (2005: 405))．

ただし，このような捉え方だと，上記例文 (36b) のような場合に，PRO 制御にかかわる c 統御の条件がどのように満たされると考えたらいいのかという問題が残ることになるであろう．

この問題については，Anderson 自身が p. 124 において解説している Chomsky (1995: 388) による解決方法がある．すなわち，(36b) において，「経験者」としての名詞句は，前置詞の目的語の位置のまま PRO を c 統御できるとするアイデアである．Chomsky (1995: 304) は，They seem to him to like John のような文において，him が John を c 統御するので，束縛理論の条件 C により両者は同一指示的にはならないことを説明している（下記構造表示 (37) (Boeckx (1999: 228) より) 参照）．

(37) They$_i$ seem to him$_j$ [t_i to like John$_{k/*j}$].

つまり，この場合の前置詞句 to him は，前置詞 to が一種の格標識 (Case marker) として付加されたもので，全体として DP としての機能を持ち，したがって，him が補文の中を c 統御すると考えられると Chomsky は述べている (p. 388, note 77)．しかしながら，この説明は，ほかの点ではっきりしない部分があるということから，Anderson はここでは Chomsky のこのアイデアに従っていないことに注意．

ほかの点ではっきりしない部分があるというのは，おそらく，Chomsky (1995: 304ff.) が指摘している次のような事情のことを指しているのであろう．すなわち，下記 (38) のような構造 (Chomsky (1995: 304)) において，

(38) I(nfl) seem [to him] [$_{Cl}$ they to like John]

I(nfl) の持つ EPP 素性（Extended Projection Principle features, 拡大投射原理素性）を照合する（主節主語としての）候補になりうる DP としては，him と they とが考えられる．もし him が不定詞補文 Cl を c 統御し，したがって，補文主語の they をも c 統御しているとするならば，その二つの候補者（すなわち him と they）の中から，構造上 I(nfl) により近い位置を占める him のほうが選ばれるはずである．したがって，むしろ they のほうを選んで主節主語の位置に引き上げてできる下記 (39a) のような文法的文の生成は，期待できないことになってしまうという問題があることを Chomsky は指摘している．

(39) a. They seem to him to like John.
　　 b. *Bill$_i$ seems to t_i [John to be a genius].　　(Boeckx (1999: 228))

一方において，これと比較するために上に挙げた (39b) のような文が非文法的文になることからもわかるように，補文主語の John ではなく，前置詞 to の目的語 Bill のほうを選んで主節主語の位置に引き上げることはできないと考えられる．このことから，(39b) において，元の Bill の位置は John を c 統御していない，したがって，上記の (38) においても，him は they を c 統御していないことになり，EPP 素性を照合する候補者から外れるということになる．結局，候補者として選ばれるのは，不定詞の主語の they だけだということなるので，期待どおり，(39a) の文法性が説明できることになる．

7.4.3.　「経験者」のパラドックス

以上の観察からもわかるように，§7.4.2 において取り上げた (38)（下に (40) として再録）のような構造において，

(40)　I(nfl) seem [to him] [$_{Cl}$ they to like John]

「経験者」としての名詞句が補文（の中の要素）を c 統御しているかどうかに

関しては，相矛盾したように見える証拠が存在するように思われる．このような矛盾した状況のことを 「『経験者』のパラドックス (experiencer paradox)」(Boeckx (1999: 228; 2001: 533)) あるいは「相矛盾する c 統御の関係 (conflicting c-command relations)」(Kitahara (1997: 63)) と呼ぶことがある．

Boeckx (1999: 228ff.) は，このようなパラドックスを解決するための提案として，一つには Kitahara (1997) に代表されるもの，および二つ目に Chomsky (1998) によるものをそれぞれ取り上げ，いずれも問題点を含んでいることを指摘すると共に，彼自身の考える新しい提案を紹介している．

おおざっぱに言うと，Kitahara (1997) に代表される提案というのは，次のような内容のものである (pp. 64-65). すなわち，上記 (40) のような構造において，補文主語を主節主語の位置に引き上げる段階では，「経験者」項が補文を c 統御していないと考えるので，その引き上げは無事行うことができることになる．いっぽう，LF において him と John との照応関係がチェックされる段階においては，格照合のために him (の持つ指示素性 (FF [him])) が前置詞 to の位置に隠在的に (covertly) 引き上げられ，前置詞句の主要部が指示素性 FF [him] を持つこととなり，このことより，結局 him は John を c 統御するとみなされ，したがって，両者は同一指示的ではあり得ないということになる．

いっぽう，Chomsky (1998) によると，「経験者」項は最初から（すなわち，当該文の生成過程において，その前置詞句が不定詞補文と併合 (merge) された段階から）補文を c 統御している状態にあると考えられるので，束縛条件 C の違反が生ずることとなり，その結果，him と John とは同一指示的ではあり得ないことになる．さらに，him は 前置詞により内在格 (inherent Case) が付与されるため不活性化の状態にある (inactive, inert) こととなり，その結果，Infl の素性照合のための牽引 (attraction) の対象としての候補者から外れることとなる．その結局，補文主語の they のほうが選ばれて，主節主語の位置へ引き上げられることとなる．

上の説明においては，Chomsky (1998) による案として Boeckx が解説し

ているものをそのまま紹介したが，実際は，Boeckx の解説どおりに，Chomsky 自身が問題のパラドックスの解決案を提示しているわけではない．Boeckx がそのような捉え方をしたのは，おそらく，一方では，Chomsky (1995: 306) 自身が，上記 (40) のような構造において，「動詞 seem の持つ特徴により him に内在格（および θ 役割）が付与される」という趣旨の説明をしているということと，他方では，Chomsky (1998: 123) において，「構造格（structural Case）が照合されると，その項はその場で凍結状態（frozen in place），すなわち不活性化状態となり，それ以降その項は，構造上の上位の位置を占める探索子（probe）が，それ自身の持つ EPP 素性を照合してもらうために探し求める相手としての目標（goal）の候補者からはずれることとなる」という趣旨の説明をしているということから，この上記二つの説明を Boeckx なりに合体させることにより，「Chomsky (1998) による解決案」として提示したものと思われる．すでに上で紹介したように，Chomsky の説明について，「ほかの点ではっきりしない部分がある」と Anderson が感じたのも，このような事情によるのかもしれない．

　Boeckx (1999) は，上に解説した Kitahara (1997) および Chomsky (1998) のいずれの案にも問題点がある（詳しくは，Boeckx (1999) 参照）ということを指摘した後，以下のような代案を呈示している (pp. 241ff.)．すなわち，まず him と John との間に見られる非同一指示性については，「経験者」項が最初から補文を c 統御しているとする Chomsky (1998) と同じような説明方法を採る．いっぽう，Infl の素性照合のための候補者探しの際に，「経験者」項が選ばれないで，補文主語のほうが選ばれるのはなぜかという問題については，次のように答えている．すなわち，「経験者」項が（動詞 seem と共に用いられた場合のように）前置詞を伴っているときはその前置詞が，また，（動詞 strike と共に用いられた例文 John$_i$ strikes Bill [t_i as being a genius] (Boeckx (1999: 227, fn. 1)) の例文の場合のように）前置詞を伴っていないときにも，（隠在的ににそこに存在すると考えられる）音声形を持たない前置詞が，いずれも妨げとなって，素性の牽引子（attractor）としての主節の

Infl と「経験者」項との間で行われるはずの「素性上のやりとり (feature communication)」としての素性照合がうまくができないので，結局，その「経験者」項は素性照合の候補者からはずれることとなる．その結果，そのような仕事を支障なくこなせる補文主語のほうが選ばれて，主節主語の位置に引き上げられ，上記 (39a)［= They seem to him to like John］のような文が生成されるものと考えられる（さらに詳しい議論については Boeckx (1999) 参照）．

7.4.4. 子どもの場合

ところで，§7.4.1 に挙げた例文 (33)［= *Susan$_i$ is easy (for) t_i [PRO to win]］は，現代英語の大人の場合，前置詞 for があってもなくても非文法的文となることを示しているが，少なくとも，for が前置詞残留の形で表面に残ったような文の場合には，子どももそのような文を用いることはないということを Anderson (2005: 410) は指摘している．このことから，「子どもが前置詞句の中からの for の目的語（すなわち，「経験者」を表す語句）を取出すことはやっていないように思える」というような言い方を彼女はしている (p. 410) のであるが，もしそのように考えるのだとすると，それでは，子どもが作り出す上記 (33) のような文は，いったいどこから出てくるのかというような疑問が生じてきて，元の木阿弥的な事態に陥ることになるであろう．

しかしながら，一方で，Anderson は別の箇所で，次のような一つの解決策を提案しているところをみると，上で述べたような，前置詞句の中から for の目的語を取出すことを子どもはやっていないということを主張するのは，彼女の真意ではないようにも思われる．彼女が提案するのは，むしろ子どもの文法では，前置詞句の中の名詞句を取り出した後で，削除の復元可能性の条件 (recoverability condition on deletion) に抵触することなく前置詞 for を消去することができるようだというような趣旨の案である．これをもう少し詳しく説明すると，以下のようになるであろう．

まず，Anderson は Larson (1990) が提案している次のようなアイデアに注目する．すなわち，下記例文 (41a) のような文の場合は，前置詞 for に

よって「受益者 (benefactive)」の意味役割が名詞句 Spot に与えられるのであるが,いっぽう,(41b) のような二重目的語構文の文の場合は,「受益拡大化 (benefactive augmentation)」と呼ぶ語彙規則の働きにより,その意味役割が動詞 build により間接目的語の Spot に直接付与されるので,前置詞の for はもはや不要となるというような趣旨のアイデアである.

(41) a. Tom built a house for Spot.
b. Tom built Spot a house.

このアイデアを応用して Anderson は,たとえ前置詞 for の欠けた(あるいは,前置詞句 (for NP) の欠けた) tough 構文の場合においても,主節主語の位置に引き上げられた名詞句には,「経験者」としての意味役割が(前置詞 for を介さなくても) easy, hard などの tough 述語により直接付与されるというようなメカニズムを提案している (pp. 411-413). すなわち,前置詞 for は,格付与など,単なる構造上の機能 (purely structural function) をになうのがその役目なので,前置詞 for の目的語を主節主語の位置に移動した後で,残った for をそのまま消去しても,(大人の文法の場合とは異なり)削除の復元可能性条件に抵触するようなことはない,というふうに考えることになる.つまり,子どもが Susan is easy for to win のような前置詞残留の文を作り出すことがない[22] という事実と,Susan is easy to win のような文を子

---

[22] ここでは,前置詞 for の後の名詞句が取り出されてできた "for t to" のような構造を含んだ文を子どもが作り出すことがない,と言っていることに注意.一般的に,to 不定詞の前に前置詞 for を重ねてできる「for to 不定詞」については,(大人の文法において)中英語期になって用いられるようになるという歴史的変化や,現代英語においても,Ozark 方言,Ottawa Valley 方言,Belfast 方言など一部の方言に見られる (Henry (1992) 参照) ばかりでなく,幼児による言語習得のある段階においてもこれが観察されるということが知られている (Nishigauchi and Roeper (1987: 99),児馬 (1990; 2018: 126f.) 参照).このような用法に関して方言差が見られることについては,Chomsky (1981: 299f.) においても言及されている.

なお,初期中英語において用いられるようになったこの「for to 不定詞」は,もともと古英語期に「方向」や「目的」を表す前置詞として用いられていた to の持つ意味の弱まりを補強

どもが Susan$_i$ is easy (for) t_i [PRO to win] のような構造表示を持った文として理解することがあるとするアイデアとは両立しうるということになる.

　ところで，tough 構文の生成方式として，上で取り上げたような，「経験者」を表す名詞句を主節主語の位置に引き上げるやり方は，主節主語の位置が，不定詞の目的語と同一指示の名詞句によって，基底構造の段階から占められているとするような分析では，可能性として生じてこない生成方式であると考えられる.

　たとえば，後者のような生成方式 (cf. Chomsky (1981: 308ff.)) による構造表示の例として，後ほど§9.3.1で取り上げることになる例文 (30a): John is [$_{AP}$ easy [$_{S'}$ COMP [$_S$ PRO to please PRO]]] に示された統語範疇 S′, S をそれぞれ CP, IP に置き換えたもの (すなわち，下記例文 (42)) を例に考えてみると，

　　(42)　　John$_i$ is [$_{AP}$ easy [$_{CP}$ OP$_i$ [$_{IP}$ PRO to convince t_i]]]

一般的に tough 構文は，空演算子 (null operator) の OP$_i$ が Wh 移動により t_i の位置から従属節の COMP の位置に移動し，さらに，そこから得られる wh 連鎖 (OP$_i$, t_i) を (意味解釈規則により) 主節主語と結び付けることにより生成されることになる.[23] 上記の構造に，問題となっている前置詞句，たとえば for Susan を加えて次のような構造 (cf. Chomsky (1977: 103)) を考えたとしても，

するために，for を導入することにより生まれたものと伝統的に考えられている．詳しくは Los (2005: 221ff.), Tanaka (2007: 54; 56, fn. 26), 児馬 (2018: Ch. 14) 参照.

[23] この空演算子 OP の Wh 移動の操作は，下に示すように，Chomsky (1977) においては，普通の wh 句を移動する Wh 移動の操作と考えられていたが，その後，空演算子移動のアイデアを採り入れた tough 構文の分析へと研究が進んでいくこととなる．(なお (ib) において，Wh 移動の操作の後で who および for は消去されると分析されていた.)

　　(i)　a.　John is easy (for us) [to please]
　　　　b.　John is easy (for us) [$_{S'}$ [*who for*] PRO to please *t*]　　(Chomsky (1977: 102))

(43)　John$_i$ is [$_{AP}$ easy [$_{PP}$ for Susan] [$_{CP}$ OP$_i$ [$_{IP}$ PRO to convince t$_i$]]]

　「経験者」を表す名詞句 Susan を，主節主語の John の位置を目指して移動させるというような可能性は，どこからも生じてこないということになるであろう (cf. Anderson (2005: 105))．

　したがって，（現代英語における）大人の文法では，tough 構文に対してこのような，すなわち，上記 (42), (43) のような，生成方式を採るものと考えることができれば，古い英語では可能であった，また，第一・第二言語習得のある段階でときたま見られる誤りである，問題の「主語読み」の解釈は，現代英語の大人の文法では原理的に排除されることになる．

　さらに，問題となっている，歴史的に見た tough 構文に関する言語変化および，子どもから大人への文法発達過程についての説明についても，まさに上記のような観点，すなわち，主節主語が基底構造の段階ですでに選ばれているとする観点，に関する言語変化および文法発達が生じた（生じる）ものとして説明することが可能となるであろう．

　しかしながら，その後登場したアイデアとして，主語は動詞句の指定部位置に基底生成されるとする「動詞句内主語仮説 (VP-internal subject hypothesis)」，あるいは，その仮説を採り入れた，ミニマリスト・プログラムにおける併合操作を用いた統語構造の構築方式案に従って，tough 構文の生成および意味解釈について考えてみると，[24] 問題となっている「主語読み」

---

[24] そのような統語構造の構築方式に従って，典型的な tough 構文の文の例 *Moby Dick* is hard for Bill to read の一般的派生過程の一部を図式的に示すと，以下のようになるであろう．ここでは，派生過程のうち，併合作用により補文 for Bill to read OP が形成された後のプロセスを Hornstein et al. (2005: 67) に従って示すことにしよう．

(i)　a.　Application of Merge →
　　　　　[$_{C'}$ for Bill to read OP]
　　b.　Move OP →
　　　　　[$_{CP}$ OP$_i$ [for Bill to read t$_i$]]
　　c.　CP + $_{Merge}$*hard* →
　　　　　[$_{AP}$ hard [$_{CP}$ OP$_i$ [for Bill to read t$_i$]]]

の解釈の問題が再び頭をもたげてくることになる．すなわち，主節主語の位置を目指して移動する可能性を持った複数の要素のうち，どの要素が最終的に妥当な候補として選ばれるのか，という問題が浮上してくることになる．したがって，ここでの重要な課題は，そのような新しいアイデアの元で，上記のような，tough 構文の「主語読み」の解釈についての言語変化および文法発達の問題をいかに解決するかということになるであろう．[25]

    d. AP + $_{Merge}$*is* →
        [$_{I'}$ is [$_{AP}$ hard [$_{CP}$ OP$_i$ [for Bill to read t$_i$]]]]
    e. I′ + $_{Merge}$*Moby Dick* →
        [$_{IP}$ *Moby Dick* [$_{I'}$ is [$_{AP}$ hard [$_{CP}$ OP$_i$ [for Bill to read t$_i$]]]]]

すなわち，OP を移動させて C′ と併合させ (cf. (ia, b))，CP を tough 述語 hard と併合させる (cf. (ic)) と，複合的述語 AP が形成されることになる．その AP に be 動詞の is を併合させ (cf. (id))，そこに形成された I′ にさらに *Moby Dick* を併合させる (cf. (ie)) と，そこに示したような S 構造 (S-Structure) が得られる．

なお，その S 構造を基に得られる論理形式 (logical form, LF) においては，*Moby Dick* が OP$_i$ および t$_i$ と同一指示的であるという情報が加えられ，また，*Moby Dick* には複合的述語により意味役割が付与されることになる．すなわち，Hornstein et al. (2005) の分析によると，主節主語は，結局，動詞 read の目的語としての θ 役割と複合的述語の主語としての θ 役割の二つの θ 役割が付与されることになるであろう．

いっぽう，Neeleman and Weerman (1999) は Hornstein et al. (2005) の分析法によく似た分析法を提案しているのであるが，主節主語に与えられる θ 役割の点で両者は異なる内容になっている．すなわち，LF において，形容詞句 AP 全体が述語としての資格を得て，θ 役割付与子 (θ-role assigner) としての役割を果たすことができるようになり，主節主語に θ 役割を付与することができるという点では両者は異ならない．ところが，前者の場合，もともと空演算子 OP に与えられたものが，そのまま AP に受け継がれると考えるので，その θ 役割の内容は同じ一つのものということになる．したがって，上にも述べたように，主節主語には，動詞 read の目的語としての θ 役割と，複合的述語の主語としての θ 役割の二つの θ 役割が付与されると考える後者の捉え方とは異なることになる（詳しくは，千葉 (2008: 22-24) 参照）．なお，ある一つの θ 位置 (θ position) に二つ以上の意味役割が付与できるとするアイデアについては，§9.1.2 および第 9 章の注 5 参照．

[25] 主節の I(nfl) の持つ EPP-features を照合する候補者選び，すなわち，主節主語の候補者選びの際に，「内的併合 (操作) (internal Merge)」により，もともと不定詞の目的語であった要素，あるいは，「経験者」項としての要素を選ぶよりも，「外的併合 (操作) (external Merge)」により，語彙配列 (Array) の中から新たに要素を選んでそれを主語位置に据えるほうが，ミニマリストの原理にかなった方策であるとすれば，上記の言語変化および文法発達の問題について，この点からのさらなる考察の可能性が生じてくるかもしれない．

しかしながら，以上のように，子どもと大人の文法の違いを説明できたとしても，Anderson (2005: 411) 自身も認めるように，19世紀後半までの英語とその後の英語の違いは十分説明できていないという問題が依然として残ることになる．19世紀後半までは許されていた非人称tough構文，すなわち，「主語読み」の解釈のtough構文，がその後消えていくようになる原因は何であるかに関するAnderson (2005) による試案を第6章において紹介したが，彼女も認めているように (p. 120)，この問題の解決のためにFischer (1991)，Fischer et al. (2000) が示している仮説と彼女自身の仮説のどちらがより妥当かを決めるには証拠がまだ不十分で，この問題は今後に残された課題とせざるを得ないことになる．

7.4.5. 子どもの文法から大人の文法へ

ここまでの議論では，§7.4.2の冒頭で提示したtough構文に関する第一言語習得研究に課される二つの重要な課題のうちの第一の課題，すなわち，母語習得のある段階において，子どもはなぜ大人の文法で許されないはずの主語読みの解釈を問題のない解釈とみなす（あるいは，そのような解釈を好む傾向がある）のか，について取り扱ってきた．

いっぽう，二つ目の課題，すなわち，子どもは何を基にして，「主語読み」を許さない大人の文法へと習得のステップを進めていくのかについては，十分に満足のいくような解答をまだ出せないでいるとAnderson (2005: 436) は断っている．

その課題を文法理論の観点から捉えることが重要であると思われる．そのような観点から考えられる一つの答えとしては，「二重格付与違反」を用いた説明が可能かも知れない．「二重格付与の制約」（§6.2.2.2参照）は，現代英語の大人の文法の場合は，一般的な原理の一つとして重要な働きをになっていることが十分考えられるであろう．習得のある段階までは，そのような原理の作用がまだ十分発揮されていなかった子どもの文法も，言語獲得のプロセスを経る中で，二重格付与を禁止する規則が重要な働きをする大人の文法

へと変化していくにつれ，次第に「主語読み」の解釈の tough 構文を非文法的文と判断するようになると考えられる．

以下，二重格付与の制約について，簡単にまとめてみよう．§7.4.1 において，例文 (35)（下に，例文 (44) として再録）が，大人にとっては非文法的文となることを話題にしたが，ここでは，二重格付与に関する制約の点からその非文法性について考えてみよう．

(44)　The soldier$_i$ was easy [(for) e$_i$] [PRO$_i$ to fight the girl/pro$_k$].

上記例文が非文法的文となる理由として，千葉 (2008: 17) は，上に示した構造表示において，for が消去されないで残ったほうの文は，二重格付与の違反を犯しているため非文法的文となり，また，for を消去したほうの文は，復元可能性条件を破ることになるので，これも非文法的文となるというような説明をしている．この説明のうち，二重格付与違反による説明は，もともと，Lasnik and Saito (1992: 138-140) が提示している説明に基づいている．その部分を千葉 (2008: 16f.) が解説しているので，その概略を下に取り上げてみよう．

Lasnik and Saito (1992: 139f.) は，下記 (45a-d) のような例文について，おおむね次のような議論を展開している．

(45)　a. *John$_i$ strikes t$_i$ that Mary is intelligent.
　　　b. *John$_i$ seems to t$_i$ that Mary is intelligent.
　　　c. it strikes John that Mary is intelligent.
　　　　（メアリーは聡明だとジョンには思える）
　　　d. it seems to John that Mary is intelligent.

すなわち，形式主語の it を主語とする上記 (45c, d) のような文は文法的文となるので，上記 (45a, b) の主節主語の位置は θ-bar 位置だと考えられる．したがって，(45a, b) が非文法的文となるのは θ 基準の違反によるものではない（つまり，John が異なる二つの θ 役割を与えられるため非文法的文

となるというような説明はできない）ことがわかる．むしろ，この非文法性の原因は，二重格付与の制約によるものと考えられる．

　二重格付与が許されないというこの制約は，「最後の手段の原理 (last resort principle)」(cf. Chomsky (1986b: 201; 1995: 119))，すなわち，移動は，移動要素または移動の標的が持つ素性が照合されるときに限り許されるということをうたった原理より引き出すことができる．たとえば，上記例文 (45b) における痕跡 t_i が占めている位置のように，格付与の可能な位置を占めている要素は，格付与（あるいは格照合）のためにその位置を移動するという必要がないことになるので，したがって，移動させてはならないことになる．このように，元の位置から別の格付与位置への移動は，最後の手段の原理によって排除されることになる．[26]

　以上，子どもは何を基にして，「主語読み」を許さない大人の文法へと習得のステップを進めていくのかの問題について，考えられる答えの一つとして，二重格付与の制約に基づく案を取り上げてみた．

　二つ目の答えとして，次のような案も考えられるかも知れない．その前に，まず，現代英語において，なぜ tough 構文の「主語読み」がもはや許されなくなったのかの問題を，以下 Anderson (2005: 105) に従ってまとめてみると，次のようになるであろう．すなわち，T の EPP 素性を満たすために適当な NP を移動させ（必要な主語を形成す）るのであれば，tough 移動の操作に実際見られるような，不定詞の目的語としての NP だけでなく，前置詞句 for NP の中の NP もまた候補となるはずなのだが，実際には，現代英語

---

[26] 普通の NP とは異なり空格（null Case）が付与されると考えられる PRO（Chomsky (1995: 118–120) 参照）の場合も，以下のような文 (i) (Bošković (1997: 11)) は，二重格付与の違反が見られるので非文法的文となるというような説明が可能となる．
 (i) *John tried PRO$_i$ to seem to t_i that the problem is unsolvable
   （その問題は解けないと自分には思えるようになるようジョンはなんとかやってみた）
 cf. John tried PRO$_i$ to be arrested t_i
   （ジョンはわざと逮捕されるようやってみた）

の大人の文法においては，後者が選ばれない（で，不定詞の目的語だけが選ばれる）のはどうしてか．

　上で触れたような「動詞句内主語仮説」および，併合操作を用いた統語構造の構築方式案に従うと，ふつう，英語の文が，主節主語の位置に NP が収まったような形をしているのは，基底構造の段階からすでにその位置に主語名詞句が場所を占めているからそうなると考えるのではなく，別の位置（たとえば，「動詞句内主語仮説」に従って，VP の内部の位置）にあった NP が，一般的原理に従って，最終的に主語位置に移動するためにそのような表面的形態をとるに至るものと考えられている．また，上で「T の EPP 素性を満たすために」と言っているのは，もし T の持っている EPP 素性 が認可されないまま残るとすると，正しい文が生成されることなく，文の生成作業が途中でクラッシュ（破綻）するので，それを避けるために，適当な NP が選ばれて，問題の素性認可が可能となる適当な位置まで移動し，EPP 素性を認可する必要があるということを意味している．したがって，上で問題提起されていることは，要するに，EPP 素性認可のために選ばれるべき「適当な NP」の候補として，前置詞句の中の NP を選ぶということが，現代英語の大人の文法では許されないのはどうしてか，ということになる．[27]

　このような問題に対しては，Anderson 自身が Chomsky のアイデアを tough 構文に当てはめて解説している次のような議論の中に，手掛かりとなるヒントが隠れていると見ることができるであろう．まず，すでに上で触れたように，tough 構文の統語構造として，Anderson (2005: 404) は次のようなものを提案している．

(46)　The soldier$_i$ was easy [(for) e$_i$] [PRO$_i$ to fight the girl/pro$_k$]. [= (35), (44)]

---

[27] Anderson 自身は，NP の代わりに，もう少し厳密に捉えた範疇名の DP (Determiner Phrase（冠詞句）) を用いているのであるが，ここでは，これまで用いてきた範疇名の NP に置き換えて示してある．

第 7 章　現代英語における tough 構文の使用に見る誤りの例　　145

　この構造表示は，二つの内項（internal arguments）を範疇選択（θ-select）する seem 類動詞の持つ不定詞構文の構造表示として，たとえば They seem to him to like John のような文に対して，Chomsky (1995: 304) が提示している下記 (47a) のような構造表示を基に，Anderson (2005:122) が tough 構文に当てはめて示している下記 (47b) と同種のものである（(47a) の二行目の構造表示は Anderson によるものである．ただし，不定詞の部分は，"to e_i like John" となっていたものを，ここでは "e_i to like John" の語順に改めてある）．

(47) a.　I(nfl) seem [to him] [$_{CL}$ they to like John].
　　　'They$_i$ seem [to him$_k$] e_i to like John.'
　　b.　I(nfl) difficult [for the pig$_k$] [$_{CL}$ PRO$_k$ to teach the dog].
　　　'The dog$_i$ was difficult [for the pig$_k$] to teach e_i.'

　厳密には，Anderson (2005: 121ff.) は，さらに，Chomsky (1995: 305)，Chomsky (2000b: 142, note 31; 143, note 37) がラーソン流殻構造（Larsonian shell）を採り入れて，動詞 seem の持つ不定詞構造として提案しているもの（下記 (48) 参照）を基に，これを tough 述語に当てはめて，下記 (49)，(50)（それぞれ，p. 121 および p. 122 より）のような構造として提示している．その特徴は，be easy for me [PRO to ...] に現れる for me の部分を形容詞 easy の補部ではなく，指定部の位置を占めるものと捉えるところにある（同じようなアイデアは，Kaneko (1994, 1996)，Nakagawa (2000b)，中川 (2013b)，Wexler (2013) にも見いだすことができる）．[28] なお，(49) は基底構造を表し，(50) は，(48) において，動詞 seem が VP の主要部 v の位置に引き上げられるのと同じように，形容詞 difficult が軽形容詞句 aP の主要部 a° の位置に

---

[28] aP と AP との間に「経験者句（Experiencer Phrase）」として ExpP の位置を設け，前置詞句 for NP がその ExpP の主要部 Exp^0 に対する指定部を構成すると捉えるような構造表示（下記 (i) 参照）を採り入れるアイデア（「拡大形容詞句投射（extended adjectival projection）」）もある（cf. Keine and Poole (2017: 318)）．

引き上げられてできる論理形式 (Logical Form, LF) 表示を表している．

(48)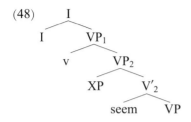

(49)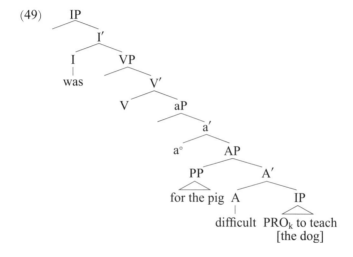

(i) Extended adjectival projection
$[_{aP} ... a° [_{ExpP} ... Exp^0 [_{AP} ... A^0 ...]]]$
head movement

このような構造を採用すると，そこにも図示されているように，たとえば形容詞 easy は，主要部移動 (head movement) により，AP の主要部 A° の位置から ExpP の主要部 Exp^0 の位置を経て，さらには aP 主要部 a° の位置に引き上げられることになる．

第 7 章　現代英語における tough 構文の使用に見る誤りの例　　　　147

(50)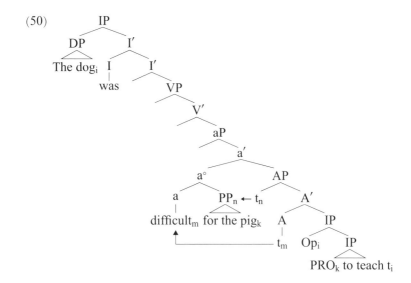

　上記の構造表示 (49) に見るように，θ 標示されない主節主語の位置は，まだ空のままで，the dog は不定詞の目的語として選ばれている．また，構造表示 (50) は，tough 節を成す不定詞の内部で空演算子 (null operator) 移動が生じた後の LF 表示を表しているが，この構造表示では，主節主語の位置が，すでに the dog によって占められているのがわかる．

　いっぽう，Anderson は上記例文 (47b) に示された構造，すなわち，I(nfl) difficult [for the pig$_k$] [$_{CL}$ PRO$_k$ to teach the dog] に関し，「主節主語位置に移動することができるのは，the pig$_k$ ではなく the dog である」(p. 125) という趣旨の説明をしているので，このことから，不定詞の目的語である the dog を主節主語の位置に移動させることを考えていることが窺われる．

　ただし，Anderson のアイデアを以上のようにまとめてみると，そこには，互いに相容れない部分があることがわかるであろう．特に，空演算子移動を適用するという部分と，不定詞の目的語の the dog を移動させるという部分との間には矛盾があるように思われる．すなわち，前者は A′ 移動のことを言っているのに対し，後者は A 移動のことを言っていることになるので，結

局，主節主語の the dog がどこから生じると考えているのか判然としないという問題があるように思われる．おそらく，すでに §6.2.4 において解説したような Hartman (2011: 394) の言う "two-step movement analyses"（二段階移動分析案），すなわち，この種の分析案によると，従属節の目的語は A′ 移動により従属節の端（edge）の位置に移動し，その後，A 移動により主節の主語の位置に移動することになる，のようなアイデアを採用するということではないかと思われる．[29]

　一般的に，上記 (47a) のような構造において，I(nfl) の持つ EPP 素性を照合する候補者になりうる NP（これまでも何度か触れたように，厳密には DP）としては，him と they とが考えられるが，Chomsky (2000b: 148, n. 87) によると，内在格は ϕ-features を不活性化するがごとく振る舞うので，前置詞 to により内在格を付与された him は，それが有する ϕ-features が不活性化のため「見えない（invisible）」状態になっているため，I(nfl) の持つ EPP 素性を照合するための候補者選びの際には，候補としての資格を失うこととなる．[30] そのため，残った補文主語の they のほうが選ばれて，最終的に

---

[29] あるいは，Hicks (2009) の提案に従って，不定詞の目的語が空範疇を伴った（あるいは，[+wh] の素性を持った）二層構造の DP を形成していると捉え，「密輸方式（smuggling）」の操作としての A′ 移動により不定詞の周辺部（periphery）に移動したのち，さらに A 移動により主節主語の位置へ移動するというような案に相当するものが考えられているのかもしれない．詳しくは §8.1 参照．

[30] 下に引用する Chomsky (2000b: 123) の説明では，「主節の EPP 素性照合にあずかることのできるのは構造格（structural Case）のみであると思われる」と断っているようなので，tough 構文に現れる for 句は最初から候補から外れることになるであろう．

　もし解釈不可能な素性が各種捜査の引き金となると考えるならば，直近の目標（G）がその目標の探索子（P(G)）を選んで，併合操作により拡大投射原理（EPP）素性を満足させるのを可能にするのは構造格であると考えることになる．従って，もし構造格がすでに照合済みで（その結果，削除済みで）あるならば，その探索子としての句は「その場で凍結され」ることとなり，さらに上部の位置にある拡大投射原理素性を満足させるために移動することはできなくなる．もっと一般的に言えば，解釈不可能な素性を持っていると，目標は活性化された状態となり，操作の引き金となりうることとなる．すなわち，併合（随伴）のための適当な句を選ぶか，あるいは，その探索子を削除するかのいずれかの操作が行われる．一致と移動の操作が可能となるため

主節主語の位置に納まることとなる．

　そこで，このような議論を上記 (47b) のような tough 構文の場合に当てはめて考えてみるとどうなるであろうか．おそらく，前置詞 to を for に置き換え，また him を the pig に置き換え，さらに補文主語 they を PRO に置き換えれば，全体として同じような議論が成り立つものと思われる．すなわち，前置詞 for により内在格を付与された the pig の有する φ-features は「見えない」状態になっているため，I(nfl) の持つ EPP 素性を照合するための候補としての資格を失うことになる．したがって，（現代英語の大人の文法では）(47b) のような tough 構文の場合，「経験者」の意味役割をになう the pig を主節主語の位置へ移動することは許されず，不定詞の目的語 the dog だけがその資格を持っているということになる．

　ただし，上で説明した二重格付与違反による説明は，主節主語の位置において与えられる格と，前置詞 for により与えられる格とを併せてできる二重格付与だけを問題としているが，実際には，主節主語の位置において与えられる格（主格）と，不定詞の目的語として与えられる格（目的格）とを併せたところから起こってくる可能性のある二重格付与の問題にいかに対処すべきであるかが，重要な問題の一つとして残ることになる．その対処法としてのアイデアについては，次章で解説することとし，ここでは，以下，tough 構文の母語習得研究について話を進めていくことにしたい．

　tough 構文の母語習得研究について，今後に残された重要な課題に関しては，Anderson (2005: 72) がさらに以下のようなものを二つ指摘している．その一つ目は，実験の結果，中間段階にいる子どもは tough 構文の解釈について，大人と同じような理解をすることもあると同時に，主語読みの解釈をしていることもあると考えられるが，後者の解釈は現代英語の大人の文法からは一般的に出てこないような種類の解釈である．問題となるのは，後者の解釈が当てはまるような言語データに接することがないと思われるのに，子

には，局所的で，しかも活性化した目標の存在が必要となるのである．(p. 123)

どもはどのようにしてそのような解釈を許す文法を習得するのか，すなわち，何がその動機となっているのかということである．[31]

　二つ目の課題は，Nanni (1980) のアイデアに従って，子どもが tough 構文を次のような二通りの異なるやり方で作り出す（あるいは，理解している）と考えた場合に起こってくる問題に関するものである．すなわち，このアイデアによると，まず，tough 構文による言語表現を次の二つの場合に分けて，それぞれ，派生の仕方が異なると考えることになる．すなわち，easy/hard to please のように単純な形の言語表現の場合は，普通の統語的派生（syntactic derivation）のほかに語彙的派生（lexical derivation）によっても生成可能であるが，もう少し複雑な形をした easy for us to please や hard to try to

---

　[31] このことに関し，Anderson (2005: 418) は以下のような考えを述べている．すなわち，この段階の子どもに見られる主語読みの解釈は，大人の文法の場合にも，19 世紀になってそのような解釈が許されなくなるまでは，実際に起こっていた現象である．したがって，かつては，英語の tough 構文において，主語読みの解釈も目的語読みの解釈も共に認可されていた，とするのがもし正しいとするならば，そのいずれの解釈も普遍文法によって認められた選択肢であることになる．同じように，中間段階期にいる子どもにとっても，tough 構文のこの二つの解釈は，普遍文法の原理にかなった，完全に文法的な手続きによって生み出されているに違いない．
　さらには，§7.2 において解説したように，現代英語において，一部の口語的表現に見られる主語読み用法としての tough 構文の存在が，母語の言語習得の際に幼児たちに与えられる直接証拠（direct evidence）の役割を部分的ながらになっているという可能性も考えられるかもしれない．
　このこととよく似た現象として，次のような場合が参考になると思われる．すなわち，一般的には，Who did you say that *t* saw Mary? のように that-*t* を含む構造を持つ文は，「that 痕跡効果（*that*-trace effect）」のために非文法的文となる（cf. Who did you say (that) Mary saw *t*? / Who did you say *t* saw Mary?）が，そのような制約が働かない方言が一部存在することが知られている（Sobin (1987, 1991, 2002) 参照）．このような場合，that 痕跡効果の働かないことを示すデータが，母語の言語習得の際に与えられる一次言語資料（primary linguistic data）の中に含まれることにより，それが直接証拠として作用する結果，そのような that 痕跡効果の見られない文法（方言）が習得されると考えられる（Chomsky (2013: 47, fn. 48) 参照）．なお，このような場合の that について，Chomsky (2015b: 10, fn. 10) は，「音声的残存物（phonetic residue）としては見える状態になっているが，実際は，その他の方言と同じように，統語論上は消去されていて，統語論的操作に対しては見えない状態となっている」という趣旨の解説を加えている．

please などのような言語表現の場合は，統語的派生によってのみ生成可能であると考えられる（詳しくは，Nanni (1980) 参照）．

　もしこのようなアイデアを採り入れるとすると，子どもがこの二つの派生の仕方を同時期に習得するのか，それとも，どちらか一方を先に習得するのかの問題が生じてくることになるであろう．Anderson (2005: 434) は，彼女自身の行った実験では，この問題に対する解答はまだ得られなかったので，これは今後に残された研究課題の一つになると述べている．

　日本人英語学習者の場合を含め，一般的に英語学習者には，英語を母語として習得中の幼児・子どもたちの場合と同様，tough 構文の文を「主語読み」と「目的語読み」の両方の解釈が可能な曖昧文であるとみなす（しかも，その場合，「主語読み」の解釈のほうを選ぶ傾向が強い）というような学習段階・習得段階が見られると考えるのは妥当だと思われる（cf. Anderson (2005: 145)．この場合，英語学習者（や母語習得中の子どもたち）がどちらの解釈を当てはめていると考えるかについては，与えられた具体的文に応じて反応が異なるものと思われる．

　たとえば，Anderson (2005: 157) も指摘していることであるが，The book is hard to read のような文に見られるように，動詞 read の主語として考えるには不適切な名詞句 the book が主節主語になっているような文に接した場合は，語彙的・意味的あるいは語用論的ヒント（"lexical-semantic or pragmatic cues" (p. 157)）に助けられて，[32] おそらく，日本人の英語学習者も，このような文の場合には，Lotte's chocolate Four Season is very hard to melt のような文の場合（§7.1 参照）とは異なり，英語母語話者同様の正しい

---

[32] 主節主語の持つ「有生（animate）」「無生（inanimate）」の意味特性の違いが，幼児にとっての tough 構文の理解度と密接に関わっているという指摘は，Becker et al. (2012) にも見られる．彼らはまた，幼児に向けて発せられる周りの大人たちの発話を調べてみると，tough 述語の主語の場合は無生名詞となっていて，いっぽう，eager, be afraid などの述語の主語の場合は有生名詞になっているという違いがはっきりと読み取れるということも指摘している．

解釈へと容易にたどり着くことができるに違いない．[33]

7.4.6. tough 構文の文を子どもが非文法的であるとみなす可能性
7.4.6.1. Brillman (2017)

　以上の考察では，子どもの tough 構文に対する理解が大人の場合と異なる点として，特に，子どもが主語読みの解釈を可能だとみなす時期があるという現象を中心に話を進めてきた．ただし，比較的最近の言語習得研究の中には，C. Chomsky (1969) 以来指摘されてきている現象，すなわち，tough 構文の習得が，たとえば，8, 9 歳に至る時期まで完成しないというように，かなりの遅れが見られるのはどうしてか，という基本的問題に焦点を当て，その一つの答えとして，tough 構文の文そのものを非文法的であると子どもがみなしている時期があるからではないかという新しい見方を提案しているものがあることを指摘することができる．そこで，以下，そのような研究を二つ取り上げてみたい．

　その一つ目は，Brillman (2017: §4.3) によるものである．Brillman は 4 歳 5 ヶ月から 7 歳 7 ヶ月までの子ども 28 人を対象に，tough 構文の文に対す

---

　[33] 古い時代の英語の tough 構文に見られる用法や，英語の第一・第二言語習得（のある段階）に広く見られる誤りの場合のように，tough 構文に二通りの異なる解釈が見られる（あるいは許される）のとは異なり，現代英語に一般的に見られる tough 構文（の正しい用法）を考えた場合は，常に一通りの解釈しか与えることができず，選択の幅が制限されていることになる．したがって，許される解釈の選択肢がどれだけあるかという点から見ると，現代英語の tough 構文には「有標の選択肢 (marked option)」しか与えられていないとみなすことができる，というような趣旨の説明を Anderson (2005: 145) が与えているのは興味深いと思われる．

　Anderson が，このような「有標性の理論 (theory of markedness)」を用いた捉え方をしている現象としては，ほかに，tough 構文に対する二通りの解釈のうち，主語読みの解釈のほうが「無標である (unmarked)」とする彼女のアイデアを挙げることができる．つまり，現代英語の大人の文法に見られる tough 構文の解釈が「有標である (marked)」のに対し，古い時代の英語の用法や，英語の第一・第二言語習得に見られる誤りの用法における解釈は，類型論的観点から見ても，言語発達の観点から見ても，無標であると捉えることができることになる（詳しくは，Anderson (2005: §5.3) 参照）．

る文法性判断がどのようなものであるかを調べた結果，主語読み，目的語読みいずれの場合をも含め，この時期の子どもたちが一般的に tough 構文の文を非文法的であると捉えているようであるとの推論を下している．ただし，この場合の「文法性判断」というのは，大人の場合とは異なり，与えられた具体的文についての受容可能性について，直接子どもたちに答えさせるというのではなく，二人の登場人物 Jim と Julia がゲームをして遊んでいる場面について説明したお話を聞かせた後に，子どもに発せられる質問に対して，期待どおりの答えが出せるかどうか (expected response rate)，および，答えを出すまでに要する時間（reaction time）はどのくらいかの二つの測定値を総合した結果，それを文法性判断の代理として用いるというやり方になっている．

　その実験の結果，Brillman は，上にも述べたように，この年齢層の子どもたちが，tough 構文の文を非文法的であると捉えていると思われるという推論を引き出している．さらに，Brillman (2017) は，子どもにとって，目的語読みの tough 構文の処理のほうが，主語読みの tough 構文の処理以上に時間がかかるようだということも，この実験結果から読み取れるということを報告している．

　なお，注 12 において解説したように，基底構造において不定詞の目的語や主語の位置を占めている要素で，tough 移動の対象となる要素を空範疇 (OP) であるとみなすべきか，それとも，具体的内容を持った DP であるとみなすべきかという問題については，それが「反局所性制限」を擁護する自らの主張を裏付けることになるかどうかという点では，重要な争点とはならないとしながらも，Brillman (2017) は，自分の行った母語習得に関する実験結果（Brillman (2017: Ch. 4) 参照）を見ると，DP 説を採用するほうに一応軍ばいが上がりそうだという趣旨のことを，次のような理由を挙げながら述べている．

　すなわち，まず，上にも述べたように，実験の結果，tough 構文の正確な知識が習得されるまでの子どもは，tough 構文の文を，主語読み，目的語読み

いずれの場合にも,非文法的であると捉えていると判断される.[34] このことは,たとえば,"Will Jim be easy for Julia to beat?" のような質問の文に対し,子どもが主節の述部の部分を無視するような処理を施す結果,"Jim Julia beat?" のようなナンセンス文であるかのように受けとることとなり,そのことから,これを非文法的文であると誤解したり,上記のような質問に正しく答えることができないというような反応を示すことなどを意味する.

したがって,上記のような問題,すなわち,tough 移動の対象となる要素が OP であるとみなすべきか,それとも DP とみなすべきかの問題に照らして言えば,次のような理由により,後者の立場のほうがよいであろうと Brillman は考える.すなわち,もし前者だとするならば,wh 疑問文あるいは関係節の場合に見られる A′ 移動に関する言語知識のことや,コントロール構文に見られる空所をしかるべき要素と結び付けるメカニズムに関する言語知識は,tough 構文の習得以前にすでに習得されているはずだと思われるので,tough 構文の場合にも,実際に見られるような困難点を伴うことなく,もっと容易に習得できていいはずだということになるであろう(Brillman (2017: 179) の言葉で言うと,むしろ,主語語読み,目的語読みいずれの tough 構文も<u>文法的であると子どもがみなしている</u>と推測されていいはずであるということになる).このことから,OP 説は,子どもによる tough 構文習得の実情とは合わないと判断される.いっぽう,DP 説のほうは,実験結果によりこれを積極

---

[34] ただし,子どもが主語読みの tough 構文の文を文法的だとみなしている可能性についても Brillman (2017) は触れている.たとえば,下記例文 (ia) が与えられた場合,子どもは,その文の主節述語の部分を無視することにより,(ib) のような文として解釈することが考えられ,そのために,主語読みの tough 構文が可能だという反応をすることになると説明される (p. 206).
  (i) a. Is Cathy easy to see?
     b. Cathy sees(s)?
(本文に挙げた例文 "Will Jim be easy for Julia to beat?" を子どもが "Jim Julia beat?" のように間違って解釈したり,上記例文 (ia) に対して (ib) のような誤った解釈をする場合に用いる文処理のメカニズムのことを,Brillman は「消去仮説 (deletion hypothesis)」と呼んでいる.)

的に支持するとまでは言えないとしながらも，Brillman は，こちらのほうがより好ましいと判断している．

7.4.6.2. Wexler (2013)

上で説明したように，tough 構文の文を非文法的文であると子どもがみなしているとする Brillman (2017) の捉え方は，Wexler (2013) にも当てはまる．ただし，前者の場合，注 34 において触れたような，文処理上の「消去仮説」を用いることにより，理論的説明を試みているとは言え，全体的説明の流れに今一つ不自然さが残るように思われるのに対し，後者の場合は，以下概説するように，tough 構文の母語習得に見られる現象を，tough 構文の生成過程に関する文法理論上の具体的提案と結び付けて説明しようとする狙いが明確に示された研究になっているという違いが見られる．

A 移動により形成される A 連鎖（A-chain）の形成に関する言語能力は，子どもが 8 歳くらいになるまで十分な発達が見られないとする仮説「A 連鎖欠陥仮説（A-Chain Deficit Hypothesis，ACDH）」(cf. Borer and Wexler (1987, 1992), Hirsch and Wexler (2008))[35] に代わり，その後，経験的により高い説明力を持った新しい言語習得理論の一つとして，「普遍性フェーズの要請（Universal Phase Requirement，UPR）」(cf. Wexler (2004), Hirsch and Wexler (2008), Hirsch, Orfitelli and Wexler (2008)) の仮説が提案されるようになった．この仮説は，ミニマリスト・プログラムの中で，特に「フェーズ不可侵条件（Phase Impenetrability Condition）」(§9.3.5 の (50) 参照) にかかわる仮説であり，概略，フェーズの可能性を持った範疇は，子どもにとっては，すべてがフェーズとしての働きを持つと見なされるという趣旨の仮説で，次のように定義されている (Wexler (2013: 156))．

---

[35] この仮説 ACDH は，Hirsch and Wexler (2008: 36) においては次のように定義されている．「A 連鎖は，子どもにとって，ある年齢に達するまでは非文法的であるとされる．子どもの成長とともに，A 連鎖が文法的であるとするような中身を持った脳へと生育する．」

(51) 普遍性フェーズの要請：子どもは（およそ 8 歳までは）すべての種類の vP と CP がフェーズを形成すると捉えるので，その結果，受け身，非対格および（主語から主語への）引き上げを含む構造はいずれも非文法的となる．

すなわち，大人の場合は，受け身文，非対格構文の文，および引き上げ構文の文が一般的に非文法的とみなされるということはない．それは，これらの文を生成するのに必要とされる A 移動がかかわる範疇 vP が「欠陥 vP (defective vP)」とみなされる結果，強いフェーズ (strong phase)，すなわち，完全なフェーズを形成することがないので，（強いフェーズの場合だけに当てはまる）フェーズ不可侵条件に抵触することなく，これらの文を生成することができるからである．いっぽう，およそ 8 歳までの子どもの場合には，上記の普遍性フェーズの要請により，問題の vP が強いフェーズの一つとみなされる結果，これらの文の生成に必要とされる A 移動がフェーズ不可侵条件により適用不可能となり，したがって，これらの文は非文法的文であるとみなされることとなる．[36]

大人と子どもに見られるこのような違いについて，Wexler (2013: 156) は，たとえば，受け身文の生成の場合を例にとって，下記 (52a, b) のような構造表示を挙げながら説明している．

---

[36] 完全に備わっているべき素性の一部が欠けているような要素 E のことを Chomsky (2001: 6) は「欠陥のある (defective) 要素」と呼んでいる．目的語に格を付与することのできない受け身文の過去分詞形動詞や非対格動詞などもそのような「欠陥のある要素」の一つであることになる．このような意味での欠陥のあるなしの違いを，「要素」の場合だけでなく「フェーズ」の場合にも当てはめて，Chomsky (2001:12; 2004: 124) は，フェーズのうち，（欠陥の見られない）CP および「他動詞的 vP」のことを「強フェーズ (strong phase)」と呼び，それ以外のフェーズのことを（欠陥の見られる）「弱フェーズ (weak phase)」と呼んでいる．したがって，受け身動詞や非対格動詞から成るフェーズの場合も，弱フェーズの一種であることになる．範疇の記号としては，「強フェーズとしての vP」および「弱フェーズとしての vP」のことを，それぞれ "v*P" および "vP" のように区別して書き表すことがある．本文で説明した Wexler の用語「欠陥 vP (defective vP)」は，したがって，「弱フェーズとしての vP」のことであることになる．

第7章　現代英語における tough 構文の使用に見る誤りの例　　157

(52) a.　大人の場合　　　　b.　子どもの場合

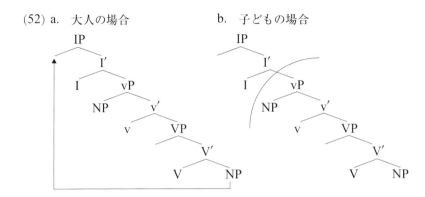

すなわち，大人の場合には，受け身文の生成に必要な，目的語の位置からの A 移動が，(52a) の矢印で示すように，問題なく適用できるのに対し，子どもの場合には，(52b) の構造においては，vP がフェーズを形成するため，同じような A 移動が適用不可となるという違いが見られるということになる．

ところで，上記 (51) の仮説「普遍性フェーズの要請」にうたわれている「すべての種類の vP と CP がフェーズを形成する」の部分は，単に，受け身，非対格および（主語から主語への）引き上げを含む構造だけでなく，tough 構文の場合の vP フェーズについても当てはまるものと推測されるであろう．ただし，tough 構文の場合は，その不定詞の部分だけに焦点を絞ったとしても，上記 (52a) に見られるような受け身文の場合とは異なり，矢印で示したような A 移動は当てはまらないことがわかるであろう．

したがって，「普遍性フェーズの要請」の働きにより A 移動の適用が不可とされる結果，子どもの場合には，tough 構文の文が生成できなくなるということを Wexler が示そうとするのは，その不定詞部分における生成過程に関してではないと推測される．それでは，どの部分での A 移動適用不可のことを言うのであろうか．それを理解するためには，すでに §7.4.5 において (50) として提示した構造が役に立つので，それを (53) として下に再録してみよう．

(53)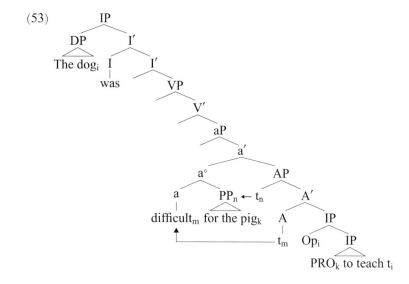

(53) に示された生成過程の要点は，不定詞 to teach の目的語の位置を占めていた空範疇が Op_i の位置に引き上げられた後，主節主語の the dog と結び付けて解釈されるというところにある．

ただし，Wexler (2013: 161ff.) が提示している tough 構文の文の生成過程は，以下の点で，(53) のようなものとは異なっている．tough 構文の文 Everyone is tough for us to please の構造のうち，範疇 aP より下の部分を示したものを Wexler (2013: 164) が (23) として提示しているので，それを下に (54) として引用してみよう．

(54)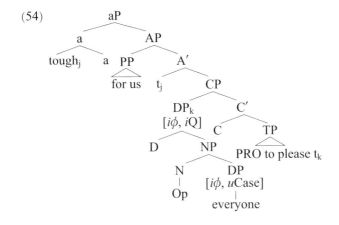

　(53) における時制句 IP が (54) では TP と表記されているなどの細かい違いもあるが，大きな違いは次の点である．すなわち，まず，空範疇 Op を移動させる部分には，次章で解説する (「二重格付与の問題」に対処するための)「密輸方式」のアイデア (§8.1 の図 (1) 参照) が採用されているので，もともとの不定詞の目的語の部分を占めていた DP_k は，$[_{DP}$ D $[_{NP}$ $[_N$ Op] $[_{DP}$ everyone]]] のような二層の DP から成る複合的構造からできていると考えられている．すなわち，主要部 D の補部である NP の主要部の位置 N を空範疇 Op が占め，もともと，素性 $[i\phi, u\text{Case}, iQ, u\text{WH}]$ を持つ一種の wh 句としての性格を持ったものとなっている．その wh 句としての DP_k が wh 素性照合のため CP 指定部の位置に引き上げられる．ついで，CP 指定部の位置を占めるその DP_k の中から，格照合のために everyone だけを取り出し，A 移動により主節主語の位置へと移動させるというような生成過程を経ると考えることが示されている．(以上のようなアイデアは，おおむね Hicks (2009) による tough 構文の分析案 (§8.1 参照) に基づいている.)

　このように，Wexler (2013) の提示している構造は，細部の点で上記 (53) とは異なるとは言え，tough 構文の場合に「普遍性フェーズの要請」がどのような作用をするかを考える上では，上記 (53) の構造表示がそのまま利用できることになる．すなわち，Wexler (2013) の主張の要点は，(53) のよう

な構造において，大人の場合には，範疇 AP および aP がいずれもフェーズを形成しないのに対し，子どもの場合には，「普遍性フェーズの要請」の働きにより，それらがフェーズとみなされるという違いがあるということである．したがって，フェーズとしての範疇の主要部と指定部を占める要素以外のものを主節主語の位置に A 移動させることは，フェーズ不可侵条件により許されないことになり，その結果，子どもにとって，tough 構文の文は非文法的であるということになる．[37]

以上，言語習得理論の一つとして Wexler の提案する「普遍性フェーズの要請」について，その概要を説明した．この提案は，子どもには，受け身文や非対格構文などの場合と同じように，tough 構文の文を非文法的であるとみなす一定の時期があるのはどうしてかという，言語習得上の重要な問題に対し，「普遍性フェーズの要請」が重要な働きをしているとする興味深い提案となっていると言える．ただし，この提案を成り立たせる道具立てとして，「密輸方式」による分析案が重要な役割をになっていることになるので，次章において，この分析案のことを話題として取り上げてみたいと思う．

---

[37] 主語の形成の場合に見られる A 移動に関しては，子どもの場合でも，比較的早い時期から正しい用い方がなされているということに注意したい．すなわち，ふつう，主語は動詞句内主語仮説に従って，その指定部の位置から vP の指定部を経て，さらに IP の指定部位置を占めることによりに形成されると考えられるのであるが，そのようなプロセスにおいて適用される A 移動は，子どもの場合においても，「普遍性フェーズの要請」のあるなしにかかわらず，フェーズ不可侵条件に違反することなく正しく適用可能であると説明することができる．この点で，「普遍性フェーズの要請」の仮説は，このような主語形成に関する言語習得上の事実と矛盾するところがないと言えるであろう．いっぽう，本文において取り上げた A 連鎖欠陥仮説の場合には，子どもの言語習得において，主語の形成の場合をも含め，A 移動によりできる A 連鎖を伴う構造の習得には遅れが見られるというような誤った予測をするという問題が指摘されている（Wexler (2013: 156) 参照）．本文の中でも紹介したように，「普遍性フェーズの要請」のことを，A 連鎖欠陥仮説に代わる，経験的により高い説明力を持った新しい言語習得理論の一つとして Wexler が説明しているのは，その辺の事情をも含めた捉え方となっている．

ただし，tough 構文に「主語読み」の解釈を与えることが可能だと判断する子どもがいる（§§7.4.1-5 参照）ということについては，「普遍性フェーズの要請」だけでは説明ができないと思われるので，この問題を追及するためには，さらなる検討が必要となるであろう．

第8章 「二重格付与の問題」に対する
　　　　　アイデアあれこれ

8.1. 「密輸方式」による対処法

　「二重格付与の問題」の要点は次のようなところにある．すなわち，不定詞述語（あるいは前置詞）の目的語である普通の語彙項目（たとえば John）の持つ格素性 [*u*Case] が，元の位置において，その格素性を照合されずに値未決定のままその後の移動規則や照応操作の対象になれるのはどうしてか，ということである．これは，「格照合」のメカニズムに従った説明となっているが，いっぽう，「格付与」方式に基づいた捉え方をするとすれば，「二重格付与の問題」は，文字どおり，不定詞の目的語の位置で対格を付与され，その後さらに，主節主語の位置で主格を付与されるというように，二重に格が付与されることにならないのはどうしてかの問題であると言い換えることができる．

　さらに，John のような普通の語彙項目が移動して，空範疇 OP の場合と同じように，途中，tough 構文の不定詞節の指定部位置を占めることができるのはどうしてか，という付随的問題も抱えることになるであろう．

　このような二重格付与の問題に対処するアイデアの一つとして，「密輸方式（smuggling）」による対処法が提案されている．ここでは，まず Hicks

(2009) によるものを取り上げてみよう．Hicks はミニマリスト・プログラムの枠組みの中で「複合的空演算子」のアイデアを仮定し，その演算子に埋め込まれた DP をフェーズの末端（すなわち指定部位置）に「密輸する (smuggle)」することで，二重格付与の問題 を回避できるとする tough 構文の分析を提案している．

　すなわち，① 移動規則に関する Collins (2005a, b) による「密輸方式」のアイデア，[1] および ②（再帰）代名詞に [DP [DP John] [D him(self)]] のよう

---

[1]「密輸方式」による一般的な操作を Collins (2005a: 292) に基づいて説明すると，以下のようになるであろう．まず，構成素 YP の中に XP が含まれるとしよう．さらに，途中に障害となる要素 W があるために，右側の XP と Z との間の統語的な結び付きが妨げられるとしよう（下記の (i) の図参照）．

(i)　　Z　　[YP XP]　　W　　⟨[YP XP]⟩
　　　　　└─OK─┘
　　　　　　　　└───NOT OK───┘

(この場合の W としては，① 障壁 (barrier)，② フェーズの境界 (a phase boundary) あるいは ③ 最小リンク条件 (Minimal Link Condition) や相対的最小性条件 (Relativized Minimality) に対する障害物 などが考えられる．また，上で言う「統語的結び付け」には「移動 (movement)」「格照合 (Case checking)」「一致 (agreement)」「束縛 (binding)」などの操作が含まれる．それぞれの文法用語の解説については，中村ほか (2001) 参照．)
　このような場合，W を構成素統御 (c-command) するどこかの位置（たとえば，図 (i) の左側の YP の位置）に，（もともとの位置の）XP を移動させようとするとき，右側の YP は W の目を盗んで右側の XP を「密輸する」と言えるであろう．すなわち，さしずめ，右側の YP は密輸者，その内部の XP は密輸品，W は阻止部隊（税関）ということになる．言葉を換えて言えば，XP をもともとの位置から直接 Z の位置に移動させることは，W により阻止されるので，YP の船底に XP を隠したまま，YP をそっくり安全な別の位置（左側の YP の位置）にいったん移動させ，その位置から船底に隠してあった XP を目的地 Z へ送り込むということになるであろう．
　興味深いことに，密輸方式による tough 構文の分析案は，単に二重格付与の問題を回避することができるだけでなく，束縛原理 (C) あるいは「一貫しない移動」の問題（第 1 章参照）に陥ることを避ける効果があるということにも注意したい．すなわち，密輸方式による tough 構文の生成過程に見られる A′ 移動の直接の対象となる要素と，その後適用される A 移動の対象となる要素は同一物ではないと言えるので，問題となる A′-to-A 移動を用いたことにはならないからである．（同様のことが，第 6 章の注 6 において解説した Sportiche (2006) によるフランス語の tough 構文の分析案（特に (iic) 参照）についても言えるであろう．）
　このような密輸方式のアイデアを用いた統語的分析は，単に tough 構文の場合に留まら

第 8 章 「二重格付与の問題」に対するアイデアあれこれ　　163

な二層の DP よりなる複合的構造を与える Kayne (2002) の分析案，さらに
③ Hornstein (2001) による tough 構文の分析案などを基に再考を加えた結
果，Hicks (2009: 547) は tough 移動の対象となる元の DP の持つ内部構造
を下記 (1) のようなものであると提案している．

(1)
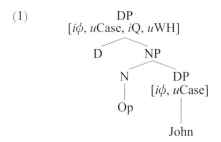

　すなわち，空範疇 Op は複合的内部構造を持つ一種の wh 句であると考え
る．主要部 D は wh 素性を持ち，Op は項を一つ必要とする述語であると考
えることができるので，その項として John が選ばれて，上記構造 (1) に見
るように両者が併合された NP の構造が得られることになる．英語の場合，
この構造内において John の持つ格素性 [uCase] を照合するためには，(pic-
tures of John の例に見るように) 前置詞 of か，または (John's pictures の例
に見るように) D の所有格を表す 's のような，形態的に特徴づけられた機能
的範疇としての主要部が何か必要となるが，上記のような複合的空範疇の内
部にはそのような形態的に明示的な機能的要素は存在しないので，[uCase]
はこの複合的 DP 内部では照合されないままとなる．
　つまり，DP の John は格照合されないまま，空範疇 Op のいわば船底に身
を潜めたまま，Op とともに不定詞節の指定部位置に「密輸」させることがで
きることとなる．その位置で上位の DP の持つ [iQ, uWH] などの素性が照
合された後，その DP はさらに主節内のしかるべき位置へと移動し，最終的

ず，たとえば，受け身文や（主語の位置への）引き上げによる文の生成を説明する場合にも
用いられることがある．受け身文の場合の例としては Collins (2005b) 参照．

に，John の持つ格素性 [*u*Case] の照合が，二重格付与の制約に抵触することなく無事行えるという仕組みになっている．(なお，密輸方式の導入により二重格付与の問題を解決しようとするアイデアに対する批判としては，Poole et al. (2017: §3)，Brillman (2017: 170, fn. 11) などがある．)

ところで，主節主語の位置への移動に際し，tough 述語の補部の一つである for 句内の DP ではなく空範疇を持った DP のほうが選ばれるのはどうしてかの問題に対して，Hicks (2009) 自身は，seem 類動詞の場合の説明が(与えられれば，それが) そのまま当てはまると述べている (p. 558) だけで，tough 構文の場合についての具体的説明は与えていない．seem 類動詞の場合の例としては，下記例文 (2a, b) (p. 558) が挙げられている．(2b) の構造表示は，主節の探索子 (probe) T の持つ EPP 素性照合に対する目標子 (target) として John が選ばれて，両者の間で必要とされる素性照合が行われるときの状態を表している．

(2) a. John seems to me to be perfect for the job.
 b. [TP T[*iφ, u*EPP] seem to me[*iφ*] [TP John[*iφ, u*Case] to be perfect for the job]]

ただし，Chomsky (2000b: 123) のアイデアに従うと，上に挙げたような問題提起に対しては，次のように答えることができるであろう．すなわち，for 句内の DP は，前置詞 for により格照合がすでに終わって不活性化された状態にあるので，主節の探索子 T の EPP 素性照合に対する目標子としての候補から外れるということになるであろう (第7章の注30参照)．

あるいは，第7章の注30においても指摘したように，Chomsky (2000b: 123) はまた，「探索子による照合操作 (probe checking) に預かることのできるのは 構造格 (structural Case) のみであると思われる」と断っているので，このアイデアに従うと，tough 述語の補部としての前置詞句である for 句の場合のように，内在格 (inherent Case) がかかわる場合については，最初から候補から外れることになると言えるかもしれない．

8.2. Sternefeld (1991) によるアイデア

二重格付与の問題に対処するアイデアの二つ目として，Sternefeld (1991) によるものを取り上げてみよう．Sternefeld は Chomsky (1981) の提示している tough 構文の生成過程の中で，再分析により easy to please のような複合的形容詞が形成されるとする部分 (§9.3.1 参照) に関しては，Baker (1988) による編入 (incorporation) のアイデアに従って，同じような複合的形容詞が形成されると考える．

しかしながら，その後の部分については，以下に示すように，Chomsky (1981) のものとはだいぶ異なる内容の分析方法を提案している．すなわち，Sternefeld (1991: 106f.) は，Baker (1988) のアイデアに沿って，まず，下記 (3) に見るように，不定詞節の動詞句部分 to please John が不定詞節の指定部の位置に移動すると考える．

(3) e is easy [$_{CP}$ [$_{VP}$ to please John]$_i$ [$_{IP}$ PRO t_i]]

ついで，その動詞句の中の他動詞部分 to please が，下記 (4) に見るように，主節の tough 述語 easy に編入されるという変化が生じることになる．

(4) e is [$_{AP}$ [$_A$ easy to please$_j$] [$_{CP}$ t_j John [$_{IP}$ PRO t_i]]] (incorporation)

この場合，Baker (1988) に従って，編入後はその他動詞がもともと持っていた格付与の能力を失うものと考えることになる．すなわち，形容詞 easy の持つ力が強く働く結果，他動詞 please の痕跡 t_j の持つ格付与の力が失われると考えられる．

したがって，目的語の John は格照合のために，下記 (5) に示すように，主節主語の位置に移動することが求められることになる．

(5) John$_n$ is [$_{AP}$ [$_A$ easy to please$_j$] [$_{CP}$ t_j t_n [$_{IP}$ PRO t_i]]] (NP-

movement)

このように，Sternefeld (1991) は，Chomsky の再分析案を「構造保持的な（structure preserving）」編入方式に組み替えるという tough 構文の分析案を採用することにより，二重格付与の問題に対する対処法を提案していることになる．

この提案に対して疑問が残るとすれば，それは，編入による再分析が行われる前に，他動詞 please による目的語 John の格照合が行われるのをいかに食い止めるか，ということになる．おそらく，このような場合，編入による再分析が義務的に行われるものと考えることになるであろう．「このような場合」というのは，まさしく，「tough 構文構築の場合」ということになる．すなわち，tough 構文構築を目指して tough 述語（および，あと必要となるしかるべき語彙項目）をレキシコンの中から選ぶことにより，（編入による）再分析操作の適用が求められると考えることになるであろう．

8.3. 富岡 (2004) によるアイデア

Sternefeld (1991) の場合，上で指摘したような点は明確に述べられていないのであるが，次に紹介する富岡 (2004) による tough 構文の分析案においては，この点が明示的になっていて，それだけわかりやすいと言えるであろう．

すなわち，富岡 (2004: 85) は次のように説明している．

> まず (12b)［= 下記例文 (6)］に示した通り，*tough* predicate である easy は補文の動詞 please が目的語 John に与える対格を吸収する働きがあり，目的語が格を得るために主節の主語位置へと移動すると仮定する．この *tough* predicate の働きを次のように定式化することができる．*tough* predicate は最も深く埋め込まれた vP 内の任意の対格付与子から対格を吸収する．[2]

---

[2] この説明は，GB 理論における「格付与」のアイデアに基づく説明となっているので，対

(6) a.　John is easy to please.
　　b.　△ is easy to PRO please John.
　　　　↑＿＿＿＿＿ACC＿＿＿

　なお，tough 構文を形成しない場合の tough 述語には，このような格吸収の力はないということを富岡（2004: 85）は次のように説明している．

> もし numeration［すなわち，レキシコンから必要な語彙項目を選んできて列挙した語彙配列（Array）のこと（千葉）］に it が含まれている場合，tough predicate による動詞の対格の吸収は行われず，主節の主語位置は it が占めることになるので形式主語構文が派生されると考えられる．

　上で説明したように，Sternefeld（1991）の場合も富岡（2004）の場合も，tough 述語には不定詞補文の他動詞の持つ格照合の力を吸収する働きがあるという点を重要なポイントとして議論していることになる．このような議論の進め方は，一見，tough 述語に対して特殊な取り扱いをしているように思えるかもしれないが，筆者などには，このような捉え方は tough 構文の持つ重要な特徴を言い得ているように思われるのである．すでに取り上げた話題，すなわち，tough 構文の歴史的発達や言語習得に関する事実を考慮することからも推測されるように，tough 構文には，受け身文や非対格動詞に見られるのと同じような性質が潜んでいるように思われる．特に，基底構造においては，動詞の目的語の位置を占めていると考えられる要素が，表層的構造の上では主語の位置を占めるに至るという生成過程が見られるというのが，この三つの種類の構文に共通に見られる特徴のように思われる．
　GB 理論以来，重要視されてきている，受け身動詞に見られる格吸収の現

格付与子としての他動詞 please がもともと持っている対格が，ある段階で tough 述語により吸収されるという説明の仕方になっているが，もちろん，これを「格照合」方式に従って，値未決定の状態の格素性 [uCase] を照合する力が，tough 述語により吸収されるために，動詞 please から失われる，というような説明に置き換えることができる．

象[3] が，tough 構文の場合にも見られると捉えるのは，十分納得のいくものの見方ではないだろうか．(ただし，前者の場合の格吸収の現象は，動詞とその目的語という隣接した二つの要素の間にいわば直接的に働くのに対し，後者の場合のそれは，tough 述語と後続する不定詞の目的語という隣接していない二つの要素の間に働くことになるので，後者の場合には，格吸収の作用が間接的であるという違いが見られるのかもしれない．)

なお，受け身動詞，非対格動詞などに見られるとされる格吸収のアイデアを否定し，かわりに，これらの動詞から構成されるフェーズ vP が外項（主語）を持たない「弱フェーズ」である点に注目し（§6.1 および §7.4.6.2 参照），さらに「動詞は主語を θ 標示するときにのみ目的語を格標示する」ことをうたった「Burzio の一般化 (Burzio's generalization)」(中村ほか (1989: 218) 参照) に基づいて，これらの動詞の目的語には対格が付与されずに，最終的に主格が付与されるという捉え方をするアイデアも提案されている．詳しくは，Collins (2005b), Goto (2010), Alexiadou et al. (2018) 参照．さらに，Takahashi and Hulsey (2009) のアイデアに基づき，二重格付与の問題の解決法を提示している研究として Takahashi (2011) 参照．

以上は，二重格付与の状態が自然言語の文法において許されないものとする捉え方に基づいて，いかにしたら，そのような状態に陥らないで済むか，その対処法としてのいくつかのアイデアについての説明である．ただし，一方では，二重格付与の現象が自然言語の中に実際に見られるという指摘も行われているので，次のセクションにおいて，簡単に触れてみたい．

---

[3] この現象は，ミニマリスト・プログラムにおいては，目的語の格素性値を指定・照合する働きを持つ軽動詞 v が，受動形態素 $Voice_{Pass}$ と併合されることにより複合体 v-$Voice_{Pass}$ が形成され，その結果，もともと v に備わっていた格指定の機能が阻止されると捉えるアイデアが考えられるであろう．詳しくは，藤田 (2016) 参照．

8.4. 二重格付与制約は一般的原理の一つと言えるか

二重格付与あるいは照合は，ときにより，「多重格付与／照合 (multiple-Case-assignment / checking)」と呼ばれることがある．言語によっては，この多重格付与／照合の現象の見られるものがあることが現在では知られている．たとえば，Obata and Epstein (2011: 144; 2012: 376) の解説によると，Bejar and Massam (1999: 66) は，以下のようなハンガリー語の例 (É. Kiss (1985) よりの引用) を示し，いったん格の与えられた DP が，A′ 移動の適用の後，その格に修正が施されることが可能であるということを指摘している．

(7) Kiket   mondtad hogy szeretnél   ha eljönnének?
    who-ACC you-said that you-would-like if came.3PL
    'Who did you say that you would like it if they came?'

Obata and Epstein (2011: 144) による解説をそのまま引用すると，次のようになる (ただし，ここでは，注 36 の内容の引用は省略する)．

"*Kiket* 'who-ACC' is extracted out of the subject position of the *if* clause, where it receives nominative Case. On the way to the final landing site, it gets accusative Case from the intermediate verb and the second Case—accusative Case—is always realized. That is, Case is multiply assigned to *kiket*, although this is a construction-specific phenomenon.[36]"

すなわち，上記例文 (7) において，ハンガリー語の kiket 'who-ACC' は，if 節の主語位置において一つ目の格 (主格) を付与され，さらに，その位置から取り出されて最終的移動先に至る間に，中間位置にある動詞によって二つ目の格である対格を付与されると考えることができる．

このように，ある特定の構文に限定されることではあるが，kiket には二重に格が付与されているということを Obata and Epstein (2011: 144; 2012:

376) は指摘している．Otbata and Epstein (2012) はまた，英語の tough 構文にも，このような「格の修正／格の積み重ね／多重格付与」の現象が見られると述べ，さらに，「二重格付与の禁止」は言語に見られる普遍的な特性ではないということを指摘している．たとえば，英語の tough 構文の文 John/He is easy to please を例にとって考えてみると，It is easy to please John/him のような文の場合とは異なり，不定詞の目的語に，動詞 please との格一致による対格の付与／照合が行われず，代わりに，音声形を持たない空格 (null Case) が付与／照合されると考えることができる．そこで，その目的語は，適当な音声解釈を受けることができるよう，主節主語の位置へと移動され，そこにおいて，主格を正しく付与／照合されるというような生成過程を経ることになる（詳しくは，同論文参照）．

つまり，Obata and Epstein (2008, 2011, 2012)，Epstein et al. (2017) によると，英語の場合（特に tough 構文の場合）にも，ハンガリー語そのほかに見られるように，二重格付与が許されることになる．日本語 tough 構文の分析に基づく同様の主張については，Nagamori (2017) 参照．このような「二重格付与／照合擁護論」と言える研究について，ここでは，これ以上詳しい解説を加えることはできないが，今後このテーマに沿った tough 構文の研究にも深まりが見られることを期待したい（Longenbaugh (2017: 3, fn. 3) およびそこに挙げられている関連文献参照）．

次の章においては，「tough 構文の主節主語位置と θ 標示との関係」「動詞句削除と tough 構文とのかかわり」および「時制文と tough 構文とのかかわり」をテーマとして取り上げ，tough 構文の持つ特徴をさらに掘り下げて考えてみたい．

第9章　θ標示，動詞句削除および時制文との かかわりから見た tough 構文の特徴

9.1. tough 構文の主節主語位置とθ標示との関係

これまでの議論の中では，tough 述語が主語位置をθ標示するかしないかということについては，特別議論をしないまま，両者のアイデアをその場その場の内容に合わせて使い分けて導入してきた．たとえば，§7.1.1 の最後の部分においては，tough 述語が主語位置をθ標示するという解釈を紹介し，いっぽう，§6.1 や §7.4.5 においては，その逆に，tough 述語の主語位置はθ位置ではないとするアイデアを導入して議論を進めていた．以下，この節においては，この二つの異なるアイデアに焦点を絞った形で，tough 構文の主節主語位置とθ標示との関係について考えてみることにしよう．

9.1.1. tough 述語は主語位置をθ標示するとするアイデア

まず，tough 述語が主語位置をθ標示できるものと捉える案の一つとして Wilder (1991) のアイデアを取り上げてみよう．Wilder (1991: 121f.) は，tough 述語 easy の場合を例に，θ標示に関する構造表示を次のように提示している．(下線のあるθは，義務的外項に与えられる意味役割を表す．なお，Wilder (1991) により別途挙げられている例文 (13b), (14), (13a) を，それぞれ下記 (2a-c)

の例として右側に加えておく.なお,(2c) の構造表示において,もともと [CP OP ...] となっていたのを,下付記号を用いた表記 ([$_{\text{CP}}$ OP ...]) に改めてある.)

(1)　easy: $\underline{\theta^1}$ (θ^2)　　1 = theme (NP or CP); 2 = experiencer-PP with *for*

(2) a.　it is easy　CP　　　　　例: it is easy [to read War and Peace]
　　　　　└─ θ ─┘
　　b.　NP　　is easy　　　　　例: [this book] is easy
　　　　└─ θ ─┘
　　c.　NP　　is easy [$_{\text{CP}}$ OP...]　例: [this book] is easy [to read]
　　　　└─ θ ─┘

すなわち,上記 (1) は,形容詞 easy が義務的意味役割「主題」と任意的意味役割「経験者」または「受益者」を持ち,「主題」役は主語の位置に,また「経験者」役ないし「受益者」役は for を伴った前置詞句にそれぞれ付与される,ということを表している.「主題」役は例文 this book is easy の場合および例文 this book is easy to read (すなわち tough 構文) の場合のように,主語の NP ("this book") に付与される場合もあれば,例文 it is easy to read War and Peace の場合のように,補部の CP ("to read War and Peace") に付与されることもあり,いずれも同じ種類のものであると考えられる.[1]

---

[1] いっぽう,Hicks (2009) の説明によると,主題としての意味役割は,例文 this book is easy to read の場合も,例文 it is easy to read War and Peace の場合も,いずれも不定詞の部分に付与されることになる.ただし,前者の例文の場合,主節主語には別の意味役割が付与されるという説明を行っているわけではないので,おそらく,主節主語を不定詞の目的語として読み込んだもの全体が「主題」役をになうというふうに理解することになるのであろう.

また,Kim (1995) によると,本文の (1) に示した θ 標示 (easy: θ^1 (θ^2)) において,θ^1 に相当する部分には「使役者 (Cause)」としての意味役割が与えられることになる.この「使役者」の意味役割は,(2a) のような文の場合には,不定詞の部分がない.また,(2c) のような tough 構文の場合には,主節主語がそれをになうとされる.つまり,tough 構文は一種の使役文 (causative sentence) とみなされ,主節主語の持つ特性や性質が引き金となって,tough 述語によって表されているような状態や性質が生じることとなる.いっぽう,そのような状態や性質が生ずるのはどのような状況においてであるか,つまり,主節主語が使役者としての意味役割を発揮するのは,どのような状況においてであるかを不定詞の部分が指定する (特定する) 役目をになっていると考えられる.そういう意味において,Kim

なお，(2c) に示す tough 構文の場合，Wilder (1991: 121) によると，CP で表される不定詞の部分は補部ではなく付加部 (adjunct) であると分析されることになる（注 1 参照）．同じような分析は Zagona (1982, 1988b), Bennis and Wehrmann (1987), C. Jones (1985: Ch. 4; 1991: 152ff.), Contreras (1993), Kim (1995: 272, 280ff.), Chung and Gamon (1996: 65), Hornstein (2001: §8.2), Nagamori (2015) などにも見られる．また，tough 述語と不定詞とがあいまって付加部の働きをしているという捉え方は，つとに Jespersen, *MEG*, Part III, 11.6 による解説の中に見いだすことができる．[2]

(1995) の場合，本文で以下に示すように，tough 構文の不定詞の部分は補部ではなく，付加部であると捉えることになる．

なお，tough 構文の主節主語は，不定詞の部分においては，動詞（や前置詞）の目的語に相当するということからもわかるように，それが文全体の主語としては「使役者」としての意味役割をになっていると言っても，「行為者 (Agent)」表わけではないということについても，Kim (1995: 278f.) は指摘している．このように，「行為者」以外の主語が使役文の主語の位置を占めるというのは，下記例文 (ia, b) (p. 278) のように，ふつうの使役文の場合にも見られる現象と同じであることになる．

(i) a. Watching the movie made John happy.
　　b. The movie made John happy.

[2] ここで紹介したような，tough 構文の不定詞の部分が補部ではなく付加部であるとする主張に対して，西前 (2015) は，問題の不定詞の部分が分裂文 (cleft sentence) の焦点の位置に起こることができないという事実から，むしろ，補部であるという可能性を指摘している．すなわち，西前 (2015: 370f.) は，付加部であることが明らかである下記例文 (ia) のような不定詞用法の場合には，一般的に分裂文の焦点の位置に生起可能であるのに対し，下記例文 (iia) のような補部を成す不定詞用法の場合には，これが許されないという事実を挙げ，さらに，下記例文 (iiia, b) に見るように，tough 構文の場合も後者と同じような振る舞いを見せることから，結論として，tough 構文の不定詞部分も補部とみなすことができるのではないかという議論を展開している．

(i) a. I bought it [to cut the ham with].
　　　（私はハムを切るためにそれを買った）
　　b. It was [to cut the ham with] that I bought it.
(ii) a. I decided [to cut the ham with the knife].
　　b. *It was [to cut the ham with the knife] that I decided.
(iii) a. This knife is easy [to cut the ham with].
　　b. *It is [to cut the ham with] that this knife is easy.

また，Wilder (1991: 123f.) は，tough 構文の主語として，普通の NP 以外に，以下に示すように，節を取ることも可能であることを示し，そのようなことが可能となるのは，tough 述語によって主語に与えられる意味役割が，選択制限を事実上課さないような「漠然としたもの (vague)」(cf. Williams (1983: 444)) であるからに違いないと述べ，さらに，概略次のように説明している．

　すなわち，tough 述語が主節主語に付与する意味役割としては，（その主語の位置を占めることのできる）どの種類の主語の場合にも当てはまるような漠然としたものを想定しておく必要がある．下記例文 (3a-c) (Wilder (1991: 123) より) は，tough 構文の主語として許されるものの中には，for-to 不定詞節のほか，時制を持った平叙文としての CP や疑問文の場合も含めなければならないということを示している．

(3) a. [for him to be top of the class] is hard to believe
　　　（彼がクラスのトップだなどとは信じがたい）
　　b. [that this should be so] is hard to accept
　　　（これがそのとおりだなんて受け入れがたい）
　　c. [why John did this] is hard to understand
　　　（ジョンがなぜこんなことをしたのか理解に苦しむ）

(特に，主節主語の位置を占める節自身が tough 構文となっているような場合の例，たとえば，[That the Matterhorn is tough to climb] is easy to see（Zwart (2012: 157)）および，それが示唆する意味役割付与に関する理論的問題（ただし，これは，ミニマリスト・プログラムにおける tough 構文の分析においては現在克服されている問題ではあるが）については，Lasnik and Uriagereka (1988: 147)，Chomsky (1993: 21; 1995: 188)，Hornstein (2001: Ch. 1)，Frank (2002: 9)，Zwart (2012: 157) 参照．)

　なお，tough 構文の不定詞部分が補部かそれとも付加部かの問題に関しては，Chung (2001b) のように，両者の特徴を併せ持つとする捉え方もある．

さらに，Wilder (1991) の採る分析法からすると，tough 述語と不定詞が共に（それぞれ別々に）主節主語の述語を成すと考えられる．ただし，主語に意味役割を付与するのは tough 述語だけであり，この意味役割が主語に与えられる結果，θ 基準（θ-Criterion）に従って主語が認可されることになる．また，上にも述べたように，この意味役割は「漠然とした」意味役割，すなわち，それが与えられる項に課せられる選択制限が，実質上は無に等しいくらい漠然としたものでなければならない．Wilderによると，演算子（operator, OP）移動を可能とする不定詞がtough述語と共に現れた場合にはじめて，その不定詞の働きにより，それまで許されていた漠然としたままのものに制限がかかって，ある特定の種類の主語が選ばれることになる．[3]

Hornstein (2001: 111) は，tough 構文の不定詞部分が補部ではなく付加

---

[3] tough 述語が主語位置を θ 標示するとの立場を採る研究の例として，Fischer et al. (2000: 261) は Wilder (1991) のほかに Bennis (1990) を挙げているが，Bennis (1990) を読んでみても，それに該当する箇所は見あたらないので，何かの間違いではないかと思われる．
　なお，Williams (1983: 442ff.)，Lasnik and Fiengo (1974)，Oosten (1977)，Oehrle (1979)，Kaneko (1994; 1996: 18ff.)，Culicover (1997: 205ff.)，Dalrymple and King (2000)，Nakagawa (2002: Ch. 2)，丸田 (2003: 320)，Aki (2010) なども，同じように，tough 述語が主語位置を θ 標示すると捉える立場を採る研究者とみなすことができる．ただし，丸田の場合，θ 標示するのは tough 述語そのものではなく，「LF で複合語と分析された AP」(p. 320) であることになる．また，上記 Kaneko (1994, 1996)，Nakagawa (2002: Ch. 2)，Aki (2010) の場合も，結局は上記の丸田 (2003) による分析に近い考え方であるように思われる．すなわち，(tough 構文の文に現れる) tough 述語は，主節主語としての項と不定詞節としての項の二つの項を持ち，それぞれの項には「主題 (Theme)」および「領域 (Domain)」としての意味役割が付与されると考える．（なお，任意的に選ばれる項としては「受益者・経験者 (Benefactive/Experiencer)」を持つと考える．）
　上記の意味役割「領域」は，たとえば，tough 構文の文 John would be hard to get along with の場合であれば，主節の部分で表される命題 "John would be hard" が当てはまる（真となる）領域を不定詞の部分 "to get along with" が限定していると捉えることからくる意味役割である．このような分析は，tough 構文の文が表す一般的意味特徴を大きく捉えた分析であり，納得のいく説明方法であると思われる．また，本文中に説明したように，Jespersen, *MEG*, Part III, 11.6 による解説の中にも見出すことができる「tough 述語と不定詞とがあいまって付加部の働きをしているという捉え方」とも相通ずるところがあるように思われる．

部であると考えるのは，それが下記例文 (4) における文頭の副詞節に相当する働きをすると言えるからであると説明している．

(4) As far as hockey is concerned, the Montreal Canadiens are the best club ever.
（ことアイスホッケーに関して言えば，モントリオール・カネディアンズが何と言っても一番のチームだ）

この考えはまた，"This problem is difficult (to solve)" の例に見るように，不定詞部分が欠けていても文法的になるような場合があるという事実にも基づいている．さらに，不定詞部分の欠けた tough 構文の場合は，"this problem" に意味役割を付与する不定詞述語が欠けていることになるので，意味役割は tough 述語により付与されるに違いないということにもなる．このような立場を採る言語学者としては，ほかに Kim (1995)，Wilder (1991)，Williams (1983; 2003: 75ff.) などを挙げることができる．

ただし，Hicks (2009: 538) は，tough 構文の用法を広い範囲にわたり調べてみると，不定詞の部分がいつでも省略できるというふうにはなっていないということを指摘し，実際は，不定詞の部分が表面的に欠けていることが許されるのは，下記例文 (5a) に見るように，言語的文脈が，あるいは (5b, c) に見るように，言語外の文脈が，その省略されている不定詞部の表す意味を復元するに十分なだけ豊かに備わっている場合に限られると述べている．[4]

---

[4] 同じような主旨の言語事実を指摘しているものとして，Comrie and Matthews (1990: 44ff.) を挙げることができる．彼らの挙げている下記例文のペア (p. 45) 参照．
  (i) a. This room is easy to sleep in. （この部屋は寝やすい部屋だ）
      b. ?This room is easy. （この部屋は容易だ／しやすい）
  (ii) a. This knife is easy to cut with.
      b. ?This knife is easy.
  (iii) a. John is easy to annoy.
       b. ?John is easy.

(5) a. This article will be easy for Owain to translate into Welsh but difficult for Gareth (to translate into Welsh).
(この記事をウエールズ語に翻訳するのはオワインにとってはやさしいでしょうが,ギャレスにとってはそれは難しいでしょう)
b. This problem is difficult.
c. Today's opposition will be difficult (to beat).
(今日の相手は強敵だ)

9.1.2. tough 述語は主語位置を θ 標示しないとするアイデア

以上,tough 述語が主語位置を θ 標示できるとする立場について簡単に解説したが,いっぽう,tough 述語が主語位置を θ 標示しないと考える立場を採る研究者もいる.たとえば,Chomsky (1981, 1982),Epstein (1989: 651),Comrie and Matthews (1990),Mulder and den Dikken (1992),Brody (1993),Hicks (2009),Hartman (2011),Longenbaugh (2017)などがその例である.

後者の立場を採る研究者の一人 Culicover (1997: 205f.) は,Mary is tough / To please Mary is tough のような文に見られる形容詞 tough の場合には主語位置を θ 標示するが,いっぽう,tough 構文の場合には主節主語の位置は θ 標示されないとみなすことを提案している.

すなわち,形容詞 tough は主語位置を任意的に θ 標示するものと考えることになる (p. 206).このような考え方の利点として,tough 構文の文が θ 基準違反を引き起こすことなく生成できるのはどうしてかを説明できるという

---

cf. (iv) a. This room is pleasant to sleep in.
  b. This room is pleasant.
さらに,Taylor (2003: 46ff.) にも同じような議論が見られる (下記例文参照).
(v) a. *Alcohol is tough.
  b. *The filing cabinet is easy.
  c. *Mary's dress is difficult.

ことがある．つまり，このような立場に立てば，たとえば，Mary is tough to please のような tough 構文の文において，名詞句 Mary が，不定詞の目的語として付与される意味役割と，tough 構文の主節主語として付与される意味役割の二つを併せ持つために θ 基準違反を引き起こすというようなことにはならず，Mary の持つ意味役割は，動詞 please によって付与される前者のほうの意味役割だけであると説明できることになる．

ただし，θ 基準の定義は，Wilder (1991: 130, note 2) が指摘するように，Chomsky (1981: 36) においては，意味役割と項 (argument) の「二方向唯一性の条件 (biuniqueness condition)」が厳密に成り立つように要求されていたのであるが，それが，Chomsky (1986b: 97) においては，二次述語 (secondary predicate) を含む文，たとえば，John left the room angry (Chomsky (1986b: 97)) のような文の場合に必要とされるように，ある一つの θ 位置 (θ position)（この場合は，John）に二つ以上の意味役割が付与できるよう，制限が緩められた定義となっている．したがって，この後者の定義に従うとすれば，たとえ tough 構文の主節主語の位置が θ 標示されるとしても，θ 基準違反の問題は回避できることになる．[5]

---

[5] Boeckx (2006: 162) は，θ 基準違反の問題について，「もし深層構造 (Deep Structure) の概念を破棄することにすれば，その概念を前提としていた制約なども破棄されるのは自然な成り行きと言える．ただし，深層構造の概念を破棄したからといって，θ 位置への移動禁止条項を取りやめにする必要はないというのももちろんである．事実，チョムスキー自身としては (cf. Chomsky (1995, 2000b))，ミニマリスト・プログラムの中で，この禁止条項を依然として保持している」というような趣旨のことを述べている．また，「同じ一つの要素が様々な θ 位置や項位置を占めると考えたとしても，あきらかに意味的に困難をきたすというようなことにはならないであろう」(p. 162, fn. 7) とも述べている．なお，Hornstein (1999, 2001) も，「一つの連鎖は単一の意味役割しか持たない」とする制限は，一般的原理とは言えないと主張している．(上記の事柄については，Bošković (1994), Lasnik (1995), Bošković and Takahashi (1998), Nunes (2004), Saito (2017; 2018: 279ff.) による考察および解説も参考になるであろう．) なお，θ 位置への移動が原理的にはありうるということを，Chomsky (2004: 111) は Hornstein (1999) の例を挙げながら述べている．

9.1.3. Chomsky の立場の推移について

上で見たように，tough 構文の主節主語の位置が θ 位置であるかどうかの問題については，人により判断が分かれる微妙な部分が含まれているところがあることがわかるであろう．tough 構文の研究の流れの中で，N. Chomsky 自身にも，この点に関する一種の判断の揺れが見られることを指摘することができる．ここで，N. Chomsky 自身の立場の推移についてまとめておくことにしたい（千葉 (2008: 3ff.) 参照）．

N. Chomsky は，最初，Chomsky (1977) においては，Lasnik and Fiengo (1974) の議論（すなわち「tough 移動」による分析）を基に，主節主語の位置が θ 位置であるとみなしていたのであるが，その後，Chomsky (1981) においては，Lappin et al. (2000: 886, n. 2) の言葉を借りて言えば，「実質的には，何らまじめな議論を経ることなく」("with virtually no serious argumentation") その考えを捨てるに至るのである．

tough 構文の主節主語の位置が θ 位置であると考える理由の一つとして，Chomsky (1981: 309) は次のような事実を指摘している．すなわち，下記例文 (6) と (7) とを比較してわかるように，tough 構文の場合，イディオムの一部分を成す要素（idiom chunk）やほかの非項（non-argument）は主節主語の位置に現れることができないという事実がある．[6]

---

[6] Lasnik and Fiengo (1974: 540) が例外的である（すなわち，それほど悪い文とはならない）として挙げている下記例文 (ia) および筆者のインフォーマントチェックによる例文 (ib, c) も参照．なお，筆者の尋ねた英語母語話者の反応では，例文 (ia) のほうは（完全に）文法的文であることになる．

(i) a. ?Headway is easy to make on problems like these.
（このような問題で進捗を見るのは容易なことです）
b. ?Advantage is easy to take of Susan.
（スーザンの弱みにつけ込むのは簡単だ）
c. ?Attention is difficult to pay to boring lectures.
（退屈な講義に耳を傾けるのは難しい）

ついでながら，関連するデータとして，以下の例文も挙げておくこととする．

(ii) a. It is easy for John to take advantage of Susan.
b.??Susan is easy to be taken advantage of.

(6) a. *good care is hard to take t of the orphans
(孤児たちの面倒をしっかり見るのは難しい)

---

   c. *John is easy to take advantage of Susan.
(上記例文 (iib, c) は，いずれも，不定詞の主語の位置から要素をとり出す形の「主語読み」の tough 構文になっていることに注意．§6.2.2.2 および §7 参照．)

なお, Berman (1973: 34) によると，下記 (iii), (iv) のような例文は文法的文であることになる．
(iii) a. Headway should be easy to make in cases like this.
(このような場合には，解決に向け前進するのはおそらく容易なことでしょう)
  b. A good impression is hard to make.
(人に良い印象を与えるのは難しいものです)
  c. Allowances are easy to make for the very young.
(年端のいかない者には，つい大目に見ることになりがちです)
  d. Appearances are difficult to maintain when you are poor.
(貧乏だと，外見を保つことが難しくなるものです)
(iv) a. The hatchet is hard to bury after long years of war.
(長年にわたる戦争の後で矛を収めるのは容易ではありません)
  b. The ice was hard to break at first.
(最初のうちは，場を和ませるのが容易ではありませんでした)

上記例文 (iii), (iv) の主節主語として用いられている名詞句は，ふつう，make headway, make a good impression, maintain appearances, bury the hatchet のように，ある特定の動詞の目的語としてだけ用いられ，上記例文においても，そのようなイディオムの一部を成す名詞句として解釈されなければならない．したがって，上記の例文が文法的文であるということは，tough 構文研究の歴史の中で，比較的早い時期に議論の的となった二つの対立する分析案，すなわち，tough 構文の文において，表面上，主節主語の位置を占めている名詞句は，移動規則によってその位置を占めるに至ると考える案（「tough 移動」分析）と，最初からその位置を占めていると考える案（「tough 消去」分析）のうち，前者のアイデアを強く支持する証拠になるであろうと Berman (1973: 34) は述べている．また，ここで問題にしている「tough 構文の主節主語の位置は θ 位置かそれとも non-θ 位置か」の議論の中に置き換えて考えてみた場合は，後者の立場を支持する一つの証拠となる．

上記例文 (iii) に関する注 (p. 42, note 4) の中で，Berman は，(iii) のような例文を文法的文として受け入れる母語話者でも，次のような例文（すなわち，「too/enough 構文」の文）は非文法的文とみなすということを指摘している．
(v) a. *Headway is too hard to make in cases like this.
  b. *A good impression is easy enough to make.
  c. *Allowances are too easy to make for the very young.
  d. *The ice was too hard to break at first. (only literal)
すなわち，このことは，too/enough 構文と tough 構文とが異なる構文であることを表すこ

b. *too much is hard to make t of that suggestion

（その提案を必要以上にまじめに受け止めるのは困難だ）

c. *there is hard to believe t to have been a crime committed

（何か犯罪が起きたなどとはどうも信じがたい）

(7) a. good care seems t to have been taken t of the orphans

b. too much seems t to have been made t of that suggestion

c. there is believed t to have been a crime committed

とになると Berman は述べている．（上記 (iii)-(v) に類する英語のデータは Ioup (1975: 126-128) においても取り上げられている．）

Berman (1973: 41, note 3) はまた，どのようなイディオムの場合に，上記のような tough 構文が可能となるのかの判断については，かなりの個人差が見られるということを指摘すると同時に，ただし，下記例文のような場合は，ほぼ誰にとっても非文法的文となるようであると述べている．

(vi) a. *Advantage is easy to take of her.

b. *Heed will be difficult to pay to the warning.

（その警告に注意を払うのは難しいでしょう）

c. *Recourse is easy to have to illegal methods.

（非合法な手段に訴えるのはたやすいことです）

さらに Berman は同じ注の中で，これらイディオムに見られる現象と，イディオムの部分を成す名詞句のうちどのようなものが関係詞節の先行詞になり得るかという問題との間には相関関係が見られる，すなわち，同じようなメカニズムが働いているのではないかということを，以下のような例文を挙げて指摘している．

(vii) a. *The advantage that he took of her was scurrilous.

（彼女の弱みにつけこんだ彼の行為は下品なものでした）

b. *The heed that we paid to the warning didn't help a bit.

（その警告に私たちが注意を払っても何の助けにもなりませんでした）

c. *The recourse that we had to illegal methods really paid off.

（私たちが非合法な手段に訴えたことで実際効果がありました）

(viii) a. The headway that I made on my thesis pleased my advisor.

（私の論文作成に進捗が見られたので論文指導の先生が喜びました）

b. The impression that he made on us was favorable.

（私たちが彼から得た印象は好ましいものでした）

c. The allowances that we made for him were totally wasted.

（彼に対する私たちの配慮は全くの無駄骨に終わりました）

なお，Fleischer (2015: 95, fn. 31) は，tough 構文の分析法を検討する上で，イディオムに関するデータは決定的な役割を演ずる資料とはなりにくいということを指摘している．

このように，tough 構文の主節主語の位置が θ 位置であると考えるには，それなりの根拠があることになる．したがって，たとえば，tough 移動の分析に従って，目的語の位置の PRO が，この位置から主節主語の位置へ移動したと考えると，θ 基準の違反を引き起こすことになるので，tough 移動の分析は採ることができないことになる．むしろ，tough 構文の主節主語は，S 構造の段階でこの位置に語彙挿入される（lexically-inserted）と考えなければならないことになる．すなわち，語彙挿入は，D 構造および S 構造のいずれのレベルでも自由に行えるものとする．どっちを選ぶかは，Chomsky (1981: 313) によると，投射原理（projection principle）によって決定されることになる．

さらに，tough 移動の分析は，格理論に関する原理，すなわち，「おのおのの連鎖にはただ一つの格しか付与されてはならない」という原理（§7.4.5 参照）にも抵触することになるということも指摘できるであろう．

以上は，tough 構文の主節主語が θ 位置であることを示す議論の一端についてであるが，いっぽう，tough 述語は，tough 構文のほかに，下記例文 (8a, b)（Chomsky (1981: 310)）のように，主節主語が θ 位置とはならないような用法をも許す（§9.1.1 参照）ことがわかる．

(8) a. it is hard [to like John]
（ジョンを好きになるのは難しい）
b. it is pleasant for the rich [for the poor to do the hard work]
（貧しい人たちがその骨の折れる仕事に携わるのは金持ちにとって愉快である）

このことにより，補文を従える tough 述語は，「二重の語彙範疇化」(a dual lexical categorization) を許すものと考えなければならなくなる．すなわち，(easy を例にとって言えば) 主節主語の位置が θ 位置となる用法の easy と，θ-bar 位置となる用法の easy の二つである．この二つは，さらに，補文内における空演算子移動を，それぞれ，許すおよび許さないという異なる特徴と

も結び付いている．

　Chomsky (1981: 105) によると，このように二重の語彙記載（dual lexical entries）を認めることには，何ら自己矛盾が生ずるわけではないが，文法の持つ「最適性」("optimality assumptions") という性質からは遠ざかることになる．つまり，最適性の観点から言えば，「統一的語彙記載」(uniform entry) が可能になることが望ましいので，このような扱いは疑問視されるかもしれないということである．このことが，tough 構文の持つ問題点の一つになると Chomsky は考える．

　ところで，$John_i$ is easy to please t_i のような tough 構文の文において，痕跡 t_i は θ 位置にあるので，（名詞句移動の場合と同じように）t_i の持つ θ 役割が主節主語に受け継がれると考えることができる．そうすると，主節主語の位置は，形式主語で始まる It is easy to please John のような構文の場合だけでなく，tough 構文の場合も含め，常に θ-bar 位置を成していると考えることができるようになる．その結果，二重語彙表示（dual lexical representation）の考えを採る必要がなくなり，最適性の観点からも望ましい分析が得られることになる．すなわち，tough 述語が補文を従えるときは，[7] 主節

---

　[7] N. Chomsky は，tough 構文における D 構造の主語位置が θ 位置ではないということを述べるとき，このように，「tough 述語が補文を従えるとき」のような注意深い言い方をしているように読めるのであるが，それは，おそらく，補文を従えないで，（少なくとも表面上は）tough 構文の形をとらない次のような単純な形の文の場合のことを意識してのことではないかと推測される．

(i) a. Mary is tough.
　　　（メアリーは厄介である）
　b. To please Mary is tough.　　　　　　　　　　　(Culicover (1997: 206))
　　　（メアリーを喜ばせるとなると，ことは厄介である）
(ii) a. Still, making the case for peace isn't easy.
　　　(Jo-Ann Mort, "Amid Tough Times, the Distant Call of Peace," *Los Angeles Times;* cited in *The Daily Yomiuri*, 6 August 2001, p. 10)
　　　（でも，平和論を主張するのは容易ではない）
　b. Identifying the remaining eight will be more difficult.
　　　　　　　　　　　　　　　　　　　(*The Daily Yomiuri*, 2 Sept. 2001, p. 1)
　　　（その残りの八つを特定するのはさらに困難であろう）

主語の位置はθ位置とはならないという一般化した捉え方が可能となる．[8]

　tough 構文の主節主語の位置がθ位置ではないという考えは，多くの研究者によって受け入れられているように思われる．ただし，Lappin et al. (2000: 885–887) のように，この考えに懐疑的な研究者もいる．Williams (1980, 1983) の叙述構造のアイデアを基に，述語により主節主語に適当なθ役割が与えられると考えれば，その位置がθ位置であると考えても矛盾は生じないはずであると彼らは主張する．

　上で取り上げた「tough 構文の主節主語の位置がθ位置かそうでないか」の問題は，「tough 節は補部か，それとも付加部か」の問題ともかかわる問題である．後者の問題は，さらに動詞句削除の現象とも密接に関係してくることになる．そこで，次のセクションにおいて，動詞句削除と tough 構文とのかかわりについて考えてみたい．

9.2. 動詞句削除と tough 構文

9.2.1. 補部としての不定詞と付加部としての不定詞

　§6.1 において，現代英語における動詞句削除（VP deletion）の話題について，部分的ながら取り上げた（例文 (13) 参照）が，ここでは，特に tough 構文の場合の VP 削除の現象に焦点を当てた形で，VP 削除についてもう少し詳しく考えてみることにしよう．

　Lobeck (1986: 135) によると，不定詞 to の後ろの VP を削除できるのはどのような場合であるか，という問題を最初に取り上げたのは Zwicky (1981) ということになっているが，それよりも以前の Muro (1974) の優れ

　なお，tough 構文の不定詞の部分（すなわち「tough 節」）が補部であるか，それとも付加部であるかの問題については，§9.2.1 において取り上げることになる．

　[8] Neeleman and Weerman (1999: 146) は，tough 述語は「能格形容詞」（ergative adjective）なので，それがになう唯一のθ役割は，外項としての主節主語にではなく，内項としての不定詞補文に付与されるという趣旨の説明をしている．

た動詞句削除の研究（本章注9の後半部分参照）があることについては目が届かなかったようである（さらに，「最初に取り上げたZwickyによる研究」のことなら，Zwicky (1980) が考えられるであろう）．ただし，それも無理からぬことと思われるので，ここでは，Lobeckの見解に従ったまま，以下話を進めることとしよう．すなわち，Zwicky (1981) によると，補部 (complement) としての不定詞の場合（下記例文 (9a, b) 参照），およびVPの右に外置された (extraposed) 不定詞の場合（例文 (9c) 参照），さらにはnotが不定詞toの前に配置されたような場合（例文 (9d) 参照）には，いずれも，VPを削除することができる．（下に引用したLobeck (1986) のもともとの例文においては，VP削除の見られる部分が [to 0] のように表記されているが，ここでは便宜上 [to φ] のように改めてある．）

(9) a. He ought to know his times tables; certainly he's old enough [to φ].
（彼は掛け算ができなければならない．確かにもうできていい年齢に達しているのだから）

b. Ron likes wearing a pink carnation, and Caspar also likes [to φ] sometimes.
（ロンはピンク色のカーネーションを身につけるのが好きで，時にはキャスパーもそうするのが気に入っています）

c. You shouldn't play with rifles because it is dangerous [to φ].
（ライフルで遊ぶのは危険だからしてはいけない）

d. You should learn how to handle rifles properly because not [to φ] is dangerous.
（ライフルのきちんとした扱い方を身につけなければならないよ．だって，そうしないと危険だから）

cf. *You shouldn't play with rifles because [to φ] is dangerous.

Lobeck (1986: 154f.) はまた，VP削除の許されない環境の一つとして，

例文 (10a) のような tough 構文の場合を含め，(10b) のような例を挙げている (Williams (1977: 121), Lobeck (1999: 108f.) も参照)。[9]

---

[9] tough 構文は Contreras (1993: 1) が「空演算子構造 (null operator structures, NOSs)」と呼ぶ，以下のような例文に見るいくつかの構文の一つである。
 (i) a. $John_i$ is easy $[_{CP}$ OP_i PRO to please $e_i]$
   b. Mt. $Rainer_i$ is pretty $[_{CP}$ OP_i PRO to look at $e_i]$
   c. $Mary_i$ is too important $[_{CP}$ OP_i PRO to ignore $e_i]$
   d. We bought a $book_i$ $[_{CP}$ OP_i for John to read $e_i]$
これらの NOS における CP は，S 構造において付加部を成すと考えられるので，VP 削除が許されないということを，Contreras は Zagona (1982, 1988b) の分析に基づいて指摘している。ただし，Contreras (1993: 5, fn. 9) は，「はっきりした理由はわからないが，英語の母語話者の中には，下記例文 (iia, b) のような文をある程度受け入れ可能だと見る人もいる」という趣旨のことを述べている。
 (ii) a. *John is easy to please, but Bill is hard to.   [= §6.1, (13)]
   b. *John is hard to please, but Bill is easy to.
このことは，Pesetsky (1987a: 129) の指摘している次のような事実と関連するかもしれない。すなわち，tough 構文や，それと同種の「心理動詞 (psych-verb / psychological verb) による構文」(cf. Belletti and Rizzi (1988), Pesetsky (1995)) の場合，下記例文に見るように，to も一緒にして述語の後ろの VP 全体を削除した場合は，一般的に許されるというような趣旨のことを Pesetsky は指摘している。
 (iii) a. Mary thought that SPE would be difficult to make e into a movie, but the book was easy ϕ.
    (『英語の音声パターン』(*The Sound Pattern of English*) を映画化するのは困難であろうとメアリーは思ったのですが，実際は簡単でした)
   b. Nuclear war terrifies Bill to talk about e but pleases Sue ϕ.
    (ビルは核戦争については怖くて話せませんが，スーは喜んで話します)
なお，上記例文 (iiib) のような「心理動詞による構文」の場合も，tough 構文の場合と同じような「tough 移動」のメカニズムにより生成されるとするアイデアを Pesetsky (1987a: 128) は採用している (下記例文 (iva-d) 参照)。この種の構文のことを Pesetsky は「動詞的 tough 構文 (verbal Tough constructions)」と呼び，普通の tough 構文のことを「形容詞的 tough 構文 (adjectival Tough constructions)」と呼んでいる。
 (iv) a. These $pictures_i$ annoy me_j $[PRO_j$ to have to look at $e_i]$.
    (これらの絵を眺めなければならないとしたら私は苛立ちを覚えます)
   b. Those $stories_i$ pleased me_j $[PRO_j$ to listen to $e_i]$.
    (この種の物語に耳を傾けると私に喜びを与えてくれたものでした)
   c. John's $health_i$ worries me_j $[PRO_j$ to talk about $e_i]$.
    (ジョンの健康状態をお話しするのは私にとって気がかりです)
   d. War_i frightens me_j $[PRO_j$ to think about $e_i]$.

(10) a. *John is difficult to deal with and Mary is never easy [to φ].

(ジョンは扱いにくいし，またメアリーだって決して扱いやすくはない)

b. *The Mona Lisa is pretty to look at and the Venus de Milo is beautiful [to φ] as well.

(モナリザは眺めていて綺麗だし，ミロのヴィーナスもまた見るも美しい作品です)

(戦争のことを考えると私は怖くなります)

このように，上記例文 (iiia) に見るような，to も一緒にして述語の後ろの VP 全体を削除した tough 構文の文の場合は，一般的に自然な文が形成されるという言語事実があることが知られている．したがって，このことが，Contreras の指摘するような，上記例文 (iia, b) のような文をある程度は受け入れ可能だと判断する人たちの持つ言語直観に，なんらかの影響を与えているのかもしれないと推測される．

なお，tough 構文の文が，形容詞 eager などと異なり，VP 削除を許さないということは，本文において指摘した Muro (1974) による VP 削除の研究においても指摘されている（下記例文 (va, b)（Muro (1974: 323))参照).

(v) a. John couldn't please Mary although he was eager to.

(ジョンはメアリーをぜひ喜ばせたいと願っていたのだけれど，できませんでした)

b. *Although John is tough to please, his wife is easy to.

(ジョンを喜ばせるのは難しいけれど，彼の妻は簡単です)

Muro (1974) は，このような事実をも含む，VP 削除にかかわる様々な言語事実を取り上げ，特に，to の後ろの VP を削除する「代不定詞（pro-infinitive)」(Jespersen (1938: 197; 1940: 338))の用法の持つ重要な特徴について，下記 (vi) のように説明している (p. 322).

(vi) 削除される構成素の直前の時制要素（Tense element）が to であり，Present または Past ではないような文において，VP 削除が適用される場合は，削除される構成素が，V, A, Deg¹ または N の補部に含まれている場合にのみ VP 削除が適用可能となる．

（下線部は千葉．Deg¹ とあるのは，Degree Phrase の主要部を指す．なお，原文では，さらに，この引用箇所の後に対象となる具体的構造がいくつか図示されているが，ここでは省略する.）

最後に，本文中の例文 (10a) および上記例文 (iia, b), (vb) のように，VP 削除を伴った tough 構文の文が一般的に非文法的文となるのに対し，not to のように動詞句が否定形となっている場合は文法的文となるということを，次のような例文と共に Haïk (1985: 222) が指摘しているという情報を，荒木 (1996: 583) に従ってここに記しておきたい．

(vii) a. *John is easy to please, but Bill is hard to.　　　　　　　　　　[= (iia)]

b. John is easy to forget, but Bill is easy not to.

なお，上記例文 (9a) に見るような「too / enough 構文」については，不定詞部分が補部を成す場合と付加部を成す場合の二つの用法が共に認められるので，それぞれの用法に応じて，下記例文 (11a, b), (12a, b) に見るように，それぞれ，VP 削除が可能となる場合と，それが不可能となる場合の両方の場合があることを Lobeck (1986: 150ff.; 1995: 177ff.) は指摘している．

(11) a. Peter is too stubborn to talk to Mary, but Bill is too shy [to ϕ].
(Lobeck (1986: 150))
(ピーターは頑固過ぎてメアリーと話などできないのだけれど，ビルのほうは，恥ずかしがり過ぎてできないのです)

b. Although John's strong enough [to ϕ], I don't think he should climb Mount St. Helens. (ibid.)
(ジョンはセントヘレナ山に登るに充分の体力があるけれど，登るべきではないと私は思います)

(12) a. *Although John's nice enough [to ϕ], he isn't interesting enough to go out with ϕ. (Lobeck (1986: 154))
(ジョンは付き合う相手としてはいい人なのですが，付き合っておもしろいとまでは言えません)

b. *John is too stubborn to talk to and Bill is too shy [to ϕ]. (ibid.)
(ジョンは頑固過ぎてこちらから話しかける気になりませんし，ビルはあまりにも恥ずかしがり屋なのでこちらから話しかけることができません)

Bošković (1997: 179, note 11) は，形容詞 likely や動詞 seem についても同じような曖昧性が見られる (cf. Lasnik and Saito (1992: 140ff.), Martin (2001: 160, fn. 40; 162, fn. 42)) ということを，次のような be likely に関する例を挙げながら説明している．

(13) a. I don't believe they will win the World Cup, but John believes

they are likely to.

(彼らはワールドカップに優勝できないだろうと私は思うのですが，ジョンは彼らが優勝しそうだと信じています)

b. *John doesn't believe there is likely to be any Asian team in the final game, but I believe there is likely to.

(アジアのチームで決勝戦に勝ち残れそうなチームはいないだろうとジョンは思っているのですが，私はいそうだと思います)

同じような例として，今西・浅野 (1990: 56) が指摘しているように，次のような形容詞 ready の例を加えることもできるであろう．

(14) a. Peter is ready to give up and Betty is ready to ϕ, also.

(Sag (1976b: 534))

(ピーターは諦める準備ができていますし，ベティーもそうです)

b. *The house is ready to collapse, and the barn is ready to ϕ, also.

(Lappin (1984: 283))

(その家は今にも壊れそうで，その納屋もまたそうです)

なお，tough 構文の不定詞部分が補部であるか，それとも付加部 (adjunct) であるかの問題については，人により意見の分かれるところでもあり，答えはそれほど明確ではないという解釈の基に，Lobeck (1986) は上記の例文 (10a, b) を挙げている．ただし，その一方で，Lobeck (1986: 168) はまた，VP 削除が可能となる不定詞は項 (argument) としての要素，すなわち，補部として用いられているような場合に限られるという記述的一般化を引き出すことが可能であるということも述べている．すなわち，このことから，tough 構文の場合，VP 削除は一般的に許されないということになる．

いっぽう，下記例文 (15b) のように，形式主語 it を用いた文の場合には，VP 削除が許されるという事実があるので，tough 構文に関する例文 (15a, b) に見る二つの種類の文は，不定詞の部分が補部・付加部のいずれの働きを

するかについて，異なった答えが引き出されることになるということもまた理解できるであろう．

(15) a. *John is difficult to deal with and Mary is never easy [to φ]. [= (10a)]
   b. Some say it's easy to lift weights, but I think it's hard [to φ].
                                                    (Lobeck (1986: 13))
   (バーベルを上げるのは簡単だという人もいるのですが，私は難しいと思います)

tough 構文の不定詞部分が補部ではなく付加部であるということを示す別の証拠として，Contreras (1993: 8) に従って，「摘出領域の条件 (Condition on Extraction Domain, CED)」(cf. Huang (1982)) の制約にかかわる下記例文 (16a, b) のようなデータを指摘することができるであろう．CED というのは「ある句 A がある領域 B から摘出可能となるのは，領域 B が適正に統率されているときに限られる」ということをうたった一般的条件のことである．

(16) a. When was Mary hard to please?
       (メアリーは，どのようなときに喜ばせにくかったのですか／*メアリーをいつ喜ばせるのが困難でしたか)
   b. When was the car easy to fix?
       (その車を修理するのがたやすかったのはいつのことでしたか／*その車をいつ修理するのがたやすかったでしたか)

すなわち，上記例文 (16a, b) において，CED の制約のため，when を不定詞の一部として解釈することはできず，許される解釈は，when を主節の一部として捉えるような解釈のみである．これは，tough 構文において，嵌め込まれた CP が補部ではなく付加部となっていて，その中から副詞句 when を摘出することができないということを物語る．いっぽう，下記例文 (17)

の場合には，不定詞の部分が補部となっているので，when を主節の一部として解釈することも，補部の一部として解釈することもできる曖昧文であることになる．

(17) When was Mary reluctant to speak?
（メアリーが口をききたくなかったのは，いつのことでしたか／いつ（どのようなときに）話しをすることをメアリーはおっくうがったのでしょうか）

今西・浅野 (1990: 298) は，それまでの VP 削除に関する研究を踏まえ，関連ある例文を挙げながら要点を簡潔にまとめているので，下に引用してみよう（例文の後ろの（ ）内の説明も元のままである．ただし，日本語訳は千葉による．なお，「代不定詞」とあるのは，注 9 において説明したように，VP 削除の見られる不定詞 [to ϕ] のことである）．

> 代不定詞は，不定詞節の生起する環境に見られるが，一般に (77) [= 下記例文 (18)] のように，不定詞節が補部の働きをしている場合には生起可能であるが，(78) [= 下記例文 (19)] のように，付加詞の働きをしている場合には生起不可能である．

(18) a. If you want me to ϕ, I'll *buy the tickets*. （動詞の補部）[10]
（もし私に切符を買って欲しいとお思いでしたら，買ってあげましょう）

---

[10] 動詞補部の場合の例としては，want のような動詞の場合のほか，下記例文 (ia, b) のような他動詞補文構造 (transitive verb phrase complementation) (cf. Rosenbaum (1967)) の文の例を加えることができる．
(i) a. He didn't want to be frank, but I finally succeeded in persuading him to ϕ.
（浅川・鎌田 (1986: 34); もともと Shumaker and Kuno (1980: 359) より）
（彼は率直に意見を述べるのは好まなかったのですが，ついに私は彼にそうするよう説得するのに成功しました）
b. John didn't feel like picking up the children, so he persuaded Mary to ϕ.
(Lobeck (1986: 13))
（ジョンは子ども達を車で迎えに行く気がしなかったので，メアリーにそうしてくれるよう頼みました）

b. Let us *go*. I shall be glad to φ.　（形容詞の補部）

（私たちに行かせてください．私は喜んで参ります）

c. John *cheated* her whenever he had a chance to φ.　（名詞の補部）

（ジョンは機会があればいつでも彼女を騙すのでした）

(19) a. *You don't have to *do such a thing* since you are not the kind of person to φ.

（あなたはそんなことをするような人ではないのだから，する必要はありません）

b. *The *New Yorker* hired John to *edit their magazine*, but *Esquire* brought in a professional to φ.　　　　　(Lobeck (1986: 146))

（ニューヨーカー社は雑誌の編集のためにジョンを雇いましたが，エスクワイア社はそのためにプロを一人活用しました）

c. *Although Fred smiled to hear him *say that*, I didn't smile to φ.

(Dingwall (1971: 71, note 7))

（彼がそう言うのを聞いてフレッドはにっこりしましたが，私はしませんでした）

ただし，代不定詞が補部の働きをしていても，次のような例外が見られるということを今西・浅野（1990: 298, 354）は指摘している．すなわち，不定詞節が主語の位置やけい辞（copula）の be の補語の位置を占める場合には，下記例文 (20a, b) に見るように，容認不可能となる．さらに，形容詞の補部の場合，下記例文 (21a, b) のように，評価を表す形容詞や，動作を表す形容詞の補部の位置では容認不可となる（例文は，いずれも天沼 (1987: 77) より）．（なお，上記例文 (9d) に見るように，not to が主語となっているような場合や，Paul should load the rifles because for Harvey to would be a mistake（O'Flynn (2008: 12)）のような文が許されるということに注意したい．詳しくは O'Flynn (2008) 参照．）

(20) a. *Horace refuses to *practice Law in California*, because to φ would be much too expensive.

(ホーラスはカリフォルニアで弁護士を開業するのを拒んでいますが，それは金がかかり過ぎるからです)

b. *I told Bob that you didn't intend to *kill him*, though I knew that your intention was to ϕ.

(あなたの意図はボブを殺すことだったのを私は知っていましたが，あなたにはそんな意図はないというふうに彼には伝えておきました)

(21) a. *John didn't *run away from the bear*, though Bob was wise to ϕ.

(ボブは利口だったので熊から逃げたのでしたが，ジョンは逃げなかったのです)

b. *Sally was slow to *react*, though Lucy was quick to ϕ.

(ルーシーは素早く反応したのですが，サリーはなかなか反応しなかったのです)

上で取り上げたような，補部・付加部の違いによる VP 削除の現象に関する一般化の試みは，Muro (1974)，Chao (1987)，Zagona (1988a)，Contreras (1989)，Koizumi (1995)，Lobeck (1995)，Bošković (1997)，Martin (1996, 2001) など多くの研究者に見られる捉え方であると言える (VP 削除の現象について，Kajita (1977) による「動的文法理論 (dynamic model of syntax)」のアイデアを採り入れた研究として，天沼 (1987, 1988) 参照)．

なお，下記例文 (22) に見るように，to VP の部分が補部の中に含まれているような場合でも，VP 削除により非文法的文が生ずることがあるとの査読者の指摘を受けて，Contreras (1993: 6, fn. 10) は，(23) のような記述的一般化を提案している．

(22) *Fred believes Mary to be intelligent, and John believes [IP Ed to [VP e]].

(フレッドはメアリーが理解力のある人だと信じていて，いっぽう，ジョンはエドがそうだと信じています)

(23) 不定詞 to は次のような構造においてのみ VP 削除が許されるもの

とする：[$_{V'}$ V [$_{CP}$ [$_{IP}$ *to* [$_{VP}$ e]]]]

すなわち，上記例文 (22) においては，V と IP との間に CP が存在しないので (23) の条件を満たしていないことになる．いっぽう，注 9 に挙げた例文 (iia, b) の場合は，CP が存在していると考えた場合でも非文法的文になるが，そのような場合は，その CP が補部ではなく付加部となっていることに原因があると考えられる．すなわち，(23) の条件には，さらに「補部を導く to の場合に限られる」というような制限が加わることとなる．

上記 (23) にまとめた記述的一般化は，VP 削除の許されない不定詞構文として，動詞 believe に見られるような「例外的格標示構文」の場合を特に指定するという形になっている．いっぽう，動詞句削除の許される不定詞の構文を「コントロール構文」としてまとめ，それら二つの構文を対比させる形で，動詞句削除の現象を説明しようとする試みも従来より行われてきている．そこで，次のセクションにおいて，そのような試みについて考えてみたい．

9.2.2. コントロール構文としての不定詞と例外的格標示構文としての不定詞

代不定詞 [to φ] が可能となる環境を，「補部」対「付加部」の違いの観点から特徴づけようとする捉え方に対して，一方では，上でも触れたように，それと並行的に「コントロール構文 (control construction)」対「例外的格標示構文」の違いの観点から捉えようとする試みもまた提案されている．なお，この場合の「例外的格標示構文」のグループには，繰り上げ構文 (raising construction) (cf. 有元 (2001: 734)) や tough 構文なども含まれることになる．

コントロール構文の場合に VP 削除が許され，例外的格標示構文の場合には，それが許されないのはどうしてかという問題に関し，Martin (1992, 2001) は次のようなアイデアを提案している．まず，①「それぞれの構文に

見られる不定詞の持つ時制の値（Tense value, [+tense]/[−tense]）が異なる」とする Stowell (1982) の提案を採り入れ，さらに，②「PRO が空格 (null Case) を持ち，非定形時制要素 (nonfinite I) との指定部・主要部一致 (Spec-head agreement) により照合される」とする Chomsky and Lasnik (1993) の提案に手を加え，これら二つの提案を組み合わせた形で，概略，次のようにまとめている．

　すなわち，コントロール構文の不定詞は [+tense, −finite] の時制要素を持つため，不定詞の指定部に現れる PRO の持つ空格を照合することができる．そのため，指定部・主要部一致による照合が可能となり，その結果，その補部としての VP を削除することができる．他方，[+tense] の時制要素の欠けた例外的格標示構文の不定詞（[−tense, −finite]）の場合は，（空範疇の PRO の場合であろうと音声形を持った DP の場合であろうと）指定部に現れる名詞句の持つ格を照合することができないので，指定部・主要部一致による照合ができない．その結果，to の後ろの VP を削除することができないことになる．

　ここで重要なのは，機能範疇としての to が [+tense] を持つ場合にのみ，指定部の名詞句との間で指定部・主要部一致の関係を持つことができ，そのことにより，補部としての VP を削除することができるようになるという点である (cf. Lobeck (1999: 111)).[11]

---

[11] Zagona (1988b: 94ff.) による分析においても，時制を持つ to は VP を削除できるということが示されている．すなわち，to は CP を通して時制素性を継承することになるが，その場合，そのような時制素性の継承が可能となるためには，S 構造において θ 標示された CP（すなわち，付加部ではなく補部としての CP）が存在しなければならないと考えられる．したがって，そのような CP を持つ形容詞 eager や reluctant の場合には VP 削除が許されるが，いっぽう，そのような CP を持たない形容詞 easy や hard の場合には VP 削除が許されないことになる．

　統語構造の構築のメカニズムに関するミニマリズムの研究の中では，時制要素はレキシコンの中から独立的に直接選択されるものではなく，補文標識 C から継承されるものであるとするアイデアが提案されている．すなわち，「時制 (tense) を含む屈折素性が実は C の特性であって，これらの素性は I によって継承されている (inherited) ものであると信じるべ

ところで,「機能範疇の主要部がその指定部との間で,指定部・主要部一致による素性照合が可能となる場合にのみ,補部の削除を認可することができる」というような一般化,すなわち,原理に基づく重要な一般化が可能だということについては,Bošković (1997: 12), Martin (2001: 153f.), 有元・村杉 (2005: 150ff.), Bošković and Lasnik (2007: 197) においても触れられているように,すでに Lobeck (1990), Saito and Murasugi (1990) が指摘していたことであった.そのような一般化によって説明できる例文の例として,まず,不定詞 to 以外の場合を,Bošković and Lasnik (2007: 197) に従って,下に引用してみよう.

(24) a.　John liked Mary and [IP Peter$_i$ [I' did t_i like Mary]] too.
　　　　（ジョンはメアリーが好きだったし,ピーターもまたそうだった）
　　b.　John's talk about the economy was interesting but [DP Bill [D' 'S talk about the economy]] was boring.
　　　　（経済についてのジョンの話は面白かったのですが,ビルのは退屈でした）

き充分な根拠が存在する」(福井 (2012: 15)) というようなアイデアが提案されるようになってきている (Chomsky (2008: 143f.) 参照).

　なお,VP 削除には (補部としての) CP が必要だとするアイデアに対し,O'Flynn (2008) のように,CP の存在がむしろ VP 削除を妨げる働きをすると捉える分析もある.O'Flynn は,Zwicky (1982) による VP 削除分析の一種の改訂版を提案している.Zwicky の分析案の概要は次のようなものである.すなわち,VP 削除後の不定詞 to は,その支えとなる直前の要素と合体して音韻句を形成することが必要になるが,その際,表層構造としての S 境界を越える形で,to がその支えとなる要素と合体することは許されない.O'Flynn は,Zwicky による分析案にうたわれている「S 境界」について,これをミニマリスト・プログラムに沿った形で捉え直すとすると,「TP [= IP] 境界」と考えるべきか,それとも「CP 境界」考えるべきかの問題に検討を加えた結果,結局,問題の「合体化」が許されないのは,TP ではなく CP を越えるような場合であるという結論に至っている.したがって,本文で取り上げた「補部・付加部の違い」や「コントロール構文・例外的格標示構文の違い」により VP 削除が許されるかどうかに違いが生じるという現象を,この「TP/CP の違い」に集約することができるかどうかが重要な問題となる.この点に関する詳しい議論および VP 削除に関するいくつかの興味深いデータについては,O'Flynn (2008) 参照.

c. *A single student came to the class because [_DP_ [_D′_ the ~~student~~]] thought that it was important.

(そのクラスが重要だと思って出席した学生がたった一人だけいました)

d. John met someone but I don't know [_CP_ who_i_ [_C′_ C ~~John met t_i~~]].

(ジョンは誰かに会ったのですが,誰だったのか私は知りません)

e. *John believes that Peter met someone but I don't think [_CP_ [_C′_ that ~~Peter met someone~~]].

(ピーターが誰かに会ったとジョンは信じているのですが,私はそうではないと思います)

すなわち,上記例文 (24a, b), (24d) に見るように,それぞれ,時制を持つ Infl と 'S と [+wh] C が機能範疇となっている場合は,Fukui and Spears (1986) によると,指定部・主要部一致が可能なので,その補部の削除が許される.いっぽう,一致機能を持たない機能範疇の the と that の場合には,それぞれ,例文 (24c), (24e) に見るように,補部の削除は許されないということが理解できるであろう.

次に,不定詞削除に関する例文として,同じく Bošković and Lasnik (2007: 198) が挙げている下記の例文 (25a, b) を比較してみよう (上記例文 (22) も参照).[12]

---

[12] Martin (2001: 154, fn. 30) によると,英語母語話者の中には,例文 (25a, b) に見るような文法性の違いを認めず,共に文法的文として受け入れるような人が少数ながら存在するとのことである.

Nomura (2006: 80ff.),野村 (2015) は,VP 削除を許す不定詞 to とそれを許さない不定詞 to の二種類の不定詞があるとする分析に異を唱える.たとえば,野村 (2015: 257ff.) は,後者の不定詞に属するとされる「例外的格標示構文」(believe, expect, etc.) や「主語への繰り上げ構文」(appear, be likely, etc.) などの場合においても,下記例文 (ia-c), (iia-c) のように,VP 削除の文が自然な文となる場合があることを指摘している.

(i) a. I know Pam to play soccer, and I {believe/know} Rebecca to ϕ.

(パムがサッカーをすることは知っているし,レベッカもサッカーをすることを私は信じて/知っている)

b. I suppose John to join the club, and I expect Rebecca to ϕ as well.

(25) a. John was not sure he could leave, but he tried [$_{IP}$ PRO$_i$ [$_{I'}$ to t_i ~~leave~~]].

（出発していいのか自信がなかったが，ジョンは一応やってみた）

b. *John believed Mary to know French but Peter believed [$_{AgroP}$

　　　　　（私はジョンがそのクラブに入るだろうと思うし，レベッカもそうするだろうと思う）
　　c. Mary believes John to go to the sports club every day, and Nancy believes him to ϕ.
　　　　　（ジョンがそのスポーツクラブに毎日通っているとメアリーは信じているし，ナンシーもそう信じている）
(ii) a.(?)It was announced that there may be a party, so everyone believes there is likely to ϕ.
　　　　　（パーティーが開かれるかもしれないとの知らせがあったので，誰もが開かれそうだと信じている）
　　b. The oven works, but the coffee maker doesn't seem to ϕ.
　　　　　（そのオーブンは故障してないが，そのコーヒーメーカーはそうではないようだ）
　　c. The economy started to collapse and the government began to ϕ as well.
　　　　　（財政が破綻し始めたのだが，政府もまたそのようだ）

野村はまた，Matin (2001: 162) が挙げている下記例文 (iiia, b) の場合も，完全に非文法的文になるわけではないとする Martin 自身の反応 (?*) が示されている点に特に注目し，さらに，このような文や類似の文を自然な文として受け入れる母語話者の存在についても指摘している．
(iii) a.?*John does not like math but Mary seems to [$_{VP}$ e].
　　　　　（ジョンは数学が好きでないのだが，メアリーは数字が好きそうだ）
　　b.?*Mary may not be as happy as he appears to [$_{VP}$ e].
　　　　　（メアリーはほんとうは外見ほど幸せではないのかもしれない）
このように，VP 削除に関する言語事実の考察を基に，野村は，Martin などが非文法的文や不自然な文として挙げている例文は，むしろ，次のような機能的条件 (p. 257) により説明するのが望ましいとするアイデアを提案している．
　　　繰り上げ・コントロール不定詞における VP 削除は，話者にとって，削除される不定詞補文の述語内容が，外面的に観察可能な形で認識できる場合に容認可能となる．
　　　（よって，人間内面の性質などは，直接的に観察可能ではないので容認性が低下する．）
上記の機能的条件を用いて，問題となっている VP 削除の現象がどのように説明できるかについて詳しくは，野村 (2015) 参照．ただし，tough 構文の場合の VP 削除についての記述・説明については直接触れられていない．

第 9 章　θ 標示，動詞句削除および時制文とのかかわりから見た tough 構文の特徴　　199

　　　　Jane$_i$ [$_{IP}$ t_i [$_{I'}$ to t_i ~~know French~~]]].
　　　　（ジョンはメアリーがフランス語を知っていると信じていたが，ピーターのほうは，ジェーンがフランス語を知っていると信じていた）

　この場合もまた，指定部・主要部一致による照合の可能な機能範疇 to を持つ例文 (25a) は，補部としての VP を削除することができるのに対し，そのような照合の不可能な機能範疇 to を持つ例文 (25b) のほうは，VP 削除が許されないということができる．上でも指摘したように，両者の違いは，機能範疇 to が [+tense] を持つか持たないか，すなわち，コントロール構文か例外的格標示構文かの違いによってもたらされることになる．[13]

　Martin (2001: 154) は，VP 前置 (VP-preposing) の場合にも，同じような対比が見られるという Rizzi (1990) による事実指摘について，下記例文 (26a-c) を挙げながら説明している．

(26) a.　[$_{VP}$ Fix the car], John did [$_{VP}$ e].
　　　　　（その車を修理することを実際ジョンはやったのです）
　　 b.　[$_{VP}$ Fix the car], John tried PRO to [$_{VP}$ e].
　　　　　（その車を修理しようとジョンは試みたのです）
　　 c.　*[$_{VP}$ Know the answer], I believe Bill to [$_{VP}$ e].
　　　　　（ビルがその答えを知っているだろうと私は信じています）

---

[13] ただし，§9.2.1 において例文 (20), (21)（下に例文 (i), (ii) として再録）として取り上げたような例外の場合には，指定部・主要部一致による照合に基づくこのセクションでの原理的な説明においても，依然として例外的扱いを受けることになるのではないかと思われる．
　(i) a.　*Horace refuses to *practice Law in California,* because to ϕ would be much too expensive.
　　　b.　*I told Bob that you didn't intend to *kill him,* though I knew that your intention was to ϕ.
　(ii) a.　*John didn't *run away from the bear,* though Bob was wise to ϕ.
　　　b.　*Sally was slow to *react,* though Lucy was quick to ϕ.

なお，上で取り上げた例文 (15b) [= Some say it's easy to lift weights, but I think it's hard to] に見られる不定詞の場合は，コントロール構文の一つとみることができるので，上記の一般的規則に従って，VP 削除が可能だと説明できるであろう．

さらに，下記例文 (27a) が非文法的文であるのに対し，例文 (27b) のほうは文法的文となるということについても，同じように説明することができるであろう（例文 (27a, b) は Sag (1976b: 534) より）．

(27) a. *Peter is easy to talk to, and Betsy is easy to, also.
  b. Peter is easy to talk to, and Betsy is too.
   （ピーターに話しかけるのは簡単なことで，ベッツィもまたそうです）

すなわち，例文 (27b) において，定動詞 is の持つ時制要素 [+finite, +tense] と主語の Betsy との間で指定部・主要部一致による照合関係が成り立つので，上記の一般的規則により VP 削除が可能となると言える．

なお，上記例文 (27a, b) のような文法性の違いについては，Sag (1976a, b)，Williams (1977: 121)，McCawley (1993: 260ff.) に見るように，LF 構造に基づく分析，とりわけ，"$(\lambda x)(x \text{ Love } b)$" のようなラムダ表記 (λ-expression) を用いた論理構造による分析を採り入れた VP 削除の研究においても，これまで議論されてきている（今西・浅野 (1990) 参照）．

さらに，ここで取り上げた VP 削除の現象を Automodular Grammar (AMG) (cf. Sadock (2012), Ueno (2014)) の観点から分析・説明しようとする研究の一つに Ueno (2015), Ch. 5: "An Automodular View of VP Ellipsis" がある．特に tough 構文に関する分析については，§5.10.1: "VP ellipsis in *tough* construction" を参照．[14]

---

[14] 本書においては，生成文法以外の文法モデル (non-transformational approach) に基づく tough 構文の研究については，関連ある言語事実に関する部分以外は，取り上げる機会はほとんどないが，そのような生成文法以外の文法モデル（たとえば，Gazdar et al. (1985), Hukari and Levine (1991), Chae (1992), Pollard and Sag (1994), Grover (1995), Bayer

不定詞の場合の VP 削除に関して見られる,「コントロール構文」か「例外的格標示構文」かの違いと,「補部を形成する」か,それとも「付加部を形成する」かの違いは,どのような関係で結び付くことになるのかについては,

---

(1990),Jacobson (1992) などの研究)についての解説としては,Chung (2001b: §3.5) が参考になるであろう.
　そこでも取り上げられている,そのような研究の一つである Schachter (1981) は,Hudson (1976) の「娘依存関係文法 (daughter-dependency grammar (DDG))」のアイデアを採り入れた tough 構文研究と言える.すなわち,主要語とその統語的「依存要素 (dependent)」との間に見られる「依存関係 (dependency)」を基にして,動詞(や前置詞)の目的語の欠けた不定詞部分を従えた形の tough 構文を,移動や消去の操作を用いることなく,いわば直接的に生成するというアイデアに基づく分析となっている.要点は,そのような不定詞部分が選ばれるのは,tough 述語自身の持つ語彙的特徴としてそれが要求(あるいは認可)されるからであると捉える点にある.意味解釈上必要とされるその欠けた要素を補うための操作として,構造上を上へ上へと順にたどって行き,最終的に主節主語に行きつくことになる.
　このような分析法は,一見すると,移動や消去の操作を用いた分析法と異なるように思われるかもしれない.しかしながら,そのような操作に基づく tough 構文の分析法を採る場合にも,なぜそのような移動や消去が必要になるのかの疑問に答えようとするときには,上で説明した Schachter のアイデアを応用する形で,「tough 述語が引き金となって「格吸収 (Case absorption)」が生じることとなり,その結果そのような移動がもたらされる」というような説明方法が考えられるであろう.
　すなわち,受け身文の生成過程において必要となる移動現象に対して,GB 理論以降の文法理論で採り入れられている格吸収のメカニズムによる説明が,tough 構文の生成の場合にも当てはまると考えることになる.事実,このようなアイデアが,C. Jones (1985, 1991),Sternefeld (1991),富岡 (2004) などにおいて採用されている(詳しくは,§§8.1-3 および本章の注 20 参照).ただし,§8.3 において指摘したように,受け身文の場合には,格吸収の引き金となる要素と格吸収の対象となる要素とが相接した関係にあるのに対し,tough 構文の文の場合には,格吸収のもともとの引き金となる要素,すなわち,tough 述語と,格吸収の対象となる要素との距離に隔たりがあるという違いが見られることに注意したい(注 20 参照).
　このように,tough 構文の文の生成に際し,不定詞部分に見られる移動操作が必要になるのは,上で説明した Schachter のアイデアに従うと,tough 述語の要請にのっとった自然な動きであると考えることができるであろう.つまり,tough 述語と不定詞部分とを併合させるには,まず,目的語が欠けたような不定詞が選ばれなければならない.さらに,その目的語と主節主語を最終的に結び付ける手段の一つとして移動操作が用いられる,というような捉え方をすることになる.
　したがって,ここに紹介した Schachter のアイデアと,格吸収に基づく tough 構文分析との間には,一脈相通じるところがあるように筆者などには思えてくるのである.

注11の説明からも推測できるように,「θ標示されたCPを持つかどうか」が深くかかわっているように思われる.すなわち,「補部」対「付加部」の場合には,θ標示がかかわっていることはかなり明確であるが,「コントロール構文」対「例外的格標示構文」の場合についても,θ標示の観点から捉え直すことができるのではないかということになる.ただし,tough節が補部かそれとも付加部かの問題は,それほど単純ではなく,真に満足のいくような「付加 (adjunction)」の理論を構築するのは厄介なところがある (Chomsky (2004: 117)) ということにも留意しなければならない.

9.3. 時制文とtough構文とのかかわり

9.3.1. 再分析による説明

§6.1において取り上げた例文 (3b)(下に例文 (28) として再録) は,時制文の中から要素を取り出す形のtough構文の例であった.

(28) A book like that is tough [OP$_i$ to claim you've read t$_i$ carefully].

Chomsky (1981: 314) も指摘するように,時制文 (tensed clauses) の中から要素を取り出した形のtough構文は,不定詞節の中から要素を取り出してできたtough構文と比較すると,文法性が劣るという一般的傾向があることが知られている(同じような指摘については,Postal (1974: 61, fn. 7), Langacker (1974: 635), Ross (1986: 252), 中村・金子 (2002: 165) 参照).

その一方で,上記例文 (28) の場合も含め,下記例文 (29a, b) のように,多少とも受容可能となるような例も時々見いだされるということをChomskyは指摘している(第6章注5の例文 (ij), (il), (im) も同じような例である).[15]

---

[15] Stowell (1991: 204) の観察によると,特に法助動詞を含む時制文の場合にやや文法性が高まるとのことである.確かに,本文中の例文 (29a, b) などは,そのような例の一つと言えるであろう.ただし,一方では,例文 (28) や第6章注5の例文 (im) などの場合には,法助動詞を含まない文となっているので,どの程度Stowellの判断が一般的なものと言える

第9章 θ標示，動詞句削除および時制文とのかかわりから見たtough構文の特徴　203

(29) a. this book is difficult to convince people (anyone) [that they ought to read t]
（この本は人（誰か）にそれを読まなければならないことを納得させるのが難しいような本です）

b. the book is hard to convince people [that they should buy t]　[cf. 第6章注5, (ic)]

なお，上で述べたような一般的傾向を説明するのに，彼の提案する「再分析（reanalysis）」のアイデア（第7章の注7参照）が役立つかも知れないということもChomskyはまた指摘している (p. 314)．すなわち，tough構文の文は，下記 (30a) のような構造から (30b) のような構造を経て，さらに，この再分析のメカニズムにより，(30c) のような構造（すなわち，複合的形容詞 (complex adjective) を含む構造）に作り変えられるという過程を経て生成されると考えられる（(30a, b) および (30c) は，それぞれ，Chomsky (1981), p. 309 および p. 312 より）．

(30) a.　John is [$_{AP}$ easy [$_{S'}$ COMP [$_S$ PRO to please PRO]]]
b.　John is [$_{AP}$ easy [$_{S'}$ PRO$_i$ [$_S$ PRO to please t$_i$]]]
c.　John is [$_{AP}$ [$_A$ easy to please] t$_i$]

このような場合，再分析による構造変化は，後ろに時制文が控えているときより，不定詞が控えているときのほうが起こりやすくなるという性質がある．したがって，時制文がかかわるような場合のtough構文は，一般的に再分析の適用が妨げられる結果，正しく生成されにくくなると考えられる (Chomsky (1981: 314) 参照)．ただし，下記例文 (31) (Chomsky (1973: 263; 1981: 312)) のように，tough述語と不定詞の間にfor句が（一つだけ）介在しているような場合には，再分析のメカニズムは問題なく適用されると考え

のかどうかはわからない．

ることになる．

(31) The hard work is pleasant for the rich [to do]
(そのやっかいな仕事をするのは金持ちにとって楽しい)

しかしながら，下記例文 (32a-d) のように，for 句が二つ現れた文の場合には，再分析が適用できないために非文法的文となるとみなすことになる．[16]

---

[16] 第6章の注13参照．下記例文 (ia-c) (Berman and Szamosi (1972: 323)) も，for 句が二つ並んだ tough 構文の例である．
  (i) a. *This view would be tough for John for his wife to accept.
      (このような見方を自分の妻がするなんて，ジョンには耐えられないことであろう)
     b. *The family will be tough for John for there to be another child in.
      (家族にまた子供が増えるというのはジョンにとって耐えられないであろう)
     cf. It will be tough for John for there to be another child in the family.
     c. *Monday would be tough for the class for a book on Hittite to be assigned for.
      (ヒッタイトに関する本が月曜日の授業に課されるとしたら，クラスにとって大変なことであろう)

Chomsky (1981: 314) は，easy (for NP) とそれに続く不定詞の間に主語が介在すると，隣接性条件が満たされないので，再分析ができないと考えることができるであろうと述べている（ただし，PRO による主語の場合は除くことになる：Chomaky (1977: 106f.) 参照）．したがって，本文中の例文 (32a-d) のように，二つの for 句からなる tough 構文の場合は，不定詞の主語である「二つ目の for 句」が妨げとなって再分析ができないので非文法的文となる，というように考えることになるであろう．

なお，下記例文に見るような，不定詞節の主語の位置から要素を取り出す形の tough 構文の文が現代英語において一般的に許されないという事実（§§7.1.1-2 参照）についても，同じように，求められている再分析が適用できないので非文法的文となるというような説明（§7.1.2 参照）が当てはまるかもしれない．
  (ii) a. *John is easy [t to like Mary]   [= §7.1.2, (20a)]
     b. *Poor immigrants are pleasant for the rich t to do the hard work.
                                                            [= §7.1.2, (21)]

さらに，下記例文 (iii) に見るように，for 句が主節の一部としてではなく，不定詞節の主語の働きをしていることが十分伺えるような内容の文の場合も，同じような例の一つに加えることができるかもしれない．
  (iii) *That book would be impossible for John to read —— it'll be in the bindery for the next six months.   [= §6.2.4, (41b)]

(32) a. *The hard work is pleasant for the rich [for poor immigrants to do]

[= 第6章の注13, (i)]

　　b. *That school is difficult for John for his children to go to.

(Berman (1973: 36))

（自分の子どもたちがその学校に行くのはジョンにとって困難だ）

　　c. *That course would be good for Mary for her to teach. (ibid.)

（その授業を教えるのはメアリーにとっておそらく好ましいことでしょう）

　cf.　It would be good for Mary for her to teach that course. (ibid.)

　　d. *Karate would be good for Mary for her to learn.

(Bresnan (1971: 268))

---

　cf.　That book would be impossible for John to read — he simply wouldn't understand the technical terms. [= §6.2.4, (41a)]

ただし，上記例文 (iii) が不自然な文となることについては，むしろ，§10.1 において解説するような「機能的構文分析」による説明（特に，例文 (10), (11) についての説明参照）が，より説得力を持つものと考えられるであろう．

なお，Levine (1997: 81ff.) は，for 句が二つ並んだ tough 構文の文でも，下記例文のように文法的文となる場合があるという事実を基に，再分析などを用いる統語的説明には問題があることを指摘している．

(iv) a. Tokyo would be better for us than Baghdad for Universal to use for the location shots.

（ユニバーサルスタジオが，撮影地としてバグダッドより東京を選ぶことになるほうが私たちにとってはより望ましいことであろう）

　　b. Montana would be good for us / a good place for us for the 1983 meetings to be held in.

（1983年の会議の開催地としてモンタナが選ばれるのは，私たちにとって好都合となるでしょう）

　　c. This particular white wine would be best / the best one for us distributors for you to import.

（貴社がこの特別の白ワインを輸入してくださるのが，私たち卸売業者にとって最も有益となります）

　　d. A first aid course would probably be more useful for us for you to arrange. ［ただし us には対比的ストレス (contrastive stress) を置く］

（あなたが応急手当て策を講じてくださるほうが，おそらく私たちにとってはより有益となることでしょう）

cf.　Karate would be good for Mary to learn.　　　　　　(ibid.)

　　　For Mary karate would be good for her to learn.[17]　　(ibid.)

いっぽう，Nakagawa (2000a, b) の分析によると，このような文の非文法性は，一般的原理の一つ「束縛原理 A」に違反する結果生ずることとなる．

---

[17] Bresnan (1971: 266, fn. 8) は，tough 移動（目的語移動）が適用できる構造表示として以下のようなものを提示している（Δは形式主語 it に相当する空主語を表し，V* は随意的に長く拡張可能な動詞の連鎖（string of verbs）を表す）．
　(i)　　[$_S$ Δ Pred(PP)[$_{VP}$ V* (P)NP]]

このように，VP の主動詞を V* と表記することにより，下記例文 (iia-c) がいずれも文法的な tough 構文の文となるのに対し，いっぽう，例文 (iiia, b) のように，動詞の連鎖が分断された形の場合は，いずれも非文法的文になるという事実を説明できることになる（例文は，いずれも Bresnan (1971: 266, fn. 8) より）．
　(ii)　a.　John is easy for Bill to please.
　　　　b.　John is hard for Bill to even try to please.
　　　　c.　John is hard for Bill to even begin to try to please.
　(iii)　a.　*You are tough for me to believe that Harry hates.　　(Postal (1968: 103))
　　　　b.　*Harriet is tough for me to stop Bill's looking at.　　(ibid., p. 109))

以上のような Bresnan による tough 構文の分析案は，再分析のアイデアと密接な関係があるとみなすことができるであろう．すなわち，tough 構文に必要とされる再分析のメカニズムは，一般的に，上記 (i) に示すような随意的動詞の連鎖 V* を含んでいるような構造に対してのみ適用可能であると捉え直すことができることになる．（ただし，§6.1, 注 5 の (i) に挙げた例文に見るように，動詞だけからできた連鎖 V* に該当しない場合でも，tough 構文が可能となる場合があるので，どのような種類の連鎖の場合に再分析が可能となるかを厳密に定めるのは困難であるようにも思われる．）

本文に挙げた例文 (32) の最後の例文（For Mary karate would be good for her to learn.）が示すように，経験者を表す for 句と不定詞の主語を分離すると，容認度が高くなるという指摘は，三木 (2001: 226) にも見られる．三木は下記例文 (iva, b) を比較した場合，「(47) [= (ivb)] は，若干ぎこちないと感じる話者もいるが，for 句が連続する (46) [= (iva)] と比べると，かなり容認できる．したがって，(46) [= (iva)] が許されないのは，意味ではなく，何か文法的な理由があるものと思われる」(p. 226) と述べている．
　(iv)　a.　*The boy is unpleasant for Mary for her daughter to date with.
　　　　b.　?For Mary, hoodlums are unpleasant for her daughter to date with.
　　　　　（メアリーにとって，娘がゴロツキとデートするのは不愉快なことだ）

なお，上で三木が述べている「何か文法的な理由」に関する具体的アイデアについては，以下本文の解説および注 16 参照．

すなわち，tough 構文の不定詞補文に現れる空演算子 OP（たとえば，上記 (32a) の文の場合には，不定詞 to do の目的語の位置を OP が占めていることになる）は，照応形 (anaphor) として主節主語により束縛されなければならないと考えられる．しかしながら，例文 (32a-d) のような場合には，for poor immigrants など，不定詞補文の主語句が途中に介在するために，空演算子 OP が正しく束縛されず（§9.3.7 の「指定主語条件 (Specified Subject Condition, SSC)」参照），そのため，これらの例文は非文法的文となる（さらに詳しくは Nakagawa (2000a, b) 参照）．

なお，指定主語条件により上記 (32a-d) のような文が非文法的文となるという事実は，つとに Chomsky (1973: 263) が指摘しているものである．また Berman (1973: 35) も，指定主語条件と同趣旨の条件を独自に提案している（§6.2.4 参照）．

tough 構文の不定詞補文に見られる空範疇を，同じように空の照応形 (null anaphor) であるとみなし，上記例文 (32a-d) が非文法的文となることを，一般的原理の一つ「格フィルター」(Case filter) あるいは上記の「束縛原理 A」を用いて原理的に説明することを試みている研究として Nakamura (1991) がある．

このように，tough 構文の不定詞補文に基底生成される空範疇を，空の照応形あるいは空代名詞 (null pronoun) や代名詞的変更 (pronominal variable) としての pro とみなし，さらに，CP の指定部 (Spec, CP) の位置を占める演算子によりその pro が Ā 束縛され（あるいは Ā 一致 (Ā-Agree) の関係で結ばれ），ついで，そこに形成された連鎖が叙述関係 (predication) あるいは一致のメカニズムにより主節主語と結び付けられるとする分析を採るものとしては，Culicover (1997: 208)，Browning (1987a, b)，Cinque (1990: 111ff.)，Rezac (2004, 2006)，Fleisher (2013)，Hendrick (2013)，Fong and Ginsburg (2014)，Fleisher (2015) などの研究がある．[18]

---

[18] 類似の分析として，Lasnik and Stowell (1991: 692) によるものを挙げることができ

9.3.2. 再分析案の問題点とその対処法—Zwart (2012) の場合

前節において取り上げたような，再分析のメカニズムを採り入れた tough 構文の分析案に関しては，いくつかの問題点があることが指摘されている (Levine (1984a, b), Hicks (2009) 参照)．特に，複合的構成素が再分析により一つの語に相当する単一構成素になった後は，その単一構成素の中からある要素を取り出すことは許されないという一般的な制約（すなわち，「語彙的統合性制約 (lexical integrity hypothesis)」(cf. Bresnan (1982)) と呼ばれる制約）[19] があるにもかかわらず，もし再分析案に従うとすると，そのように許されないはずの操作を実際には必要とするような tough 構文の文が存在するということが指摘されている．

具体的例を挙げると，ある種の等位構造（たとえば，「右枝節点繰り上げ (right node raising)」により生成される等位構造）の文の場合（下記例文 (33) (Levine (1984a: 164)) 参照）には，再分析されたはずの単一構成素の中から要素を取り出すような操作を経て問題の tough 構文の文が生成されるというようにみなすことになるであろう．

(33) John is difficult, and Mary (is) impossible, to please.
    （ジョンを喜ばせるのは困難であり，また，メアリーを喜ばせるのは不可能である）

そのような問題を回避する方法の一つとしては，第 7 章の注 7 でも触れたように，再分析後においても，再分析前の構造情報が利用可能であるとするアイデアを採り入れることが考えられる（詳しくは，Chomsky (1982: 57),

---

る．すなわち，tough 移動と寄生空所（および話題化）により生ずる空範疇が，Wh 移動の場合に見られる変項 (variable) としての空範疇ではなく，固有名詞や the book, that boy などの定指示機能を持つ名詞表現に相当する「空の指示表現 (null referring expression, null R-expression)」であるとする分析である．

[19] いっぽう，Zwart (2012: 150) は，このような場合に働く制約のことを「一般統合性原理 (Generalized Integrity Principle)」と呼んでいる．

Montalbetti and Saito (1983b: 470), Goodall (1985), Reider (1996: 115) 参照．それ以外の対処法として，Zwart (2012) によるアイデアがかなり有力であると思われるので，ここで簡単に取り上げて見たい．Chomsky (1977, 1981) が提案する再分析のアイデア場合には，どのような場合に再分析が適用されて，どのような場合に適用されないと考えるのかについての説明が必ずしも明確に示されているわけではない（ただし，再分析の許されないことを示す具体例の一部については，§7.1.2 および §9.3.1 で解説したとおりである）ので，極端な場合，「文法的な tough 構文の文が与えられれば，そこには再分析が働いているとみなす」ような捉え方を許すことにもなる．上で，指摘したような再分析案批判が生ずるのも，このような点に起因するものと考えられる．すなわち，第 6 章の注 5 で指摘したように，「再分析により構成される複合的形容詞が，Goodall (1985) が提案しているように，[A A-X-V] のような，変数 X を採り入れたいわば再分析の拡大版となっている」ような場合が考えられるからである．

　それに対し，Zwart (2012) によると，Merge の操作を基に構造が構築されるとするミニマリスト・プログラムのアイデアの中で必要となる再分析の操作は，もっと限定された単純な形のものに限ることが可能だということになる．Zwart は，Nanni (1980: 576) のアイデアに従って，easy to please のような連鎖が構造的に曖昧であると考える．すなわち，①再分析を受けた結果，単一の形容詞になっているような場合（これを「単純 tough 構文 ("plain" *tough*-construction)」と呼ぶ）と，②再分析の対象とならず複合的構造のまま，普通の完全なる句（形容詞句）の形を成す場合（これを「拡大 tough 構文 ("expanded" *tough*-construction)」と呼ぶ）のいずれとも解釈できることになる．後者の場合にだけ，John is easy for Mary to please に見るように，for 句を伴うことができ，また easy to try to read に見るように，複数個のはめ込み (multiple embedding) が許される．また，このことより，下記例文 (34a, b) (Zwart (2012: 151)) に見るように，疑問詞 how と一緒にして不定詞部分を Wh 移動させることができるかどうかに関する違いが生じるという事実を説

明できることになる．

(34) a. How easy (*to try) to read is that book?
b. How easy (*for Mary) to please is John?

以上のように，二種類に分けた tough 構文を基に考えると，Levine (1984a, b; 1997) などにより従来指摘されてきた再分析案批判の多くの部分は，「拡大 tough 構文」の場合にだけ当てはまることになり，したがって，<u>そのような種類の tough 構文に関しては再分析は起こらない</u>と考える Zwart (2012) の場合には，同じ批判は当てはまらないことになると言えるであろう（詳しくは，Zwart (2012) 参照）．

Zwart (2012) はまた，tough 構文に一般的に見られるとする Wh 移動（厳密に言うと，空範疇（OP）移動）の現象についても，実際には，<u>OP 移動が見られることを裏付けできるのは，拡大 tough 構文の場合だけである</u>ということを指摘している．すなわち，tough 構文に見られる空範疇移動の場合についても，上で取り上げた二種類の tough 構文の違いが関係することになる．

具体例を基に，Zwart の主張を考えてみよう．まず，tough 構文の生成に OP 移動がかかわるとする Chomsky のアイデアを裏付ける言語現象として，長距離移動の動きが見られること（unboundedness）と島の制約の対象となること（island-sensitivity）の二つを挙げることができる．いずれの現象も，一般的に Wh 移動に見られる特徴の一つであるという点に注意したい．Zwart (2012: 149-151) の挙げている下記例文を見てみよう．

(35) a. This book is easy [to try [to read]]
b. Who$_i$ did John say that Mary thought that Pete claimed ... that we met t$_i$
(36) a. *[What sonatas]$_j$ is this violin easy [OP$_i$ to play t$_j$ on t$_i$]?
b. *[How]$_j$ is this violin easy [OP$_i$ to play t$_j$ on t$_i$]? (e.g. fortissimo)

すなわち，例文 (35a) は，不定詞 to read の目的語の位置を占める OP がその不定詞の指定部 [Spec, IP] の位置へ移動し，さらに，その外に位置する不定詞 to try の指定部の位置に移動するものとみなすことができるので，この点で，例文 (35b) に見るような長距離移動を伴う Wh 移動と同じような操作が，そこには働いているのであろうとみなすことができる．[20]

---

[20] 論点がさらに明確になるように，C. Jones (1985: 185) の挙げている次の例文を加えることができるであろう．
　(i)　A harmonica$_i$ is easy [to try [to learn [to play e$_i$]]]
ただし，上に示した構造表示からも推測できるように，ここでは，不定詞 play の目的語 a harmonica が最終的に主節主語の位置にまで移動する分析が採用されているので，tough 構文の分析法においては，両者の間で細部に違いが見られることに注意したい．
　すなわち，C. Jones は，受け身文の生成に見られる A 移動の場合と同じように，tough 構文の場合にも，格吸収が引き金となって，しかるべき格の付与ないし照合を求めて，不定詞の目的語の移動が開始され，最終的に主節主語の位置まで移動するとする分析を採り入れている（注 14 および本文の §§8.1-3 参照）．
　この場合，移動の対象となる名詞句は素性 [－Case] を持ち，そのため，格付与（照合）が可能となる位置まで移動することとなるが，移動の距離・範囲に関する条件が，受け身と touch 構文とでは，次のように異なるということを C. Jones は指摘している．すなわち，受け身文の場合には，受動態動詞に直接支配されている（directly governed）補部（目的語）の格だけを吸収するので，下記例文 (ii) (p. 185) に見るような，はめ込まれた文（すなわち不定詞節）の中の名詞句にまで格吸収の力が及ぶことにより形成されることになる受け身文は許されないのに対し，tough 構文の場合には，そのような局所性に関する制限は見られず，tough 述語 easy の持つ格吸収の力が，上記例文 (i) に見るように，はめ込み文の中深く，不定詞 play の目的語まで及ぶことが許される結果，[－Case] となった目的語が最終的に主節主語の位置まで移動することにより tough 構文の文 (i) が生成可能となる．
　(ii)　*The harmonica was tried to learn to play.
このように，素性 [－Case] が受け身の過去分詞形動詞あるいは tough 述語からずっと下のほうまで受け継がれていく現象を C. Jones (1985: 186) は「[－Case] の素性浸透 ([－Case] feature percolation)」と呼んでいる．ところで，本文の §9.3.1 において指摘したように，時制文の中から要素を取り出した形の tough 構文は，不定詞節の中から要素を取り出してできた tough 構文と比較すると，文法性が劣るという一般的傾向が見られることが知られている．このことは，すなわち，時制文が一種の「障壁 (barrier)」となって，その中にまで [－Case] の素性浸透が及ぶことが許されないためではないかというアイデアを C. Jones (1985: 186) が示唆しているのを知るのは大変興味深いと思われる．
　本文において Zwart の分析を説明する中で指摘したように，例文 (35b) に見るような長距離移動を伴う Wh 移動と同じような操作が，tough 構文の文の生成には働いているのであろうとみなすアイデアは，再分析のメカニズムを重要視し，Wh 移動は不要とする Reider

いっぽう，例文 (36a, b) の場合は，t_i の位置を占めていた空範疇が OP_i の位置へ移動することにより，wh の島が形成されることになるはずであるから，もしそうなら，その後の Wh 移動は，wh の島の制約のために許されないはずである．事実，例文 (36a, b) はいずれも非文法的文となるので，OP_i と t_i とを結び付ける移動規則は Wh 移動であり，実際に wh の島の制約が働いているという推測が裏付けられることになる．

ところが，上記例文 (36a, b) のような tough 構文の文が示す非文法性が，ちょうど，下記例文 (37a, b) の場合のように，表面上から見ても，二つの Wh 移動がかかわっていることが明らかで，したがって，そのせいで wh の島の制約に違反していることがすぐにも読み取れるような場合と同じように，wh の島の制約により説明できるとするこのような捉え方に対し，Zwart は，以下のような理由から疑問を呈している．

(37) a. *[What sonatas]$_j$ did you wonder [how$_i$ to play t_j t_i]?
   b. *[How$_i$ did you wonder [[which sonatas]$_j$ to play t_j t_i]?

すなわち，上記例文 (37a, b) のペアと，これに対応する tough 構文の文のペア (36a, b) とをつぶさに観察してみると，そこには，次に示すような文法性に関する細かな違いが見られることがわかるであろう．まず，例文 (37a, b) の場合には，非文法性に関し違いが見られることが知られている．すなわち，(37b) のような付加部としての要素 (how) を取り出した場合の wh の島の制約違反のほうが，(37a) のようなそれ以外の要素 (what sonatas) を

(1996) による tough 構文の分析案においても別の形で採り入れられている．すなわち，Reider は，再分析の結果，不定詞（あるいは前置詞）の目的語を直接，主節主語の位置に A 移動させることにより tough 構文の文が生成されるとする次のような案を提示している．すなわち，一種の移動規則に匹敵すると考えられる再分析の適用により，結果的に複合的形容詞が形成されることになる部分の，左端の要素 X（すなわち tough 述語）と右端の要素 Y との間に「下接の条件 (subjacency condition)」（中村ほか (1989) 参照）違反を引き起こすような構造が見られない場合に，再分析が適用可能となる（詳しくは，Reider (1996) 参照）．

取り出した場合のものより，そこから生じる非文法性の程度が一般的に高くなるという傾向が見られる．したがって，厳密にいうと，(37a) のほうが，(37b) と比べ，文の持つ不自然さの程度が穏やかであるということになる．いっぽう，tough 構文の文である例文 (36a, b) の場合には，そのような違いは見られず，いずれの文も完全に非文法的文な文となると言えるであろう．[21]

このことより，Zwart は，一見，wh 島の制約違反を起こしているかのように見える上記 (36a, b) のような tough 構文の文の示す非文法性は，実際には，wh 島の制約違反によるものではなく，単一の語彙範疇の中から要素を取り出すことを禁じた「語彙的統合性制約」によるものであると考える．上で取り上げた，例文 (36), (37) に見られるような非文法性に関する違いは，一般的に，語彙的統合性制約違反による効果のほうが，wh の島の制約による効果と比べ，強く働くということに起因すると言うことができるであろう (Zwart (2012: 151f.) 参照)．

このように，Zwart は，tough 構文の生成に Wh 移動がかかわっているとみなす必要はないと考える．それでは，不定詞の（あるいは前置詞の）目的語が持っている θ 役割が，最終的に主節主語に付与されると考えられる，あるいは，主節主語が不定詞（あるいは前置詞の）目的語としての働きをも持つと考えられる，あの tough 構文の持つ一般的特徴は，どのように説明されるのであろうか．すでに §6.2.1.1 においても説明したような Chomsky (1981) による tough 構文の分析案では，tough 節の内部において適用される Wh 移動の結果生じる痕跡 (*t*) が，最終的に主節主語と結び付けられるこ

---

[21] ただし，このような非文法性の違いは，後ほど注 28 において取り上げる「交差制約 (crossing constraint)」や「最小連結条件」(Minimal Link Condition, MLC) が予測するものとは相容れないところがあるということを指摘することができるであろう．すなわち，これらの制約や条件に違反するのは，上記例文 (37b) のほうではなく，むしろ (37a) のほうであると思われるので，これらの制約や条件に関する限り，本文で指摘されている例文 (37a, b) の持つ（非）文法性の違いとは逆の予測が生じることになるであろう．

とにより，tough 構文の持つそのような一般的特徴が説明できるとされていたのであるが，Hicks (2009: 543) も指摘しているように，ミニマリスト・プログラムにおいては，痕跡を用いた分析そのものは採られなくなっているので，どのみち，主節主語と t とを結び付ける説明方法に代わるものが必要になってきているという事情があるので，その点からも，同じような問題が浮上してきていると言えるであろう．(移動規則の適用により元の位置に痕跡を残すとする「痕跡理論」の代わりに，ミニマリスト・プログラムにおいては，移動規則の適用により後に残るのは，移動要素のコピーであると考える「移動のコピー理論 (copy theory of movement)」が採用されている．すなわち，文法操作の対象となる要素に手を加えたり，新たな要素を導入するのは，いずれも「最適演算 (optimal computation)」の基本的条件を破ることになるので，ミニマリスト・プログラムにおいては，痕跡の記号も（同一指示性を表す）指標の記号も用いないで，移動のコピー理論を用いることになる（Chomsky (2005: 13) 参照．詳しくは，中村ほか (2001: 233ff.) 参照．なお，「移動のコピー理論」批判については長谷川 (2014: Ch. 3) 参照．)

このような問題に対する Zwart の答えは，概略，以下のようなものである．すなわち，再分析によりできる複合的形容詞が Merge により主節主語としての DP と合体することにより，普通の「主語＋述語形容詞句」と同じような命題が形成され，そこからしかるべき θ 役割を主語に付与することができる．この場合，「しかるべき θ 役割」というのは，結局，受け身文の主節主語が持つ θ 役割と同じようなものだと考えられる．事実，Zwart (2012: 154ff.) は，tough 構文を一種の受け身構文であると捉えている．つまり，tough 構文に再分析が適用される結果，一種の「語彙的（この場合は形容詞的）受け身 (lexical ('adjectival') passive)」が形成されると述べている．[22]

---

[22] tough 構文が一種の受け身構文であるとする分析を裏付けるデータの一つとして，Zwart (2012: 155) は次のようなものを挙げている．すなわち，受け身文にならないような構文は，一般的に tough 構文にもならないということを指摘することができる（Allerton (1982: 82), Postal (1990), Schlesinger (1995: 133), 中島 (2016: 165) 参照）．そのような構文としては，下記例文に示すように，受け身文そのもの (ia) を始め，非対格構文 (ib),

第 9 章 θ 標示，動詞句削除および時制文とのかかわりから見た tough 構文の特徴　215

このようにして，主節主語が不定詞（あるいは前置詞）の目的語としての働きをもになっていることが説明できることになる（第 4 章参照）．

　上で解説したような「受け身文としての tough 構文」のアイデアは，再分析が適用されないことになる「拡大 tough 構文」の場合には当てはまらないと考えられる（Zwart (2012: 156) 参照）．ただし，上で取り上げた一般的特徴，すなわち，主節主語が不定詞（あるいは前置詞）の目的語としても解釈されるという特徴は，「拡大 tough 構文」，たとえば，下記例文 (38)（§6.1 の例文 (3) の再録）のような場合においても依然として見られるということを指摘することができるであろう．

(38)　a.　John will be easy [OP_i to convince Bill to do business with t_i].
　　　b.　A book like that is tough [OP_i to claim you've read t_i carefully].

このような場合に，Chomsky (1981) などにおいて示されている，空範疇 OP を主節主語と結びつける操作により，最終的に，t と主節主語との間に見られる同一指示の関係を説明することになるのかどうかについては，Zwart は明確な説明を与えていないようである．[23]　（なお，上でも説明したように，上

例外的格標示構文 (ic)，中間動詞 (middle verb) 構文 (id) が含まれる（非対格動詞の tough 構文の場合について，詳しくは §7.1.1 参照）．
　(i)　a.　*John is easy to be pleased.
　　　b.　*John is easy to arrive.
　　　c.　*John is easy to hear sing a song.
　　　d.　*This book is easy to read well.
　なお，Sugimoto (2016) は，Epstein et al. (2016) のアイデアに基づき，ミニマリスト・プログラムにおける外的対併合 (external pair Merge) の操作により，特に，フェーズの主要部を非フェーズの主要部に併合させることにより，「非フェーズ化の効果 (non-phasing effect)」が生じて，フェーズ主要部の v*，C がいずれも「見えない (invisible)」状態となると唱え，このことにより，受け身文の場合と同じように，tough 構文の不定詞の目的語を A 移動により一気に主節主語の位置にまで移動させることが可能となるという趣旨のアイデアを提示している．(Epstein et al. (2017: 494, fn. 18) にも，Sugimoto のこのアイデアのことが簡単に取り上げられている．外的対併合を含む可能な併合の種類とその働きについては，Chomsky (2004, 2015b)，Epstein et al. (2016)，西原 (2018: 3ff.) 参照．)
　[23]　例文 (38a, b) のような文の持つ文法性については，§6.1 において紹介したように，

記例文 (38a, b) の構造表示は，ミニマリスト・プログラム以前の痕跡理論に基づくものとなっているので，必ずしも Zwart の立場を反映するものではないということを指摘しておきたい．)

以上，Levine (1984a, b; 1997) などにより指摘された「再分析案批判」に対して提示された，Zwart (2012) による興味深い tough 構文の分析について，その概要を紹介した．

9.3.3.　wh 疑問文／関係節と tough 構文との違い

§9.3.1 の最後の部分において，空範疇を用いた tough 構文の分析を採る研究の一つとして Culicover (1997) を挙げている．ただし，Culicover (1997) の場合は，空範疇を用いた tough 構文の分析に関する議論を明示的に示しているとは言えないかもしれない．しかしながら，wh 疑問文や関係節に見られる演算子移動の場合と，tough 構文の空演算子移動の場合とでは，いささか異なる点が見られるとして，以下のようなデータを提示している (pp. 207f.) のが興味深いと思われる．

(39) a.　I asked who$_i$ you believe you saw t$_i$.
　　　　（あなたは誰の姿を見たと信じているのかと私は尋ねた）
　　 b.　This is the person who$_i$ I believe you saw t$_i$.
　　　　（この人は，あなたがその人の姿を見たと私が信じている人です）
　　 c.　This is the person OP$_i$ I believe you saw t$_i$.
　　 d.　Mary$_i$ is tough to believe you saw t$_i$.
　　　　（メアリーのことをあなたが見たとは信じがたい）

(40) a.　I asked who$_i$ you believe that you saw t$_i$.
　　 b.　This is the person who$_i$ I believe that you saw t$_i$.

「人により判断が異なりうるので，この種の例文が Wh 移動による分析を支持する証拠となるのかどうかについては，今一つ明確でないところがある」(Fischer et al. (2000: 259, fn. 2)) ようだが，このことが関係するのかもしれない．

c. This is the person OP$_i$ I believe that you saw t$_i$.

d. ?Mary$_i$ is tough to believe that you saw t$_i$.

(41) a. I asked who$_i$ you believe t$_i$ saw you.

(あなたは誰に姿を見られたと信じているのかと私は尋ねた)

b. This is the person who$_i$ I believe t$_i$ saw you.

(この人は，あなたの姿を見たと私が信じている人です)

c. This is the person OP$_i$ I believe t$_i$ saw you.

d. ??Mary$_i$ is tough to believe t$_i$ saw you.

(メアリーがあなたを見たとは信じがたい)

(42) a. *I asked who$_i$ you believe that t$_i$ saw you.

b. *This is the person who$_i$ I believe that t$_i$ saw you.

c. *This is the person OP$_i$ I believe that t$_i$ saw you.

d. *Mary$_i$ is tough to believe that t$_i$ saw you.

すなわち，上記例文 (39a-d) は，補文標識 that の消去された that 節の目的語の位置から要素が取り出された場合の例を示し，例文 (40a-d) は，補文標識 that が消去されずに残っている that 節の目的語の位置から要素が取り出された場合の例を示している．また，例文 (41a-d) は，補文標識 that の消去された that 節の主語の位置から要素が取り出された場合の例を示し，例文 (42a-d) は，補文標識 that が消去されずに残っている that 節の主語の位置から要素が取り出された場合の例を示している．

1 番目のグループでは，tough 構文の場合も文法的文となるが，2 番目のグループにおいては，tough 構文の場合だけがやや不自然な文となり，3 番目のグループの tough 構文の場合は，一段と文法性の劣る文となることを示している．なお，最後のグループの文は，いずれも，第 7 章の注 31 で上で取り上げた「that 痕跡効果 (*that*-trace effect)」の働きにより非文法的文となると考えられる．(なお，tough 構文と普通の Wh 移動構文に関して見られる違いについて，第 6 章の注 13 で取り上げた言語事実も参照されたい.)

9.3.4. Stowell (1986) による tough 構文の分析

　wh 疑問文や関係節の場合に見られる演算子の移動と，tough 構文の場合の空演算子移動に違いが見られるという事実指摘およびその理論的説明については，以下に解説する Stowell (1986)[24] による研究を見逃すことはできないであろう．

　すなわち，Stowell はまず，以下の例文に示すように，目的語の位置からの空演算子の取り出しによる tough 構文の文は許されるのに対し，主語の位置，付加部の位置および時制文からの取り出しによる tough 構文の文はいずれも許されないことを指摘している (p. 477)．[25]

---

[24] 千葉 (2016) においては，全編にわたり，Stowell (1986) とあるべきところを Stowell (1985) のように出版年度を誤記したままの状態になっているので，この場を借りて訂正しておきたい．

[25] 例文 (44a, b) のような文が非文法的文となるのに対して，動詞 expect/believe の補文の不定詞として copula 動詞 be が用いられているような場合には，文法性が高まるということを Authier (1989: 122, fn. 5) は下記 (ia, b) のような例文を挙げて指摘している．

　(i) a. *This task is impossible to believe to have discouraged my aunt.
　　　（この仕事が叔母をがっかりさせたとは信じがたい）
　　b. ?Given the size of its claws, this animal is difficult to believe to be harmless.
　　　（その爪の大きさからすると，この動物が害を与えないなどとは信じがたい）

注 26 に挙げる例文 (ib) [= The analysis was hard for us to prove ＿ to be correct] もここに加えることができるであろう．いっぽう，§9.4 に取り上げる例文 (72b) [= *This car is easy to believe to be expensive] が非文法的文として扱われているところを見ると，上記の現象に関する文法性の判断についても，個人差・方言差が見られるということなのであろう．

なお，例文 (45a, b) のように，付加部の位置から要素を取り出す形の tough 構文が一般的に許されないということを示すその他の例として，Postal (2010: 322) の挙げている下記例文 (iia) を加えることができるであろう．

　(ii) a. ??That concert hall is difficult to applaud in.
　　　（そのコンサートホールの中で拍手するのは難しい）
　　b. That concert hall was difficult for great orchestras to perform in.
　　　（そのコンサートホールは大管弦楽団が演奏するのは困難だった）

ただし，上記例文 (iib) (Postal (2010: 322)) が自然な文であることからも推測されるように，このような場合の文法性の違いは，tough 構文の主節主語として選ばれた表現が，「そこに焦点を当てて，談話の中での話題として取り上げるにふさわしいかどうか」といった何

(43) a. This book is tough [Op$_i$ [PRO to read [e]$_i$]]

　　　　(この本を読むのは骨が折れる)

　　b. This car is easy [Op$_i$ [PRO to believe [Betsy to have fixed [e]$_i$]]]

　　　　(この車をベッツィーが修理したと信じるのはたやすい)

　　c. This language is impossible [Op$_i$ [PRO to expect [Scott to tell Greg [PRO to learn [e]$_i$]]]]　　　　　　　　　　[= §6.1, 注 5, (ik)]

(44) a.**Betsy is easy [Op$_i$ [PRO to expect [[e]$_i$ fixed the car]]]

　　　　(ベッツィーがその車を修理したものと期待するのはたやすい)

　　b. *That language is impossible [Op$_i$ [PRO to believe [[e]$_i$ to have discouraged Greg]]]

　　　　(その言語を学ぶことにグレグが失意の色を見せたなどとは信じがたい)

(45) a. *Today will be easy [Op$_i$ [PRO to catch the bus [e]$_i$]]

　　　　(今日はそのバスにたやすく間に合うだろう)

　　b. *This way is impossible [Op$_i$ [PRO to learn the language [e]$_i$]]

　　　　(こんなふうにしてその言語を学ぶのは不可能だ)

(46) a.??This car is hard [Op$_i$ [PRO to claim [[Betsy fixed [e]$_i$]]]]

　　　　(この車をベッツィーが修理したと主張するのは困難だ)

　　b.??That language is impossible [Op$_i$ [PRO to say [[Greg will learn [e]$_i$]]]]

　　　　(その言語をグレグが学習するだろうと言うのは無理です)

これらの現象は, tough 構文ばかりでなく, 空演算子移動により生成されると考えられるその他の構文の場合にも一般的に見られる現象である. ただし, 上記例文 (46) のような時制文からの取り出しの場合には, tough 構文の文がかなり不自然な文となるのに対し, 同じような空演算子移動がかかわっていると思われる寄生空所の構文の場合には, 下記例文 (47) に見るよ

か語用論的な要因と密接に関係しているように思われる. 詳しくは第 6 章の注 20 および §10.1 参照.

うに，それほど悪い文とはならないというような例外的振る舞いが見られるということを Stowell は指摘している（p. 477）．

(47) ?Which paper$_i$ did you file [e]$_i$ without [$_{S'}$ Op$_i$ [$_S$ PRO knowing that [$_S$ you read [e]$_i$]]]
（読み終えたことを知らずにファイルしたというのはどの論文のことですか）

このように，空演算子の移動の見られる上記例文 (44)-(46) のような文が非文法的文になるのに対し，それに対応する通常の Wh 移動による wh 疑問文や関係節構文の文は一般的に文法的文となるのはどうしてかという問題を Stowell は提起し，その答えとして，GB 理論の枠組みの中で，主として，空範疇原理（Empty Category Principle, ECP）および下接の条件（Subjacency condition）による分析を精緻化することにより，問題となっている文の持つ文法性の程度の違いを含めた言語事実について，理論的な説明を与えることができるという提案を行っている．Stowell による提案の解説と問題点の指摘について詳しくは，千葉 (2016) 参照．

9.3.5. D. Takahashi (2002 / 2006)

上で取り上げた，tough 構文の許されない統語的環境のうち，特に，主語の位置からの移動および時制文の中からの要素の取り出しがどうして許されないのかを説明しようとする別の試みとして，D. Takahashi (2002 / 2006) を取り上げることができる．D. Takahashi (2002 / 2006) は，まず，tough 構文においては，「空演算子 OP が主語の位置を占めることは許されない」および「空演算子 OP は時制文の中から取り出すことは許されない」という二つの制約が働いているために，上記のような一般的傾向が生じると考える（下記例文 (48a-d)（D. Takahashi (2006: 659)）参照）．

(48) a. *John is easy to expect ___ will see Mary. [上記例文 (44a) に相当]

b.??John is easy to expect Mary will see ___. ［上記例文 (46a, b) に相当］

c.*?John is easy to believe ___ to know Mary well. ［上記例文 (44b) に相当］[26]

---

[26] 例文 (48c) には，(48a) のような文と比べると「それほど悪くない」ということを表す記号 (*?) が付されているが，同じような文法性の違いについては，本文の§9.3.4 で取り上げた二つの例文 (44a, b) を比較したときにも言えるようである．（ただし，これら二つのペアをなす例文には，異なる母語話者の反応がそれぞれの著者による文法性表示の基準に従って示された形になっているので，同一尺度での文法性の違いを表したものとして受け取る（比較する）ことはできないということにも留意しなければならない．）

Nanni (1978: 111) は補文主語の取り出しが一般的に許されないという主張に対して，下記例文 (ia)（もともと Edwin Williams の指摘による）のような文は文法的文であると述べて反論するとともに，p. 115, note 9 において，Barbara Partee の指摘に基づく下記 (ib) のような文法的文の例も挙げている．

(i) a. John is hard for us to pretend to want ___ to marry Nancy.
  b. The analysis was hard for us to prove ___ to be correct.

本文中の例文 (48c) および上記例文 (ia, b) のような文は例外的格標示構文（§§9.2.1–2 参照）の例である．これらの文は，(主節の目的語の位置への) 引き上げ規則 (raising-to-object) が適用されて，不定詞の主語がいったん動詞 expect や believe の目的語となった後で，その位置から，必要とされる移動や一致などの操作を経て tough 構文の文が生成されるものと考えることができる (Postal (1974), Schachter (1981: 440, fn. 10), Lasnik and Saito (1991), Lasnik (2002, 2003), Chomsky (2008: 148; 2015b: 7) 参照）．したがって，tough 構文の生成のために，最終的に主節主語の位置に結び付けられる要素に要求される「目的語としての資格」は，部分的なりとも満たしているということになるであろう．もし，このような見方が許されるとしたなら，これらの例文が，人によっては，不完全ながら tough 構文の仲間入りが許されることがあるという事実について，それなりの説明を与えることができたことになるかもしれない．

Schachter (1981: 440, fn. 10) は，上記例文 (ia, b) が文法的文であることを認めた上で，次のようにコメントしている．すなわち，例文 (ia, b) の空所は不定詞の主語の位置ではなく，むしろ，動詞 want, prove の目的語の位置を占め，その目的語が意味的に不定詞の主語として解釈されるものと受け取ることができる．したがって，これらの文が文法的文であること自体は，補文主語の取り出しが一般的に許されないという主張に対する反例にはならないであろう．

ただし，その一方で，後ほど§9.4 で取り上げることになる，「tough 移動が適用できる名詞句は，基底構造の段階ですでに存在しているような名詞句に限られる」とする制約には合致しないことになるので，その点で，完全なる tough 構文としての資格は与えられないことになるのかもしれない．そのため，この種の例文の文法性判断には，個人語・方言による違いが見られるということになるのであろうか．

ところで，§7.1.1 で取り上げた Williams (1983: 442) や第 7 章の注 7 で紹介した

d. John is easy to believe Mary to know ___ well.［上記例文 (43b) に相当］

 ただし，D. Takahashi の場合は，空演算子 OP が元の位置から [Spec, CP] へ移動するという分析方法は採らず，空演算子は元の位置に留まったまま，補文標識の位置（C）と一致（Agree）の関係（§6.1, §9.3.1 参照）で結び付けられると考えるので，上記二つ目の制約，すなわち，「空演算子 OP は時制文の中から取り出すことは許されない」の中の「時制文の中から取り出す」という部分は，文字どおりの移動規則のほかに，「時制文の中の空演算子を一致の関係で C の位置に結び付ける」という操作をも意味することになる．
 D. Takahashi (2006) が提示するアイデアの主要な部分は次の点である．すなわち，上記二つの制約は，音声形式部門（PF）において要請されるものと彼がみなす「拡大投射原理（Extended Projection Principle, EPP）」を満たすために必要なものとして考えられているという点である．この原理 EPP は，もともと，時制文には主語が必要であるという（英語などの言語に見られる）現象を説明するために考えられたものであるが，その後その働きがさらに拡張されて，はめ込まれた文の 補文標識 C（および軽動詞 v）の場合にも，その指定部の位置を占める要素が（任意的に）必要となるということをこの同じ原理がカバーするものと考えられるようになっている．すなわち，従来の「指定部・主要部関係（Spec-head relations）」が「核機能範疇（core functional categories, CFC）」としての C, T, v 全般に当てはまるものとして一般化して捉えられている (cf. Chomsky (2000b)) ことになる．D. Takahashi (2006) は，このように拡張された EPP のことを「一般拡大投射原理

Goodall (1985: 72) による文法性判断，すなわち，下記例文 (iia, b) に見るような動詞 want の補文の場合にも，不定詞の主語の取り出しが完全に非文法的な文を生むわけではないとする文法性判断に関しては，どのような説明が考えられるのか，詳しいことはわからない．

 (ii) a. ?John is easy to want to win.　　　　　　　　　　　　[= §7.1.1, (19)]
　　　b. Those flowers are hard to want to bloom.　　　　　　　[= §7.1.1, 注 7, (ia)]

(generalized EPP)」と呼んでいる．

すでに上に述べたように，D. Takahashi (2006) は，そもそも，EPP は音声形式部門からの要請として必要となるものであると考える．したがって，EPP を満たすために必要とされる特定の要素は，音形を持つものでなければならず，空演算子 OP のような，PF において可視的でない (invisible) 要素であってはならないことになる．このことにより，空演算子が主語の位置を占める [TP *OP* [T' T ...]] のような統語構造（を中に含む tough 構文の文）は，EPP を満たすことができないので許されないことになる．

いっぽう，時制文の中に空演算子 *OP* が現れる下記例文 (49) のような文 (D. Takahashi (2006: 664), ex. (28)) の場合には，同じように EPP 違反が生じるために，OP を時制文の C の位置にも tough 補文の C の位置にも移動させることができない．

(49) John is easy [CP C to expect [CP C [TP Mary will see *OP*]]]
（メアリーがジョンに会うだろうと人が期待するのは十分ありうることです）

このような場合，すでに上で説明したように，tough 構文の文において EPP を満たすためには，一般的に OP は移動することなく，元の位置に留まったまま，しかるべき C との間で一致関係を成り立たせなければならないと考えられる．ただし，時制文の中にある OP を tough 補文の C と一致関係で直接結び付けることは，「フェーズ不可侵条件 (Phase Impenetrability Condition, PIC)」(Chomsky (2001: 5)) の違反となるので許されない．[27]

---

[27] D. Takahashi (2006) は，vP がフェーズを形成しないとみなす (p. 666, note 5) ので，目的語の位置にある OP はそのままの位置で不定詞節の C と Agree 関係に入ることが可能となり，したがって，[Spec, CP] 位置への移動は必要なくなると考える．すなわち，下記 (i) のような tough 構文の構造において，基底生成された OP は移動されることなく，そのままの位置に留まることになる．

　　(i)　John is easy [CP C [TP PRO to please *OP*]]　　(D. Takahashi (2002: 7; 2006: 663))
ただし，上記 (i) のような構造を想定した場合，OP と主節主語を直接 Agree で結び付け

フェーズ不可侵条件とは一種の局所性に関する制約で，中村ほか (2001: 254) に従って次のように定義することができる．

(50) フェーズ不可侵条件
次の構造で，派生が PH_2 の段階まで進んだ場合，主要部 H_1 とその指定部を除き，PH_1 内の要素に操作を加えてはならない（すなわち，H_1 の補部に操作を加えてはならない）

[$_{PH_2}$ ... H_2 ... [$_{PH_1}$ ... H_1 ...] ...]　 (PH = phase)

このように定義されるフェーズ不可侵条件により，フェーズ（たとえば，

ることは，本文に挙げた「フェーズ不可侵条件」の違反を引き起こすことになるので許されない．したがって，OP は，まず，tough 補文の C の位置と一致の関係 (Agree) で結び付けられた後，さらに主節主語と結び付けられることになる．(OP が tough 補文の C と結び付けられた後，主節主語との間でどのように関係づけられるのかについて，D. Takahashi 自身は明示的な説明を行っていないが，C の位置がさらに主節主語 John と一致関係で結ばれると考える (cf. Aoun and Clark (1985), C. Jones (1991), Rezac (2004, 2006)) ことになると思われる．本文§9.3.1 および注 26 参照．)

いっぽう，Nakagawa (2007a: 329) が指摘している Kobayashi (2003: 161) のアイデアによると，下記例文 (ii) に示すように，不定詞節は CP ではなく TP であると考えることになるので，OP は主節主語により直接認可され，両者は直接 Agree で結ばれることになる．

(ii)　John is easy [$_{TP}$ PRO to please OP]

不定詞補文が，このように，CP ではなく TP であるとする分析は，動詞 believe, convince などの補文の場合には，下記 (iii), (iv) の構造表示 (D. Takahashi (2006: 662)) に示すように，D. Takahashi 自身が採用している補文構造分析である．

(iii)　John is easy [$_{CP}$ C to believe [$_{TP}$ Mary to know OP well]]
　　　（メアリーがジョンのことをよく知っていると人はたやすく信ずることができます）
(iv)　John is easy [$_{CP}$ C to convince Bill [$_{TP}$ to do business with OP]]
　　　（ビルを説得してジョンと取引するよう仕向けるのはたやすいことです）

なお，tough 節が弱フェーズの vP（§6.1 参照）であると考える中川 (2017) によると，tough 節には時制要素も主語も仮定する必要はないことになるので，不定詞の目的語の位置を主節主語が直接認可するというような分析が可能となることを，下記 (v) のような構造表示 (p. 120) を示しながら中川は説明している．詳しくは，中川 (2017) 参照．

(v)　[$_{TP}$ John$_i$ [$_T$ is [$_{AP}$ easy [$_{vP}$ to [$_{VP}$ please(NP$_i$)]]]]]

identify

CP と vP) の主要部領域内にあるいかなる目標子 (goal, G) も，そのフェーズの外にある探査子 (probe, P) にとって不可侵的存在となるので，それ以降の統語的操作の対象とはなれないことになる．ただし，主要部と端 (edge)（すなわち指定部）にある要素はその対象となることができる (cf. Chomsky (1998, 1999, 2001))．すなわち，局所原理 (Locality Principle) により，探査子 P は局所的（位置にある）G とのみ結び付くことができる．

空演算子 OP が移動しないとする Takahashi の tough 構文分析案の持つ利点の一つとして，D. Takahashi (2006: 664) 自身が説明している次のような言語事実を取り上げることができるであろう．それは，Chomsky (1977: 105) が指摘する下記例文 (51a) に関するものである．

(51) a. What violin is the sonata easy to play on?
    (そのソナタはどんなバイオリンでなら演奏しやすいですか)
   b. What violin$_i$ is the sonata$_j$ [easy [OP_j to play t_j on t_i]]?

OP 移動を採用する Chomsky (1981: 310) の分析によると，例文 (51a) の構造は (51b) のようになるが，この構造だと，wh 句の what violin を元の位置 t_i から移動するときに，OP の頭上を越えることになるので，OP の島 (OP-island) [= wh 島 (*wh*-island)] からの取出しのためにこの文が非文法的文となることが予想される．したがって，実際にはこの文が文法的文であるという事実と矛盾することとなる．[28]

---

[28] 実質的に wh 島からの要素の取り出しとなるために非文法的であると Chomsky 自身説明しているのは，下記例文 (ib) のような場合である（例文 (ia, b) は共に Chomsky (1981: 310) より）．
   (i) a. the violins are easy [to play the sonatas on]
       (バイオリンでそのソナタを演奏するのはやさしい)
      b. *which sonatas are the violins easy [to play t on]
       (バイオリンで演奏するのがやさしいのはどのソナタですか)
すなわち，ちょうど，下記例文 (iia) における him を疑問詞 who に変えて主節の COMP の位置に移動することが，wh 島の制約 (*wh*-island constraint) により許されない（例文 (iib) 参照）のと同じように，上記例文 (ia) に対応する wh 疑問文も非文法的文となることが説

それに対し，OP は移動しないと考える Takahashi の分析では，下記構造表示 (52) に見るように，OP は基底生成された位置に留まることになり，what violin は不定詞節の [Spec, CP] を経由して主節の C の位置へと移動で

明できる（例文はいずれも Chomsky (1981: 310) より）．
  (ii) a.   you asked [what$_j$ John had given t$_j$ to him]
       b. *who$_i$ did you ask [what$_j$ John had given t$_j$ to t$_i$]
            （ジョンが誰かに何をあげたのかとあなたはお尋ねになったのでしたね．ところで，誰にあげたのかってお尋ねだったのでしょうか）

ところが，このような説明では，本文にも述べたように，文法性のそれほど劣っていない（あるいは，文法的である）例文 (51a) のような文の場合も同じように非文法的とされてしまうことになる．そこで，Chomsky (1981: 312ff.) は再分析のメカニズムを導入することにより，このような問題を回避する案を示している（§9.3.1 参照）．

すなわち，tough 構文の生成には，空演算子 OP 移動が適用されたのち，easy (for NP) とそれに後続する不定詞部分 (PRO) to VP とが合体して単一の形容詞 (A) が形成されることになる再分析のプロセスを経ることが要求される．OP 移動の後，再分析により形成された構成素 [$_A$ easy to play [wh- sonatas] on t] の内部から部分的要素 wh- sonatas を取り出すのは許されない（§9.3.2 参照）ので，そのような生成過程を踏むことになる上記例文 (ib) は非文法的文となることがまず説明できるであろう．

いっぽう，本文の例文 (51a) の場合には，OP 移動の後，再分析により形成される構造は下記 (iii) のようなものと考えられる（なお，sonata(s), violin(s) に見られる部分的相違点については，注29参照）．したがって，このように wh 句が周辺部に位置する場合の Wh 移動は，上記例文 (ib) の場合とは異なり，単一構成素の中からの部分的要素の取り出しとはならず，一般的に許されると説明されることになる．

  (iii) the sonatas are [$_{AP}$ [$_A$ easy to play] t$_i$ on [wh- violins]] (Chomsky (1981: 313))

このように，Chomsky 自身は，再分析のメカニズムを用いることにより，問題となっている二つの文の持つ文法性の違いを説明しているので，本文で取り上げた D. Takahashi による問題点の指摘は，Chomsky が採り入れているような再分析による説明方法を用いないとしたら，あるいは，そのような説明方法に問題があるとしたら，という条件のもとで成り立つ問題点の指摘であるということになる．

事実，再分析案を採り入れた tough 構文分析には問題点があることが指摘されている（Levine (1984a, b; 1997), Hicks (2009) 参照）ので，問題は，再分析のアイデアがどの程度そのような批判をかわすことができるかということになるであろう（Hicks (2004) 参照）．Chomsky (1982: 57)，Montalbetti and Saito (1983b: 470)，Goodall (1985) が示しているように，再分析後においても，再分析前の構造情報が利用可能であるとする案（第7章の注7参照）を考慮すれば，これらの再分析批判の多くの部分は対処可能だと思われる．なお，どのような場合の「再分析」を認めるかについての Zwart (2012) のアイデアに関しては §9.3.2 参照．

Bach (1977)，Levine (1984a, b) などにおいては，上で取り上げたような言語事実は，む

きると説明可能である．[29]

(52)　What violin$_1$ is the sonata$_2$ easy [$_{CP}$ t_1' C to play OP$_2$ on t_1]?

(D. Takahashi (2002: 8))

この場合，OP$_2$ は純粋な演算子ではないので Q 素性を持たず（cf. Nakagawa (2007a: 330f.)），したがって，what violin を移動する際の妨げとはなら

しろ，次に示すような，文の処理に関するメカニズム（processing mechanism）の点から説明するのが望ましいとするアイデアが提案されている．すなわち，互いに関連づけられる二つの要素（A とその gap）が二組存在する場合，A と gap の連鎖の関係が二組の間で互いに交差するような構造を生み出す場合，そのような構造を持った文は一般的に好ましくない文となる，というような説明である．
　たとえば，下記（iva, b）（Bach (1977: 150)）のような二つの異なる連鎖関係において，
　(iv) a.　A$_1$ … A$_2$ … gap$_1$ … gap$_2$
　　　b.　A$_1$ … A$_2$ … gap$_2$ … gap$_1$
(iva) の場合には，二つの連鎖（A$_1$, gap$_1$）と（A$_2$, gap$_2$）が互いに交差する関係（criss-crossed pattern）になるが，(ivb) の場合には，連鎖（A$_1$, gap$_1$）が連鎖（A$_2$, gap$_2$）を包摂するような関係になるという違いが見られる．したがって，(iva) のような構造を持つ文は，(ivb) のような構造を持つ文と比べ，一般的に文法性の劣った文となると考えられる．（このような制約のことを「交差制約（crossing constraint）」と呼ぶ．中村ほか (1989: 221f.) 参照．）
　このようなアイデアは，その後 Pesetsky (1982, 1987b) などに見られる「繰り込み依存制約（Nested Dependency Constraint, NDC）」や，さらには，ミニマリスト・プログラムにおける「最小連結条件」(Minimal Link Condition, MLC)」(Chomsky (1995: 311)) などの一般的制約による説明へと発展していくことになる．MLC は次のように定義される：「要素 α を移動の標的 K に移動できるのは，K に移動可能で，α よりも K に『近い』位置にある β が存在しない時に限る」（中村ほか (2001: 242) の解説による）．MLC について，さらに詳しくは，Chomsky (1995), Kitahara (1997), 中村ほか (2001) 参照．
　なお，空演算子 OP の場合は，普通の wh 句の場合と異なり，tough 補文の指定部の位置に移動するのではなく，その補文に付加されるので wh の島は形成されず，したがって，その後適用される wh 句の移動は，その指定部位置を経てさらに主節の指定部位置へと循環的適用が可能となるとする分析案が Authier (1989: 121ff.) により提示されている．詳しくは，Authier (1989) 参照．
[29] 例文 (52) は，Chomsky (1977: 105) の挙げている例文 "What violin is the sonata easy to play on?" の構造表示を示したものとなっていて，Takahashi 自身が引用している Chomsky (1981: 310) の例文 (11)　[= which violins are the sonatas [easy to play on t]]　と部分的に異なるところがあるが，ここでの議論に影響するところはない．（なお，the sonata$_2$ とあるのは，著者の意図を汲んで千葉が下付き記号を書き加えたものである．）

ないと考えられる．すなわち，CとOP₂との結び付け（照合）が行われた後でも，Cの位置は，依然としてWh移動の中継地として（すなわち，wh素性を探る探索子として）の機能を果たすことができると考えられていることになる（§8.3.5参照）.³⁰

---

³⁰ いっぽう，注28で取り上げた例文（ib）[= *which sonatas are the violins easy to play t on] が非文法的文であるということは，どのように説明されるのであろうか．この点に関するTakahashiの説明は見当たらないが，「最小連結条件」（注28参照）のような一般的な条件が考えられているのかもしれない．

なお，注28で解説したように，例文（ib）がwh島の制約により非文法的となるとする分析には次のような問題があるということをHornstein (2001: 108ff.) は指摘している．すなわち，このような分析では，tough構文の場合に見られる問題のWh移動が，普通のwh-island違反の場合に比べ，その非文法性の程度がかなり強くなるという事実（下記例文（i），(ii)を参照）を説明できないという問題にぶつかることになる（Hornsteinの挙げている下記例文には，文法性の程度を示す？/ */ ** などの記号は示されていない）．

(i) a. The book that I wondered who read was on display.
(誰が読んだのだろうと私が思ったその本が展示されていた)
b. The book that I wondered when to give to Paul was ...
(いつポールにあげたらいいかしらと私が思ったその本が...)

(ii) a. The sonata that violins are easy to play on is ...
(バイオリンで演奏するのが簡単なそのソナタが ...)
b. The people that this book is easy to convince to read are ...
(Hornstein (2001: 109))
(この本を読むように説得するのがやさしいその人たちが...)

すなわち，上記例文（ia, b）のようなwh-island違反による非文法性の程度は，特に関係節がかかわるような場合には，かなり低いのに対し，上記例文（iia, b）のようなtough構文が絡んでいるような場合は，非文法性の程度がより高くなり，wh-island違反というより複合名詞句制約（complex NP constraint）の効果に匹敵するようなところがあるとHornsteinは説明している（p. 109）．

いっぽう，Hornsteinによるtough構文の分析では，不定詞部分は付加部CPとみなされ，θ標示されないので障壁（barrier）となる．また，下記の構造表示（iiib）に見るように，付加部CPの指定部の位置はWH-this violinによって占められているので，その位置にwhich sonatasを移動させることはできない．したがって，（格素性などの素性を照合するために）主節IPの指定部に直接移動させることになるが，その時の移動は二つの障壁を越えた移動となり，結局，下記例文（iiia）のように，下接の条件を破るはっきりとした非文法的文を生み出すというような説明が可能となる（pp. 111-112）．

(iii) a. *Which sonatas is this violin easy to play on?
(このバイオリンで演奏するのがやさしいのはどのソナタですか)

このように，tough 構文の OP は基底生成された位置に留まるとする分析に従えば，上記例文 (51a) が文法的文であることが説明可能となる．

    b. [CP which sonatas [IP [IP this violin is [AP this violin easy]] [CP WH-this violin [IP pro to [play which sonatas on WH-this violin]]]]]

なお，Hornstein は，空演算子 OP の移動による分析法を採らず，[WH] 素性を持った語彙項目としての NP/DP が，元の位置から tough 節の指定部を経て主節主語の位置へと移動するとする分析法を採用している．また，付加部 CP からの要素の取り出しは，指定部を経て行われる場合は許されるものと考える．さらに，付加部の指定部から要素を取り出し，主節の tough 述語の θ 位置へと移動させる働きを持った，一種の「昇格 (promotion)」的扱いとしての操作である「側面移動／横すべり移動 (sideward(s)/sideways movement)」を必要な文法的操作の一つとして認めることになる（「側面移動」については，Hornstein (2001, 2009), Nunes (1995, 2001, 2004, 2012) 参照）．

以上のような生成過程を考えれば，再分析による複合的形容詞の形成，および主節主語の名詞句と移動の結果の連鎖とを叙述関係により結びつけるメカニズムも不要となると Hornstein は説明している．

上記 (iiib) の構造表記は，このような分析法を採り入れた表記となっているが，少々わかりにくいところがあるかもしれないので，念のため，tough 構文の単純な文の例として，下記例文 (iva) およびその生成過程を示す構造表示 (ivb) (Hornstein (2001: 110f.)) を下に挙げておこう (Moby Dick がイタリック体になっていないのは原文のまま)．

  (iv) a. Moby Dick is easy to read. (『白鯨』は読みやすい)
      b. [IP [IP Moby Dick is [AP Moby Dick easy]] [CP [[WH] Moby Dick [IP pro to read [[WH] Moby Dick]]]]

ところで，付加部 CP からの要素の取り出しについては，指定部を経て行われる場合は，それなりに認可されるので許されると Hornstein がみなしているというような解説を上で行った．ただし，一方では，Taylor (2003: 45) が行っているような (Hornstein による tough 構文の分析についての) 解説も見られる．すなわち，下記 (v) のような構造において，easy の持つ θ 素性を照合するために，側面移動により CP 指定部の位置の John を easy と併合させる段階においては，CP がまだいかなる要素とも併合されていないため付加部になっておらず，したがって，CP 内部からの John の取り出しは許される．ただし，いったん，この CP が主節の一部に組み込まれると，その CP の内部から要素を取り出すことは許されなくなる．

  (v) [ADJP John easy]   [CP John [IP pro to find [John]]]

なお，側面移動による併合については，可能な併合の種類として，厳密な意味での「外的併合 (external Merge)」と「内的併合 (internal Merge)」の二種類だけに限定しようとする立場からすると，問題になるかもしれない (cf. Chomsky (2007: 8; 2015b: 6), Epstein et al. (2012: 263))．下に引用するチョムスキー (2015a: 144ff.) の説明を参照．

  [...] もしかしたら併合と最小探索を統一しようとする手段があるのかもしれません

いっぽう，このような分析で問題となりそうな文の例としては，以下のようなものがある．

(53) *Which violin$_i$ is that sonata$_j$ hard to imagine (anyone) playing t_j on t_i / wanting to play t_j on t_i? (Jacobson (2000: 9))

すなわち，このような非文法的文は，OP（= t_j）が多重嵌め込みの節の中に基底生成されるときには，島の制約の効果が現れ，したがって，which violin を t_i の位置から Wh 移動させることができないということを示唆することになる．

が．一方で，共通する要素もあります．併合も単純な探索を要求します．例えば，作業空間（ワークスペース）の中に二つの統辞体があって，それらを併合しようとします．そのとき，一つの統辞体の中を覗いて，そのある部分をもう一つの統辞体とくっつけることは許されません．そういった操作は併合とは違う演算になってしまいます．統辞体の内部を見ることは，最小探索より複雑な操作になります．最小探索は統辞体全体を対象として選ぶことを要求するのです．[...] 作業を先に進めるためには，作業空間から X を選択し，さらに Y を選択して X と併合します．この場合，Y は作業空間内の X とはことなるもう一つの要素であることもありますし（外的併合），あるいは X の一部であることもあります（内的併合）．作業空間において適用される厳密に二項枝分かれ的な演算にとっては，これらが唯一の可能性です．X か Y どちらかの内部にある要素を移動して，もう一方の統辞体にくっつけることを許すようなアプローチもあります．そういったアプローチでは，多次元性（multidimensionality）の概念が生じることになります．これは併合の適用に過ぎないというように論じられていますが，それは間違いだと私は思います．そうではありません．多次元性を許すアプローチは，まさにあなたがいま述べた論点に関連するところで併合の条件を破っているのです．つまり，併合自体に対する最小探索の要請に違反しているわけです．実際のところ，このアプローチで用いられる関係は二項関係ではなく，本当は三項関係なのです．まず，作業空間内に一つの項目を見つける．次にその項目の内部に何かを見つける．これで二つです．そしてさらに，この何かをくっつける対象である別の要素，つまり三つめの要素を見つけるのです．多次元性は記述上の目的のために用いられるので，文献においては実におかしな形で使われていますが，もし，こんな装置が自由に使えるようになったら一体どんなことが起こるか考えてごらんなさい．完全に滅茶苦茶なことになってしまいますよ．そうなったら，コピー（copy）を反復（repetition）と区別することさえ出来なくなるし，相 [= フェーズ（phase）（千葉）] をどうやって特徴づけるかもわからなくなります．多次元性を許してしまえば，理論は総崩れになってしまうと思います．

上記例文 (53) は，Jacobson (2000) によると，少なくとも，たとえば，関係節の中から要素を取り出すと，通常，非文法的文が生じるのと同じ程度に悪い文である．(53) において，もし OP が基底生成された位置 (t_j) に留まっているとするならば，不定詞節の [Spec, CP] を経由した形で wh 句が外に取り出されることを妨げるものは何もないことになるはずである．したがって，(53) のような文は，(51a) と同じように文法的であると予測されることになるが，これは事実には合わないので問題となるということになる．

9.3.6. **Nakagawa (2007a)**

上で指摘した問題に対して，Nakagawa (2007a: 330f.) は以下のような対処の仕方を提案している．まず，tough 述語の後ろに不定詞節が一つだけ続いている上記例文 (51a) のような場合，主節主語と主節の軽動詞 v との併合が行われたとき，その主節主語は不定詞補文の中の OP (あるいは，その OP と Agree 関係にある (不定詞節内の) v) と直接的な Agree の関係を持つことができる．すなわち，基底生成された OP は，Pesetsky and Torrego (2004, 2007) による「素性共有 (feature sharing, F-Sharing)」のアプローチを採用することにより，途中の [Spec, CP] の位置を経て循環的に移動することなく，元の位置に留まったまま主節主語との間で Agree の関係が成立することを示すことができる．つまり，(tough 節の) 最上位に位置する不定詞節の C と OP との間に介在するいくつか複数の C 同士の間に成り立つ Agree 関係を仲立ちとして，OP の長距離認可が可能となる (Nakagawa (2007a: 330) の挙げている下記の構造表示 (54) 参照).

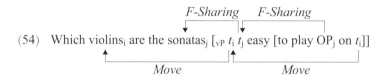

(54) Which violins$_i$ are the sonatas$_j$ [$_{vP}$ t_i t_j easy [to play OP$_j$ on t_i]]

ここで重要なことは，上でも指摘したように，OP は純粋な演算子ではな

いのでQ素性を持たず，したがって，ほかの要素とA′関係で結ばれることはないということである．このことにより，主節のvの持つQ素性は，たとえOPとの間で素性共有が行われた後においても，値未決定 (unvalued) の状態のままであるので，しかるべきwh素性の存在を探る探索子として働き，構造上周辺部にある（すなわち，前置詞の目的語である）wh句を主節の [Spec, vp] 位置へと引き寄せることができる．このwh句はその位置からさらに文頭の [Spec, CP] の位置へと移動することになる．

次に，上で問題となっている例文，すなわち，OPが多重嵌め込みの節の中に基底生成された上記 (53) のような文の場合は，どうして非文法的文になるのかを考えてみよう．このような文の場合，文頭のwh句であるwhich violinが前置詞onの目的語の位置から途中の [Spec, CP] を経て文頭の位置を占めるようになるためには，概略次の (55) に示すような生成過程を経ることになるであろう．

(55) Which violin$_i$ C is that

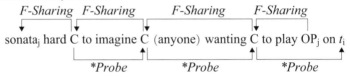

このような構造表示において，OPは主節主語のthat sonataと直接結び付けることができないので，途中の [Spec, CP] を経由する形で結び付けなければならない．すなわち，OPは途中のCとA′関係を持たなければならない．そのためには，OPはCとQ素性を共有しなければならないこととなる．ただし，OPとの素性共有 (F-Sharing) によりQ素性値が決定済みとなったC（すなわち，"the valued Q-features on those Cs"）はwh句のwhich violinを引き寄せる探索子としての働きをすることができない（このことは，上記の構造表示において，"*Probe" として表記されている）．したがって，which violinを途中の [Spec, CP] を経て移動させることはかなわぬこととなり，

その結果，(53) は非文法的文とされることになる．

このように，(51a) と (53) の文法性の違いを，文法理論の中の同じ一つのメカニズムである素性共有による分析方法を用いて説明できるところに，Nakagawa (2007a) の強みが発揮されていると言えるかもしれない．

以上，主語の位置および時制文の中に OP が現れる構造を持った tough 構文の文が一般的に許されないという言語事実を，「PF 理論に基づく EPP」のアイデア ("the PF theory of the EPP" (D. Takahashi (2006: 658))) に基づいて説明できるとする D. Takahashi (2002/2006) による興味ある試み，および，それを発展させた Nakagawa (2007a) による分析案の一部について概観した．

9.3.7. 時制文からの要素の取り出しが許される場合

上で取り上げた時制文絡みの tough 構文の話題に関し，Hicks (2009: 560, fn. 18) は，時制文の中から要素を取り出してできた tough 構文の文の場合でも，文法的であると判断されるような例があることを指摘している．すなわち，Hicks は Kaplan and Bresnan (1982: 255) の挙げている下記例文 (56) を引用し，「確かに，Nanni (1978) や Grover (1995) の言うように，このような文の持つ文法性の判断については人により意見が分かれるが，それでも，Calcagno (1999) の主張どおり，明らかに文法的だと思われるこの種の文が，少なくともいくつかは存在する」という趣旨のことを述べている．[31]

---

[31] 第 6 章の注 5 参照．Postal (2010: 117f.) も，この種の tough 構文についての文法性判断には，方言により大きく異なることがあることを認め，彼自身が，以前，非文法的として提示していた下記例文 (ia) (Postal (1971: 114)) についても，今では文法的と判断されるとしている．また下記例文 (ib-d) についても，文法的の文であるとの判断に同意すると述べている (p. 118)．

(i) a. You are tough for me to believe that Harry hates.
  b. John should be easy for us to tell Bill that he really ought to ask Mary to tell Jane to invite.　　　　　　　　　　　　　　　　　　　　(Stowell (1981: 446))
  c. Walter is hard for me to imagine that anyone would look at.
　　　　　　　　　　　　　　　　　　　　　　　　　(Back and Horn (1976: 283))

(56) Mary is tough for me to believe that John would ever marry.

[= §6.1, 注 5, (il)]

---

    d. John is easy to imagine that we could please.   (Steedman (1996: 63))

ただし，これらの文に見られる that 節は，tough 述語の直接的項 (direct argument) ではなく，不定詞の中にはめ込まれた形の項となっていることに注意．前者のような that 節から成る場合には，下記例文 (Longenbaugh (2017: 14)) に見るように，主語，目的語いずれの取り出しの場合にも，はっきりとした非文法的文が生じることになるということを Longenbaugh は指摘している．

  (ii) a. It was hard [$_{cp}$ that I lost my hat].
        b. *My hat was hard [$_{cp}$ that I lost t].
        c. *I was hard [$_{cp}$ t lost my hat].

なお，Postal (2010: 118) は，仮定法現在 (present subjunctive) の場合の that 節について言及し，時制文としての that 節 (finite complement clause) の場合と比べ，その中から要素を取り出してできる tough 構文の文の文法性がさらに高まるようだと述べている（下記例文 (iiia, b) 参照）．

  (iii) a. It will be difficult to demand/insist/require that he reinterview Maureen.
        b. Maureen will be difficult to demand/insist/require that he reinterview.

同じように，Longenbaugh (2017: 13) も，少なくとも，仮定法節から目的語を取り出した文の場合には，非文法性の程度が軽くなるということを，以下のような例文を挙げて指摘している（Sbj = subjunctive clause）．

  (iv) a. ?This form is important [$_{Sbj}$ that he sign t by tomorrow].
        b. ?This medication is essential [$_{Sbj}$ that she take t by 5 PM].
  (v) a. *Sue is important [$_{Subj}$ t take the final exam tomorrow].
       b. *Sue was easy for Sally to demand [$_{Sbj}$ t give the lecture].

（このような事実は，注 15 に述べたように，「特に助動詞を含む時制文の場合にやや文法性が高まる」とする Stowell (1991: 204) による観察とも関連しているかもしれない．）

このように，一般的に，時制文および仮定法節の主語の取り出しによる tough 構文の文が許されないのに対し，目的語の場合には，(ある程度) 受容可能と判断される文になることがあるという現象を，Longenbaugh (2017: 11ff.) は次のような「節境界を超えた tough 移動の制約 (Constraints on cross-clausal TM)」と名付けた一般化で捉えようとしている．すなわち，

  (vi) 節境界 α を超えて適用される tough 移動は：
      (a) α がフェーズとしての CP を含んでいないときは完全に許される．
      (b) α がフェーズとしての CP を含んでいるとき，非主語 (non-subjects) の取り出しの場合には，文法性の低下を引き起こすことになり，また，主語の取り出しの場合には許されない．

（この制約について詳しくは，Longenbaugh (2017) 参照．）

また，時制文の主語の位置から要素を取り出してできた tough 構文の文で，文法性の程度がそれほど悪くはないと思われるような文の例（下記例文(57), (58) 参照）を指摘している研究の一つとして，Levine and Hukari (2006: 34f.) を挙げることができる（原文では，例文 (58a, b) の場合，要素の取り出された主語の位置を示すアンダーバーの記号が用いられていないが，ここでは，(57a-c) に合わせてその記号を加えてある）．

(57) a. The old scam is hard for me to believe __ would fool ANYONE these days.
（近頃では，あの昔ながらの詐欺で，だれかを騙すことができるなんて私には信じがたい）

b. ?Prozac isn't reasonable for you to assume __ will solve all your problems.
（抗うつ剤プロザックで君の抱えている問題をすべて解決できるなんて考えるのは筋の通らないことだ）

c.(?)These topics would be entirely reasonable for us to insist __ be excluded from the internal review committee.
（これらの話題を内部再調査委員会から排除すべきだと私たちが主張するのは全く道理にかなったことでありましょう）

(58) a. I find the above paragraphs a little difficult to believe __ are coming from the thoughts of an allegedly educated person, much less a woman.
（上記のパラグラフで述べられているようなことが，教養あるということになっている人の考え，いわんや女性の考えから出てくるなんて，私には少々信じがたいところがあります）

b. But so long as people believe that the behavior is a function of someone else's (divine or not) purpose, then the details that make such a difference in behavior will be difficult to see. Or for that matter, be difficult to believe ___ are even changeable at all.

(しかしながら，そのような振る舞いは誰か別の人の（神々しい，あるいはそうでないかもしれない）思惑によるものであると人が信じる限り，その振る舞いに見られるそのような違いの基になっている細部の事柄については，それを見通すのが難しいであろう．あるいは，そんなことなら，そもそもそれが変化しうるものだということさえ信じがたいと言わねばならなくなるであろう）

いっぽう，Schachter (1981: 440) のように，下記例文 (59), (60) のそれぞれペアになった文の間には，明確な文法性の違いが認められるということを指摘している文献も数多く見られる (cf. Gazdar et al. (1985: 151), Pollard and Sag (1994: 168f.), Longenbaugh (2017: 14)).

(59) a. Mary is hard for me to believe John kissed.
(メアリーにジョンがキスしたなんて，私には信じがたい)
b. *Mary is hard for me to believe kissed John.
(メアリーがジョンにキスしたなんて，私には信じがたい)

(60) a. Mary is easy for me to understand why John dated.
(メアリーとなぜジョンがデートしたのか，私には容易に理解できる)
b. *Mary is easy for me to understand why dated John.
(メアリーがなぜジョンとデートしたのか，私には容易に理解できる)

(§9.3.4 の例文 (44a) と (46a, b) との間，および §9.3.5 の例文 (48a) と (48b) との間に見られる文法性の違いについても同じようなことが言える．)

また，時制文の場合，目的語の取り出しが許されるとしても，補文標識 that のあるなしによって文法性の違いが認められるということについては，Culicover (1997) による事実指摘としてすでに §9.3.3 において触れたとおりである（下記例文 (61a, b) 参照）．念のため千葉の調べた米国人母語話者の反応（下記例文 (62)-(64) 参照）からも，このことは部分的に推測されるであ

ろう．

(61) a. ?Mary$_i$ is tough to believe that you saw t_i.　　　[= §9.3.3, (40d)]
　　　b. 　Mary$_i$ is tough to believe you saw t_i.　　　　　[= §9.3.3, (39d)]
(62) a. ?This boulder would be easy for me to claim that I have lifted t.
　　　　（この巨石は私が持ち上げたんだと主張することはたやすいことでしょう）
　　　b. 　This boulder would be easy for me to claim I have lifted t.
(63) a. *Mary is hard for me to believe that Leslie killed t.
　　　　（メアリーをレズリーが殺害したとは私には信じがたい）
　　　b.??Mary is hard for me to believe Leslie killed t.
(64) a.??That kind of mistake is hard to realize that you're making t.
　　　　（そんな間違いをあなたが実際犯しているなんてとても受け入れられない）
　　　b. ?That kind of mistake is hard to realize you're making t.

ちなみに，Chomsky (1973: 265, fn. 43) は，下記例文 (65a) が，Wh 移動の繰り返し適用により生成可能であるのに対し，(65b) のような tough 構文の生成は，「指定主語条件 (Specified Subject Condition, SSC)」によりブロックされることになるということを指摘している．

(65) a. 　This is the book that it is difficult to believe that Tom read.
　　　　（これはトムが読んだなんて信じがたい種類の本である）
　　　b. *Books are difficult to believe that Tom reads.
　　　　（トムが本を読むなんて信じがたいことです）

ただし，このような場合，当然のことながら，指定主語条件による説明が可能となるのは，"It is difficult to believe that Tom reads books" のような文において，動詞 read の目的語 books を主節主語 it の位置に直接移動させるような分析を前提としているからである．その後の生成文法の理論展開に

伴って新たに登場する，一種の Wh 移動である空範疇移動を用いた分析においては，移動する空範疇は that 節の外部に直接取り出されることにはならないので，指定主語条件の対象とはならない．[32]

---

[32] 例文 (65b) のような文が非文法的となることに対しては，たとえば，Chomsky (1981: 199) に示されている下記 (ia) のような構造表示（ただし，この文は tough 構文の例ではないが）を，例文 (65b) に当てはめると，下記 (ib) のようなものが考えられるかもしれない．

(i) a. *John is possible [t [Bill will see t′]]
   b. *Books are difficult to believe [t that [Tom reads t′]]

すなわち，Chomsky が解説している分析によると，(ia) において，John はもともと占めていた位置 t′ から t を経て，さらに主節主語の位置へと移動するという生成過程をたどることになる．このような構造表示の下では，指示表現 (referring expression, R-expression) の一つである変更 (variable) t′ が，最終的に主節主語の John により A 束縛されることになるので，束縛理論 (binding theory) の原理 (C)，すなわち，「指示表現は自由でなければならない」に違反することになり，したがって，(ia) の文は非文法的文となるという説明が与えられている．このような説明を (ib) のような文の場合にも当てはめることができるとするならば，このような文の持つ非文法性も，同じように束縛理論により説明できると言えるかもしれない（第 1 章の解説参照）．

ただし，Chomsky (1981: 204f.) においては，下記 (iia) のような too / enough 不定詞構文の文に対して，(iib) のような構造表示を与えるのと同じように，下記例文 (iiia) のような tough 構文に対しても，(iiib) のような構造分析を当てはめるアイデアが示されている．

(ii) a. John is too clever to expect us to catch.
   b. John is too clever [$_{S'}$[$_{NP_i}$ α] [$_S$ PRO$_j$ to expect [$_S$ us to catch t$_i$]]]
(iii) a. They are easy for Bill to talk to.
   b. They are easy for Bill [$_{S'}$ α$_i$ [$_S$ PRO$_j$ to talk to t$_i$]]

すなわち，(iiib) において，COMP の位置に移動した要素 α$_i$ が痕跡 t$_i$ を残すとする一種の Wh 移動，すなわち，空範疇移動による tough 構文の分析案が導入されている．また，α$_i$ および PRO$_j$ は，主節主語の they および前置詞句の for Bill によってそれぞれコントロールされなければならないということも述べられている (p. 205)．ただし，上で筆者が仮に示したような，COMP の位置に移動した要素がさらに主節主語の位置にまで移動するという案は，ここでは採り入れられていないことに注意しなければならない．すなわち，同じ本の p. 309 で明らかにされるように，主節主語の位置を占める要素は，S 構造 (S-structure) の段階において語彙挿入され，したがって，その位置は θ 位置と考えなければならないという説明が与えられている．

このように，Chomsky (1981) に示されている tough 構文の分析によると，本文の例文 (65b) が非文法的となることについては，指定主語条件を用いた説明ではなく，何か別の方策が必要になるであろう．そのような方策の一つとして指摘できるのは，§9.3.1 で紹介した Chomsky (1981: 314) による再分析のアイデアを用いた説明である．すなわち，tough 構文の生成に必要とされる再分析が，時制文の含まれた構造の場合には適用しにくいので，

ここで，tough 構文の許されない統語的環境のうち，特に主語の位置からの移動および時制文の中からの要素の取り出しによる tough 構文の場合についての解説をひとまず終えることとし，次の最後のセクションにおいて，tough 述語に課せられた意味的制約について考えてみることにしたい．

9.4. tough 述語に課せられた意味的制約

前節 §9.3 において，例文 (32a–d)（そのうち例文 (32a, b) を下に (66a, b) として再録）のように，for 句が二つ現れたような tough 構文の文は，一般的に非文法的文になるという事実を取り上げ，再分析や指定主語条件などの観点から説明を試みるアイデアについて解説した．

(66) a. *The hard work is pleasant for the rich [for poor immigrants to do]
b. *That school is difficult for John for his children to go to.

ここでは，それとは異なる観点，すなわち，tough 述語に課せられた意味論的条件とのかかわりの観点から説明できるとするアイデアについて考えてみよう．Culicover and Wilkins (1984: 115) の分析によると，for 句が二つ現れた上記例文 (66a, b) のような文は，tough 述語に課せられた以下のような条件を破っているために非文法的文になると説明されることになる．すなわち，tough 構文には，その補文主語が「行為者 (agent)」を表すものでなければならないという一般的特徴がある (cf. Hicks (2009: 556)) だけでなく，また，その行為者は，主節内の（前置詞句の部分で表される）「受益者 (benefactee)」と同一でなければならないという条件があることを指摘できる．ところが，上記例文 (66a, b) は，いずれもこのような条件を満たしていないので，非文法的文となるということになる（同じような趣旨の説明は，Nanni

---

非文法的文になる傾向が強いというような捉え方である．他のアイデアの例としては，§9.3.5 で解説した D. Takahashi (2002/2006) によるものがある．

(1978: 97f.) にも見られる)．

なお，補文主語が「行為者」でなければならないという条件は，次のような文が非文法的文となるという事実 (Nanni (1978: 91, 95)) に基づくものである．

(67) a. *The money was tough for John to lack.
　　　（お金がないのはジョンにとって耐えがたいことです）
　　b. *That expensive dress was easy for Mary to want.
　　　（その高価なドレスならメアリーが欲しがっただろうということは十分考えられることです）
　　c. *The man was hard for Mary to find sick.
　　　（その人が病気だということがわかって，メアリーは耐えられない気持ちでした）

すなわち，これらの例文には，主語の意味役割が「行為者」を表すとは言えない種類の動詞 lack, want, find が用いられていることがわかる．[33]

同じような観点から，C. Jones (1991: 147) は，tough 構文の不定詞部分

---

[33] tough 構文の持つ意味的特性についての研究には，ほかに坂本 (1977)，高橋 (1983)，白川 (1983)，Miki(1996, 2000)，三木 (2001)，南 (2007a, b) などがある．
　このうち特に南 (2007a) の場合は，下記例文 (ia, b)，(iia, b) に見るように，単に tough 構文ばかりでなく，それに対応する形式主語 it で始まる構文で表現した場合の文も共に不自然な文になる場合があるという事実に注目し，両者に共通する「難易」という概念の持つ性質の面からこのような現象を説明しようとする興味深い研究になっている（例文 (i), (ii) は，それぞれ，p. 47 および p. 50 より）．
　(i) a. *This problem is easy to attempt.
　　　b. *It is easy to attempt this problem.
　(ii) a. *These books are difficult to look for.
　　　b. *It is difficult to look for the books.
　南 (2007a) の研究から言える重要なことは，従来，意味的特性の点からみて不自然な文であると指摘されてきた tough 構文の文の中には，tough 構文そのものの持つ性質に原因があるというより，むしろ，「難易」を問題にすること自体が許されない（不自然なことになる）ために tough 構文も許されないような場合があるということである（注 35 参照）．

が「意図的（intentional）」または「自発的（active）」行為を表さないような場合には不自然な文となるという事実を，以下のような「非意図的 be (non-intentional *be*)」の例文を挙げながら指摘している．

(68) a. ?My son John is easy to be proud of.
(我が息子のジョンを誇りに思うというのはたやすいことです)
cf. b.　My son John is a boy to be proud of.
(我が息子のジョンは誇りに思える少年です)
　c. *I bought it to be proud of.
(私は誇りに思えるようそれを買いました)

なお，C. Jones (1991: 147, fn. 4) は，非意図的 be を含む tough 構文の文でも，下記例文 (69a), (70a) のように，全く問題のない文になる場合があるということを，出版社 Kluwer 所属の査読者から指摘されたことを報告している（これらの例文に (?) の記号が付されているのは，C. Jones 自身の反応を示す；C. Jones (1985: 180) においては，例文 (69a) に (*) の記号が付されている）．また，C. Jones (1991: 148, fn. 4) は，動詞 be の代わりに get を用いた場合は，意図的あるいは行為的意味がそれだけ強まり，したがって，文法性が向上するということを例文 (69b), (70b) を挙げて指摘している．[34]

---

[34] 動詞 get のほかに become による受け身文の場合も tough 構文が許されるということを，中川 (2017: 119) は指摘している．
(i)　They are easy to become tobacco-addicted.
　　（彼らはタバコ中毒に陥りやすい）
このように，現代英語において，助動詞 be よる受け身と本動詞 get/become による受け身とで，tough 構文の持つ文法性に違いが生じるという事実は，tough 節が vP（厳密には，弱フェーズとしての vP）であるとする中川の分析（§6.1 参照）を支持する可能性があるということも彼はまた述べている．すなわち，vP には助動詞は含まれないので，be 動詞による受動構文は生成できないことを予測するが，get のような本動詞に導かれる受動構文なら生成可能であるからである．
なお，中川 (2017) は，保坂 (2014) ほかによる受け身文の持つ統語構造の史的変遷に関する研究を基に，その史的変遷が tough 構造における受け身不定詞の発達および消失の模様と密接に関係しているとする興味深いアイデアを提出している．詳しくは，中川 (2017)

(69) a. ?This kind of operation is easy to be anxious about.
　　　　（この種の手術は誰にとっても気がかりだ）
　cf. b.　This kind of operation is easy to get anxious about.
(70) a. ?This book is hard to be tired of.
　　　　（この本に飽きるということは考えにくい）
　cf. b.　This book is hard to get tired of.

　上記のような，tough 述語に課せられた意味的制約と同じような趣旨の説明として，Lasnik and Fiengo (1974: 564) は，tough 述語が修飾できるのは，「命題 (proposition)」や「事柄の状態 (a state of affairs)」ではなく，「行為 (action)」あるいは「状態の変化 (change of state)」を表すものでなければならないという捉え方をしている．このように，問題の条件を「行為者を表すものでなければならない」と限定しないで，「あるいは状態の変化を表すもの」を付け加えることにより，下記例文（Hartman (2011: 389)）のような文が非文法的文とされるのを防ぐことができるであろう．

(71) The test will be hard (for the students) to fail.
　　　（学生にとって，その試験に落第するなんて無理なことでしょう）

　なお，補文主語あるいは for 句に関する同種の意味的条件を問題にしている tough 構文の研究については，ほかに Rivière (1983: 33)，Richardson (1985)，Jacobson (1992: 276) などがある．[35] いずれの表現方法を取るにし

参照．
[35] 同じような意味的制約として，「自己制御性 (self-controllable)」（久野 (1972: 203ff.) 参照）との関連性を指摘することも考えられるであろう（Lasnik and Fiengo (1974)，Nanni (1978)，荒木・安井 (1992: 1510 右段)，三木 (2001: 220ff.) 参照．ただし，久野 (1972) 自身は，tough 構文の場合を問題にしているわけではない）．
　また，Ioup (1975: 148) が下記例文 (ia-d) を挙げながら指摘しているように，中間動詞 (middle verb) (e.g. have, want, resemble, cost, fit, weigh) の場合の tough 構文が非文法的な文となるという事実も，このような意味的制約と密接にかかわっていると言えるであろう．

第9章 θ標示，動詞句削除および時制文とのかかわりから見たtough構文の特徴　243

ても，このような条件がまた，§7.1.1で取り上げた非対格動詞の場合のtough構文が一般的に非文法的文となるという事実にもかかわっているので

(i) a. *A lot of money is easy for clothes to cost these days.
(近頃は，とかく衣服にも多くの金がかかるものです)
b. *A pepperoni pizza is not difficult to want.
(ペペローニピザはすぐに食べてみたくなるものです)
c. *Their parents are easy for children to resemble.
(両親は子どもにとって似るのがたやすいのです)
d. *350 lbs. is tough to weigh.
(350パウンドの重さになるのはたやすくはありません)

(このような例文の場合は，中島 (2016: 165) の指摘するように，「受動化できない動詞は，tough構文にも生じない」という一般化 (§9.5 参照) によっても説明可能だと思われる.)
いっぽう，南 (2007b: 111ff.) は，「自己制御性」あるいは「意図性」の意味特徴の上からは問題ないはずの，たとえばlook forのような動詞の場合，下記例文 (iia) に見るように，tough構文の文が許されないという事実に注目し (注33 参照)，さらに，want, expectのような動詞の場合 (下記例文 (iiia, b) 参照) にも当てはまるtough構文の持つ一般的特性として，下記 (iv) (p. 114) のようなものを提案している.

(ii) a. *That book is easy to look for.
cf. b. That book is easy to find.
(iii) a. *That expensive dress was easy for Mary to want.　　　(Nanni (1978: 91))
b. *John is easy/hard to expect to pass the exam.
(iv) DC [= Difficulty Construction; tough構文のこと（千葉）] の補文には，その結果を判断しうる行為を表すVPが生起できる.

(たしかに，find (見つけ出す) や過去形動詞としてのlooked forの場合とは異なり，不定詞としてのlook forは，「探す」や「探し出す」という具体的行為およびそれに伴う結果のことまで明示しているわけではないので，何事によらず，単にそれを（いわば心の中で）"look for" すること自体にはなんら困難はないはずなので，それを難易の尺度の対象として捉えようとするtough構文の形で表現することには無理があると言えるであろう.)
ついで南 (2007b: 114ff.) は，tough構文には，よく知られているような「難易度」を表す「難易解釈」のほかに，下記例文 (va-e) に見るように，「～されやすい」「～する傾向が強い」などの「傾向解釈」を持つようなものが存在する (cf. Richardson (1985)) ことを指摘するとともに，両者の解釈の間に見られる関係についての認知的分析および一般化を提案している. 詳細については，南 (2007b) 参照.

(v) a. This mail is easy to misinterpret.
(このメールは誤った解釈を受けやすい)
b. The building is hard to miss. It is bright white.
(その建物は，明るい白色なので，簡単にわかります)
c. Lunch appointments are easy to forget.　　　(Richardson (1985: 243))

はないかと思われる．

　Kawai (1992: 127) は，受け身不定詞よりなる tough 構文の文が非文法的文になる（§6.2, §7.1.1 参照）のと同じように，下記例文（72a-c）に見られる非文法性についても，動詞の持つ素性 [±stative] が関係しているということを，Ross (1972) によるアイデアを基に指摘している．Ioup (1975: 152) の挙げている下記例文（72d, e）も，この同じグループに入れることができるであろう．

　(72) a. *A secret policeman would be difficult to be.
　　　　（秘密警察官である／いるというのは無理なことでしょう）

　　　　　（お昼を一緒にとの約束は，とかく忘れやすい）
　　d. Distances are easy to miscalculate (in the desert).　　　　　　　(ibid.)
　　　　（(砂漠では) 距離の判断を誤りがちである）
　　e. Though the effects of genes may be easy to overestimate, they are also easy to underestimate.
　　　　（遺伝子による影響を過大評価することがよくあるかもしれないが，その一方で，それを過小評価する可能性も高い）

（本文の §6.2.3 の例文（33a-d）および後ほど挙げる例文（79a-e）などの中には，上記「傾向解釈」に相当する tough 構文の例であるとみなすことができるものがあるであろう．）

　さらに，上記二つの解釈の違いに関し興味深い現象の一つとして，南 (2007b: 116) は次のような事実のあることを指摘している．すなわち，すでに注9において触れたような，to を含めた不定詞補文全体を削除した文が許されるという現象が見られるのは，実は難易解釈の tough 構文の場合だけであり，傾向解釈の tough 構文の場合には，不自然な文が形成されることになる（下記例文 (vi)-(viii) 参照；*(...) とあるのは，( ) 内の部分を選ばない場合は，非文法的文となることを表す）．

　(vi) a. For you, lunch appointments are hard to schedule, but for me, they are easy (to schedule).
　　　b. For you, lunch appointments are hard to forget, but for me, they are easy *(to forget).
　(vii) a. For you, John is hard to please, but for me, he is easy (to please).
　　　 b. For you, John is hard to forget, but for me, he is easy *(to forget).
　(viii) a. For you, e-mail is easy to use, but for me, it is hard (to use).
　　　　b. For you, e-mail is easy to misinterpret, but for me, it is hard *(to misinterpret).

(to に続く不定詞補文の部分だけを削除した場合の tough の文が一般的に非文法的文となることについては，すでに本文の §9.2 において解説したとおりである．）

b. *This car is easy to believe to be expensive.
   （この車が高価だということを信じるのはたやすいことです）

c. *Drug addiction is boring for this plot to involve.
   （この筋書きの中に麻薬中毒のことが出てくるというのではうんざりです）

d. *Our new secretary will be hard for Frank to be.
   （フランクが私たちの新しい秘書になるのは難しいでしょう）

e. *His parents' home is difficult for Elmer to be a mature adult in.
   （エルマーが両親の家で一人前の大人でいるのは難しいでしょう）

ただし，上で取り上げた（いずれかの）意味的制約の対象になるのではないかと思われる動詞 like を含んだ以下のような文を Baker et al. (1989: 227) は問題ない文として挙げている．

(73) They are tough for each other to like.
   （彼らがお互いを好きになるというのは無理なことです）

なお，Berman (1973: 39) は，上記例文 (72b) と同じような下記例文 (74a, b) を挙げ，このような文の非文法性を別の観点から説明している．

(74) a. *John is difficult to believe to have made such a mistake.
   （ジョンがそのような過ちを犯したことを信じろと言われても無理なことです）

b. *John is impossible to expect to understand that book.
   （ジョンがその本を理解できると期待するのは無理なことです）

すなわち，Berman によると，もともと不定詞の主語だったものが主節動詞の目的語の位置に引き上げられてできる「目的語引き上げ構文」（すなわち，後に「例外的格標示構文」と呼ばれるようになった構文（§§9.2.1-2 参照））に見られるように，新しくできた目的語の場合は，たとえ目的語であっても，

それを主節主語の位置に移動して tough 構文にすることはできないからである.[36]

Berman (1973: 39) はさらに, このような制約は, 受け身不定詞における前置詞の目的語 (下記例文 (75), (76) 参照) や, 与格移動 (dtive movement) により移動されてできる (二重目的語構文の) 目的語 (下記例文 (77), (78) 参照; (78) のほうだけが該当する構文になっていることに注意) の場合[37]にも適用される「tough 移動禁止の制約」と併せて, これを次のような一つの一般的制約の形にまとめることができるということを指摘している. すなわち,

---

[36] ただし, Postal (1974: 194), Stowell (1991: 205), Nakamura (1991: 355) が指摘しているように, 次のような小節 (small clause) の主語の取り出しによる tough 構文の文は文法的になることから, 小節の主語の場合は, 基底構造の段階から目的語的扱いを受ける (たとえば, Nakamura (1991: 355) による分析参照) ということになるであろう (下記例文は Stowell (1991: 205) からの引用).

(i) a. Jones is easy [O_i to consider [e_i intelligent]].
(ジョーンズのことを聡明な方だと誰でも思う)
b. Frank was impossible for the jury [O_i to find [e_i innocent]].
(フランクのことを陪審が無罪だとみなすのは無理なことだった)

[37] なお, 下記例文も参照.
(i) a. *John was tough to promise/give a sports car.   (Larson (1991: 105))
b. I promised/gave John a sports car.
c. I promised/gave a sports car to John.

さらに, Larson (1991: 104) の挙げている下記例文 (iia) (便宜上, 痕跡 t を加えてある) のような tough 構文の文が許されないということも, もし, Larson (1991) のアイデアに従って, 基底構造における動詞句の部分を (iib) のようなものであるとするならば (詳しくは, Larson (1991) 参照), 本文において次に述べる Berman の一般的制約によって説明できる可能性がある.

(ii) a. *John was tough to promise t to leave.
(その場を立ち去ることを人がジョンに約束するのは躊躇された)
b. [$_{VP}$ [$_α$ to leave] [$_{V'}$ [$_V$ promise] [$_{PP}$ to John]]]

なお, Takami (1998) は, 上記 (ii) のような文が非文法的文になることについて, 文法的文 John was tough to persuade t to leave の場合に見られるような, 主節主語 John と不定詞 to leave との間の「主部・述部」としての関係がこの場合は成り立たないところに原因があるとの見解を示している. (詳しくは, Takami (1998) 参照. なお, tough 構文に関する言語事実を機能的構文論の立場から説明しようとする Takami (1996) および高見 (1995) による研究については, 後ほど §10.1 において解説する.)

「tough 移動が適用できる名詞句は，基底構造の段階ですでに存在しているような名詞句に限られる」というような趣旨の一般化を提案している（例文 (77), (78) は Berman (1973: 37) より）.

(75) a. It is unpleasant to be kicked by John.
    b. *John is unpleasant to be kicked by.
      （ジョンに蹴られるなんて不愉快です）

(76) a. It is easy to be accepted by that group.
    b. *That group is easy to be accepted by.
      （あの連中に受け入れてもらうのはたやすいことです）

(77) a. It is impossible to buy presents for John.
    b. Presents are impossible to buy for John.
      （ジョンにプレゼントを買ってやるなんて無理なことです）
    c. John is impossible to buy presents for.

(78) a. It is impossible to buy John presents.
    b. *Presents are impossible to buy John.
    c. *John is impossible to buy presents.

いっぽう，上記例文 (75b), (76b) と同じように，受け身文の行為者名詞句が取り出されてできた tough 構文の文でも，すでに §6.2.3 において取り上げた例文 (33a-d)（例文 (79a-d) として下に再録）および例文 (79e) (Chung (2001b: 173, fn. 38)) のような場合は文法的な文になるということが知られている．

(79) a. Such flattery is easy to be fooled by.
    b. He's easy to be intimidated by.
    c. The doctor was hard for John to be examined by.
    d. Those commercials are easy to be taken in by.
    e. John is not hard to be flattered by.

(ジョンによっておだてられるというのは十分考えられることです)

　ところで，§7.1.2 において，筆者は「tough 構文の補文の部分は VP であるとすれば，現代英語において，一般的に，受け身の不定詞主語を取り出してできるような tough 構文が非文法的文となるということは，tough 構文の持つ構造上の特徴から理論的に引き出されてくることになる」というような趣旨のことを述べている．このような tough 構文の VP 分析案に従うと，上記例文 (75b), (76b) のような文が非文法的文になるということも同じように説明できるということになるであろう．

　ところが，このような VP 分析案によると，上記 (79a-e) のような場合も同じように非文法的文であるという予測をすることとなり，「風呂の水と一緒に赤ん坊を流す」("to throw the baby out with the bathwater") のジレンマに立たされることになる．(VP 分析案に対する批判について詳しくは，Berman and Szamosi (1972), Ioup (1975: 140ff.) 参照．)

　Ioup (1975: 145) は，現代英語において，受け身文の中から要素を取り出した形の tough 構文の例を見いだすのはまれであると一応断った上で，そのような文が許される場合があるとして，それを以下のように三つの場合に分類している．これらの例文は，Ioup によると，これまで多くの母語話者によって文法的文であると判断された例文である．

　最初のグループは，下記例文 (80) に見るように，前置詞句の中から目的語が取り出さた文の例である．ただし，この場合の前置詞句は受け身文の動作主を表す by 句ではない．[38]

---

[38] Berman and Szamosi (1972: 324) が挙げている次のような例文もこのようなグループに属するとみなすことができるであろう．

(i) Such contingencies are difficult to be prepared for.
(そのような不測の事態に備えるというのは難しいものです)

tough 構文を許す受け身文とそうでない受け身文の違いを，意味的制約の一つとして，注 35 に取り上げた「自己制御性の条件」を用いて説明しようとする試みもある（三木 (2001: 222f.) 参照）．確かに，下記例文のような場合には，受け身不定詞で表されている部分が，意味内容として，自己制御的な行為を表すかそうでないかの違いが見られると言えるであ

第 9 章 θ 標示，動詞句削除および時制文とのかかわりから見た tough 構文の特徴 249

(80) a. This door would be difficult for the piano to be brought in through.
   (このドアからそのピアノを中に入れるのは難しいでしょう)
   b. Mary is easy to be confused with.
   (メアリーとはよく間違われやすいのです)
   c. The net was simple for the ball to be hit under.
   (そのネットは，ボールをその下に打ち込みやすかった)

　二つ目のグループは，下記例文 (81) に見るように，受け身文の動作主名詞句が取り出されてできた例文の場合であり，これは上記例文 (79) と同種のものである．ただしこの場合も，上記 (80a-c) の場合と同じように，意味役割 (θ-role) の上からは「行為者 (agent)」ではないという傾向が見られる．すなわち，この場合の過去分詞形動詞は，「行為」というより，だいたいにおいて「状態」を表し，形容詞的働きをしていると捉えることができる．

(81) a. These tragedies are not difficult to be moved by.
   (この種の悲劇にはすぐに心を動かされるものです)
   b. Such trivia is hard to be bothered by.
   (そんな些細なことで悩まされるなんて考えにくい)

───────────────

ろう．
　(ii) a. The doctor was hard for John to be examined by.　　　　　　[= (79c)]
　　　 b. *The police are easy (for John) to be arrested by.　　（三木 (2001: 222)）
　　　 c. The police are easy to get (yourself) arrested by.
　　　　　　　　　　　　　　　　　　　　　　　(Lasnik and Fiengo (1974: 553))
すなわち，上記例文 (iia) の場合には，三木の言うように，「be examined（診察を受ける）というのは患者が自ら病院に出向き，診察を受ける医者を選ぶことが可能な，積極的行為であるから，自己制御的であると考えられる」(p. 222) であろう．いっぽう，(iib) のような文の場合には，比較参照のために挙げた例文 (ic) とは異なり，「自ら進んで〜される」という自己制御的で積極的な行為は感じられないので非文法的な文となると言えるであろう．ただし，本文で取り上げた例文 (79a)，(80b) や，本文で次に取り上げる (81) のようなものを全体的に眺めてみると，はたして，自己制御性の条件でうまく説明できるかどうか疑問に思えてくるかもしれない．

c. His rhetoric is easy to be confused by.
   (彼のレトリックには惑わされやすいのです)
d. John is not hard to be tricked by.
   (ジョンにだまされるのはよくあることです)
e. A loan shark is easy to be taken in by.
   (悪徳金融業者にはだまされやすいものです)
f. Their evidence was difficult to be convinced by.
   (彼らの挙げている証拠は説得力に欠けるものであった)
g. A snowball is easy to be hurt by.
   (雪合戦のときの雪だまで人はよくけがをします)

なお，上記例文 (81a) の場合と比較して，by 句の部分がはっきりと行為者を表すような文の場合は非文法的文となるとして，Ioup (1975: 147) は下記例文 (82a) を挙げている．Baker (1978: 395) の指摘している下記例文 (82b)，および Chung (2001b: 173, fn. 38) の挙げている下記例文 (82c) もここに加えることができるであろう．

(82) a. *Allied Van Lines is not difficult to be moved by.
      (我が運送会社 Allied Van Lines なら引っ越し作業は簡単です)
   b. *That judge would be easy for Sally to be sent to prison by.
      (あの判事だったら，サリーはたやすく投獄されてしまうことだろう)
   c. *The police are easy to be arrested by.
      (警察にはたやすく逮捕されてしまうものです)

三つ目のグループは，下記例文 (83) に見るような，受け身文の主語が取り出されてできた tough 構文の場合である．この例は現代英語では稀であるが，古い時代の英語ではより頻繁に用いられていたということを Jespersen (1940) からの引用例を挙げながら，Ioup (1975: 147ff.) は説明している (§6.2.1.2 参照)．

(83) Beer like that is not easy to be had outside Germany.

(こんな／あんなビールはドイツ以外ではめったに手に入らない)

上で取り上げたように，受け身文の tough 構文が許される例をいくつか指摘することができるが，大部分の場合は非文法的になるという現代英語の事実について，Ioup (1975: 145) は，それがなぜであるかの完全な答えは出せないでいるということも断っている．この種の例文に関するさらなるきめ細かいデータ分析と共に，そのような言語事実をも的確に扱えるような言語分析の提示が望まれる．

以上，広い意味での意味論的かかわりの観点から，tough 構文の持つ特徴について考察を試みる研究の一端を紹介した．このことからもわかるように，tough 構文を全体的に捉えようとするときには，統語論，意味論，語用論，レキシコンなど幅広い観点からの取り組みが必要とされる (Chung (2001a; 2001b: Ch. 4) 参照)．

9.5. 受け身文の tough 構文に対する中島 (2016) の取り組み

受動態動詞に対する tough 構文が一般的に許されないという現象を一般的原理を用いて説明しようとする試みの一つとして中島 (2016) を挙げることができる．中島は，受動化と tough 構文の間には相関性が見られる，すなわち「受動化できない動詞は，tough 構文にも生じない」(p. 165) ということに注目し，非対格動詞など受動化できない動詞の場合と同じように，受動態動詞に対する tough 構文も一般的に許されないという現象を，一般的原理の一つである「最小性原理 (Minimality Principle)」あるいは「介在条件 (Intervention Condition)」(§6.2.4 において解説した「欠如要素介在制約 (Defective Intervention Constraints)」参照) を用いて説明できるとする案を提出している．最小性原理は次のように定義される (p. 142).

(84) 次の形状において，X^1 は，X^3 と同じ性質である X^2 を差し置いて

X^3 と関係することはできない； … X^1 … X^2 … X^3 …

中島は，上記の案を成り立たせるために，まず，①tough 移動により痕跡が残されると考え，また，②主語位置には「高い主語」と「低い主語」の二種類があり (Cardinaletti (2004), Bianchi and Chesi (2012) 参照)，そのうち高い主語の位置 (すなわち，SubjP の指定部) は，(指示的な名詞句に限られるという条件のある) tough 構文の主語が占め，低い主語の位置 (すなわち，TP の指定部) は，(そのような条件のない) 受動化などその他の繰り上げ構文の主語が占めるというアイデアを採用する．このような生成過程を，たとえば下記例文 (85a) (p. 167) のような，受け身の tough 構文の文に当てはめると，(85b) のような構造表示が得られることになる (p. 169)．

(85) a. *The children are pleasant for the story to be told to.
(その子どもたちにその物語を語って聞かせるのは楽しい)
b. [$_{SubjP}$ DP^2 is pleasant [$_{CP}$ [$_{SubjP}$ DP^2 [$_{TP}$ DP^1 [$_{vP}$ …. DP^2 …

(85b) において，TP の指定部である低い主語の位置 DP^1 は，受動化のため移動した the story によって占められていることを表す．いっぽう，tough 移動の対象となる the children は，矢印で示すように，右端の DP^2 の位置から，(SubjP の指定部を成す高い主語の位置としての) 二つ目の DP^2 の位置に移動し，さらに，主節主語の位置であり，同じく高い主語である左端の DP^2 の位置へと循環的に移動することを表す．ここで，上記 (85b) には表記されていないが，DP^1 (the story) の元の位置を痕跡 t^3 の記号で表し，また，(85b) の右端の DP^2 が移動した後に残る痕跡を t^4 の記号で表すとすれば，上で説明したような生成過程を示す部分的構造表示として，下記 (86) のようなもの (p. 170) が得られることになる．

(86) [$_{SubjP}$ DP^2 [$_{TP}$ DP^1 … [$_{VP}$ …. t^3 … t^4 ….

すなわち，the story が t^3 の位置から受動化により DP^1 の位置へと A 移動

第9章 θ標示，動詞句削除および時制文とのかかわりから見た tough 構文の特徴　253

し，いっぽう，the children が tough 移動により t^4 の位置から DP^2 の位置へと同じく A 移動することを示している．なお，中島 (2016: 171ff.) は tough 移動が A 移動的な性質と A′ 移動的な性質の両方を併せ持つと考える (cf. Hartman (2011), Keine and Poole (2016, 2017), Poole et al. (2017), Longenbaugh (2017))．

上記 (86) について，中島はさらに次のように説明している (p. 170)．

> t^3 と t^4 は共に，主語によって束縛される照応表現である．(71) [= 上記 (86)] には 2 つの「同じ種類」の要素が含まれており，(3) [= 上記 (84)] で見た最小性原理の形状に該当する．(...) DP^1 が痕跡を束縛しようとする時も，DP^2 が痕跡を束縛しようとする時も，最小性原理からして，それぞれにより近い t^3 のみしか束縛することができない．そのために t^3 は 2 つの先行詞 (DP^1 と DP^2) に束縛され，逆に t^4 はいずれの先行詞によっても束縛されないという事態が生じる．どちらも 1 対 1 の対応を求めた Bijection Principle (Koopman and Sportiche (1982/3)) の違反となる．

このようにして，受動化された動詞（や非対格動詞など受動化できない動詞）が tough 構文に生じることができない理由を最小性原理に還元できると中島は説明している．ただし，受動態不定詞の主語や，行為者を表す by 句の中の DP を取り出してできる tough 構文が一般的に許されないという事実の場合も，同じように説明できるのかどうかについては触れられていない．少なくとも，後者の場合は，上記 (86) のようなパターンがそのまま当てはまるであろうということは想像に固くないのであるが，いっぽう，主語そのものが移動する前者の場合は，(86) に相当するどのような生成過程を考えたらよいのか，今ひとつはっきりしないところがあるように思われる．[39]

---

[39] 考えられる生成過程としては，まず，VP 内の主語が受動化のため DP^1 の位置に移動し，その DP^1 自身が tough 移動のため DP^2 の位置に移動し，その結果，元の DP^1 には痕跡 t^4 が残ることになる．したがって，下記 (i) のような構造表示が得られることになるであろう．

なお，上記 (86) において，the children が tough 移動により t^4 の位置から DP^2 の位置へ移動するときには，主語の位置（for the story）を飛び越すことになるが，これが問題にならないことについて，中島は次のように説明している．すなわち，「A 移動の繰り上げは主語を飛び越すことができないが（指定主語条件 Specified Subjecet Condition を参照），Tough 構文では WH 移動と同様に，主語を飛び越すことができる」(p. 173)．つまり，*Mary seems for **John** to believe ___ to be happy のような文の場合は，指定主語条件により非文法的文となるが，Mary is hard for **John** to get along with ___ のような tough 構文の文の場合は，主語を飛び越しても，指定主語条件や最小性原理の違反を引き起こすことにならない．その理由は次のような点にあると中島は説明する．すなわち，「補文主語 John が占めている位置が純粋な A 位置であるのに対して，Tough 移動の着地点となる SubjP は，上で見た通り，A′ 的な性質も兼ね備えており完全に『同じ性質』ではないからである」(p. 173)．

　以上，その概略をここに解説した中島のアイデアによると，受動化を伴った tough 構文の文の生成には，以下のような特徴が見られることになるであろう．すなわち，tough 移動が適用される段階においては，(A 的な性質と A′ 的な性質を兼ね備えているうちの) A′ 的特徴のせいで，指定主語条件や最小性原理に抵触することなく，生成過程の途中の段階を無事通過することができるが，いっぽう，移動の結果生み出される痕跡とその先行詞との束縛関係をチェックする段階においては，いわば A 的特徴が災いとなり，介在条件あるいは最小性原理により最終的にそのような文の生成が排除されるという結果に終わることになる．これはすなわち，比喩的な言い方になるが，文

(i)　　[$_{SubjP}$ DP^2 [$_{TP}$ DP^1 ... [$_{VP}$ .... t^3 ...
　　　　　　　　　　　　　　　t^4

このことから DP^1, DP^2 は，最小性原理に違反することなく，それぞれ t^3, t^4 を束縛できることとなり，したがって，そこから得られる文は文法的文となることが予測されるのではないだろうか．

の製造段階ではなんら問題とされなかった製品でも，その後の品質検査の段階で欠陥があることがわかり，商品として出荷することはできないというような製品管理体制になっているように受け取ることができるであろう．このような「二度のチェック体制」を「一度のチェック体制」で済ますことはできないかという声も聞こえてくるかもしれないが，いっぽうでは，このように，「あらゆる段階を使って製品を管理している」という文法の仕組みも考えられるのかもしれない．[40] このことは，文法の仕組みは実際にはどのようになっているのだろうかという重要な研究課題とも結び付く，今後に残された問題の一つであると言えるであろう．

すでに §6.2.3 および §9.4 においても説明したように，受動化を伴った tough 構文の文については，一部許されるような種類のものが存在するという事実もあり，さらには，現代英語としては一般的に許されないような種類の受け身 tough 構文の文の場合でも，歴史を遡ると，文法的文として用いられていたと思われる時代があったことがわかる（第 2-5 章参照）．したがっ

---

[40] ここで，「一度のチェック体制」や「二度のチェック体制」などの比喩的表現を用いている背景には，GB 理論とミニマリスト・プログラム（MP）について，筆者が漠然と感じている理論的メカニズム上の違いが思い浮かべられている．すなわち，中村ほか (2001: 221) にもあるように，「MP は，言語計算体系を派生体系（derivational system）と考えている．これに対して，GB 理論のフィルターによる構造の選別は，表示体系（representational system）も認めなければ成り立たない．もし言語計算体系を派生体系とすると，Merge と Move の順次適用によって適格な表示が得られるのが望ましく，表示体系は認められない」というような両者の違いが漠然と思い浮かべられているということである．詳しくは，中村ほか (2001: 220ff.) 参照．

ただし，GB 理論やミニマリスト・プログラムにおいて，痕跡を含む名詞的表現の束縛状況をチェックする働きを持った「束縛理論」の適用は，意味解釈をになう論理構造（LF）ないし概念・意図インターフェイス（conceptual-intentional interface, C-I interface）において行われるとすれば（Saito (2017: 2)，西原 (2018: 16) 参照），tough 構文から成る文の場合も含め，一般的に文の生成は「二度のチェックを受ける」と言えることになるであろう．したがって，中島案に対して，「二度のチェック体制」になっているという言い方をしたのは，介在条件ないし最小性原理によるチェックが，単に統語構造の構築段階においてだけでなく，意味解釈の段階においても行われるという「二重体制」の内容になっていることを特に問題にしていることになる．

て，そのような言語データとも齟齬をきたさないような理論的説明を，上で取り上げた中島案に沿ってさらに前進させることができるかどうかも今後の課題となるであろう．

　次章においては，本書における tough 構文の最後の話題として，機能的構文分析の立場から見た tough 構文の特徴について考えてみることにしよう．

第10章　機能文法の観点から見たtough構文

10.1.　Takami（1996），高見（2001）による機能的構文分析

　Comrie and Matthew（1990: 55）は，tough構文には次のような機能的特徴が見られるということを指摘している．すなわち，英語のtough構文に相当する表現をその他の言語に求めてみると，いずれも，ある特定の名詞的表現にスポットライトを当てるという機能的働きの点で共通の特徴を持った構文がそれぞれの言語において見いだされるが，そのような構文を作り出す文法上の仕組みについては，それぞれの言語でかなり大きな違いが見られると言える．tough構文の主節主語には，一種の話題化（topicalization）の機能が見られることになる．[1]

---

[1] tough構文を話題化構文と結び付ける捉え方は，Chomsky（1977）などにも見られる一般的ものの見方であると思われる（本文第6章の注9および§10.2の解説参照）．たとえば，Chomsky（1977: 103ff.）は次のような趣旨のことを述べている．すなわち，（D構造においてすでに語彙挿入されている）主節主語と補文を意味的に結び付ける仕組みとしては，ちょうど，話題化構文の解釈のときに働くのと同じような一般的な叙述規則が用いられる結果，主節主語と残りの部分とを結び付ける意味解釈が得られるとの立場を採っている．
　Schachter（1981）が，Mary is easy to look atのような文を"Mary is such that looking at her is easy"のようにパラフレーズしているのも，同じような分析法であると考えられる．

同じように，tough 構文が 話題化文や関係節などの持つ構造と共通点があるということを指摘している論文としては，Brody (1993: 7f.), Tellier

---

さらには，§9.1.1 で取り上げた，「tough 述語と不定詞とがあいまって付加部の働きをしている」(Jespersen, *MEG*, Part III, 11.6) とする見方も，同じような捉え方であると受け取ることができるであろう．

なお，叙述規則については Williams (1980, 1983) 参照．Williams (1980) は，文の生成過程において，表示レベル (level of representation) の一つとして，主語 – 述語の関係を指標表示 (indexing) によって示す「叙述構造」(predicate structure, PS) という概念を導入している．叙述構造は，S 構造を元に，叙述規則を適用することによって得られる（以上の解説は千葉 (2008: 2; 28, note 5) に基づいている）．

ところで，tough 構文が話題化構文の一種であり，その主節主語と残りの部分は主語 – 述語の関係で意味的に結び付いているのであるとするならば，たとえば，日本語の話題化構文の例である「動物園はパンダがおもしろい」のような場合を基に，主節主語と不定詞内の空所 (OP あるいは t) との意味的・統語的結び付き方が「緩やかな」場合の英語の tough 構文の存在も考えられるかもしれない．事実，Song (2008: 23f.) によると，下記例文のように，主節主語と不定詞内の空所とを厳密に統語的に結び付けることのできないような tough 構文の文が許されるということを指摘している．

(ii) a. I imagined the slopes would be almost insultingly easy to ski.
  （そのスロープなら，ほとんど人をバカにしているくらい，スキーで滑るのが簡単であろうと私は想像した）
 b. She would have found it difficult to cope if it had been the other way round.
  （もし事実がそれとは逆の場合であったとしたなら，おそらく彼女は，うまく対処するのが難しいと感じたことであろう）
 c. This surface is impossible to play, Bruguera bemoaned.
  （このグラウンドはプレイするのが不可能だとブルーゲラは不満を漏らした）

（両者の結び付きが意味的・統語的に厳密で，両者が同一であると言えるような場合のことを Grover (1995: 40) は「強結合性 (strong connectivity)」が見られると称している．それに対し，Song (2008: 12) は，tough 構文の場合には，上記の例文のように，両者の結び付きが緩やかな例，すなわち「弱結合性 (weak connectivity)」の見られる例も存在するということを指摘していることになる．)

さらに，tough 構文を一種の話題化文であると捉える立場に基づき，tough 構文に見られるいくつかの制約について説明することができるとする議論もある．たとえば，Chung (2001b: 218ff.) は，次のような種類の目的語には，tough 構文の主節主語として用いることができないという制約が見られるということを，話題化と結び付けて説明できるとしている．そのような目的語の例としては，すでに，これまでの議論の中で取り上げたようなものが含まれている．すなわち，①補文主語が主節の目的語の位置に引き上げられてできる目的語（すなわち，例外的格標示構文の目的語）（§9.4 の例文 (74a, b) 参照），② ある種のイディオムに現れる目的語（§9.1.3 の例文 (6a) および §9, 注 6 の例文 (va-d), (via-c) 参

(1990) などを挙げることができる．さらに，新・旧情報に関する機能的観点から tough 構文を捉えようとする研究として，Langacker (1974)，Hietaranta (1984)，Quirk et al. (1985: 1394)，Mair (1987) などがある．

このような研究の流れに沿って，英語（および日本語）の tough 構文の特徴を機能的構文分析の立場から捉えようとする主要な研究の一つとして，Takami (1996)，高見 (2001: Ch. 5) を挙げることができる．すなわち，高見は「tough 構文に課される特徴づけ制約」（高見 (2001: 159)）として，以下のようなものを提案している（cf. Riddle et al. (1977)）．

(1) tough 構文は，その主語が文の他の要素によって特徴づけられていなければならず，そうでなければ不適格となる．

高見のこの提案は，上に取り上げた Comrie and Matthew (1990) のアイデア，すなわち，「tough 構文には，ある特定の名詞的表現にスポットライトを当てるという機能的働きがある」とするアイデアをさらに掘り下げ，一つの具体的制約の形としてまとめようとする試みであると解釈できる．高見は，上記制約により説明できる文法的および非文法的文の例を数多く挙げて説明しているが，その中からいくつか例文を選んで下に挙げておこう（詳しい説明については Takammi (1996)，高見 (2001: Ch. 5) 参照）．

(2) a. ??/*Babies are easy for Mr. Brown to please.
  b. Babies are easy for their own mothers to please.
  （母親にとって自分の赤ん坊を喜ばせるのは簡単です）
(3) a. This bed is comfortable to sleep in.

照)，③ 形式主語の it や there 構文の there などにみられる虚辞の目的語（expletive object）（§6.2.4，注 20 の例文 (i), (ii)：§6.2.4 の例文 (36b), (37b) および §9.1.3 の例文 (6c) 参照）などの目的語である．Chung によると，これらの目的語は，いずれも，（不定詞により）θ 標示された項 (thematic argument) とはなり得ないという性質があり，そのために，話題化の対象にもなりにくいという特徴が見られることになる．詳しくは，Chung (2001b: 218ff.) 参照．

（このベッドで寝るのは気持ちいい）

b. *This bed is comfortable to sleep near / beside / under.

(4) a. New York is dangerous to meet friends in.

（ニューヨークで友人と会うのは危険である）

b. *Friends are dangerous to meet in New York.

c. Friends are always pleasant to meet and talk with.

（友と会って語り合うのはいつでも楽しいものです）

(5) a. *Winter is impossible to climb Mt. Fuji in.

Winter is impossible to get anything done in.

（冬には何事もやりおおせるのは不可能です）

(6) a. ??/*The tall buildings were impossible for John to walk in front of.

b. The buildings were impossible for John to walk in front of because there was a temporary road block.

（そこは一時的な道路封鎖となっていたため，ビルがその建物の前を歩くのは不可能だった）

(7) a. John is impossible to talk to because he is stubborn.

（ジョンは頑固なので，彼と話をするのは不可能です）

b. *John is impossible to talk to because he is not at home now.

(8) a. Tony has been impossible to live with—he's been churlish, irritable, and short-tempered.

（トニーと一緒に住むのはこれまで不可能でした．というのは，彼は打ち解けず，怒りっぽくて短気だったからです）

b. *Tony has been impossible to live with—he's been in prison for the last five years.

(9) a. This house is impossible to live in.

（この家に住むなんて不可能です）

b. *This house is impossible to die in.

上記 (9a, b) の文法性の違いは，Chomsky (1965: 217f., note 27) が解説している．"John lived in England" と "John died in England" の文に見られる前置詞句 in England についての統語的用法の違い（すなわち，それぞれ，動詞補部 (Verbal Complement) および動詞句補部 (Verb Phrase Complement)）と密接に関連すると思われる．Chomsky はその同じ注 27 の中で，受身文 "England is lived in by many people" のほうが，受身文 "England is died in by many people" よりはるかに自然な文である（ただし，その場合の live in の意味は "reside in" あるいは "inhabit" と解釈することになる）ということも指摘している．すなわち，このような疑似受身文 (pseudopassive) が可能となるのは，一般的に動詞句補部ではなく動詞補部としての前置詞句が現れた場合であるということになる．

これと同じように，tough 構文の場合も，一般的に前置詞残留の tough 構文（第 6 章参照）が可能となるのは，動詞句補部としての前置詞句ではなく，動詞補部としての前置詞句が用いられている場合であるとする分析がふつう行われている．いっぽう，機能的構文分析を重要視する高見の立場では，上記のような前置詞句の持つ統語的違いより，むしろ，(1) に挙げたような機能的制約のほうが，上記例文 (9a, b) の持つ文法性の違いにより密接にかかわっているとみなすことになる．実際，例文 (9a, b) について，高見 (2001: 161) は次のように説明している．

> (29a)［= 上記例文 (9a)］では，この家は住めないという記述から，その家がたとえば古くてみすぼらしく，荒れ果てており，住むには適さない家であるというような，その家の特徴を読み取ることができる．よってこの文は，特徴づけ制約をみたして適格となる．一方 (29b)［= 上記例文 (9b)］では，私たちは，この家で死ぬことができないという記述から，何らその家の特徴を読み取ることができない．この点は，おそらく私たちが死ぬ場所を選んだりすることは，通例ないことに原因があるのであろう．したがって，たとえば，年老いた億万長者がたくさんの家を持っており，どの家で自分が死にたいかを考えているような場面で (29b) が発話されたと

すれば，この文はその家の特徴づけとして機能するため，適格性が高くなる．

もし，上記引用の最後の部分で述べられていることが，英語母語話者の言語直観を正しく表しているとするならば，この場合，統語的説明より機能的説明のほうがよりすぐれた説明力を発揮することになり，それだけ機能的構文分析の評価が高まることになるであろう．

なお，上で取り上げた高見による「tough 構文に課される特徴づけ制約」をさらに特定化し，第9章の注1で取り上げた Kim (1995) のアイデアに沿って，「tough 構文の主節主語は，tough 述語で表されている特性や性質を生じさせる引き金になるような働きをになうことができるようなものでなければならない」というような条件を考えることができるであろう（詳しくは Kim (1995: 276ff.), Goh (2000) 参照).[2]

また，Oosten (1977, 1984) が主節主語の持つ "responsibility"（責任）という概念を用いて tough 構文の持つ意味的特性について説明しているのも，同じような捉え方であると言えるであろう．すなわち，不定詞部分で表されている意味内容に対して主節主語がいわば責任を負っていると捉える見方である．たとえば，Oosten (1984: 116f.) の挙げている下記例文 (10), (11)（同じような言語データは，すでに Berman (1973: 36) において取り上げられている；§6.2.4 の例文 (39)–(41) 参照）に見られる言語事実は，tough 構文の主節主語が示すある特定の状態や性質について，たまたま出現した一時的状態としてではなく，その主語の持つ内在的属性あるいは恒常的に見られる特徴を具現したものとして捉えられるという一般的性質があるということを示していることになる（このことに関しては，「ステージレベル述語（stage-level predicate）」

---

[2] 三木 (2001: 229ff.) が，tough 構文は「主語の性格ないし特徴を表わす構文である」と説明しているのも，Kim (1995), Takami (1996), 高見 (2001) などの狙いと同じ趣旨のものであると思われる．三木は，possible がそのままの形では tough 構文として用いることができないが，impossible/barely possible であればそれが可能となるという違いが見られる（第1章の注2参照）のも，tough 構文の持つこのような特徴から説明できると述べている．

と「個体レベル述語 (individual-level predicate)」の違いを想起されたい (Goto (2010), 中村・金子 (2002: 86, 188) 参照)).[3]

(10) Joe is impossible to talk to because ...
   a. ... he's as stubborn as a mule.
   b. *... he's out of town.
   c. ... he's always out of town.
(11) It's impossible to talk to Joe because ...
   a. ... he's as stubborn as a mule.
   b. ... he's out of town.

すなわち，まず，(10a, b) と (11a, b) に見る違いについては，tough 構文ではない後者の場合，主節主語に課せられる上記の制約が問題とならないので，(11a, b) いずれの文も許されるのに対し，この制約の対象となる tough 構文の文 (10b) の場合は，その制約に違反した不自然な文であるということを示していることになる．いっぽう，(10c) が自然な文とされるその理由は，副詞 always があるために，述語部分の意味内容が恒常的状態を表すものと解釈され，文の種類としては，むしろ (10a) と同種ものと言えるので，同じように自然な文となるからであると説明できるであろう．なお，Oosten (1977: 468) は，tough 構文が持つ主要な意味的特性としては，上で説明したような，(主語に課せられた)「責任」のほうが「意図 (intention)」や「自発性 (voluntariness)」などの特性よりも重要であるように思われると述べている．なお，「内在的属性」や「特徴づけ」が tough 構文の主節主語の持つ重要な特徴であるとする tough 構文 (および 中間動詞 (middle verb) 構文) 研究としては，Schlesinger (1995), Kusayama (1998) を挙げることができる (なお，認知文法 (cognitive grammar) の観点を採り入れた研究として Langacker

---

[3] 中島 (2016: 203) は「個体レベル」を用いて次のように述べている．「tough 構文の述語は主語についての不変的な属性を述べており，個体レベルの述語である．」

(1995) 参照).

　以上のような機能的構文分析を用いた tough 構文の研究に関連する話題として，次のセクションでは，池上 (2008) の指摘している「英和辞典に見る tough 構文の不自然な例文」についての話題を取り上げ，解説を加えてみたい．

10.2. 英和辞典に見る tough 構文の不自然な例文について

　池上 (2008) は，『ロングマン英和辞典』(Pearson Education／桐原書店, 2007) を企画・編集するに際して，ロングマン辞書編集部のスタッフから提示された「不自然な英語の例文 100 ('One Hundred Bad Examples')」を掲載したリストのことを取り上げ，そのリストの中に，tough 構文の文が含まれていることを指摘している．

　池上 (2008: 7) によると，このリストは「日本で刊行され，使用されている代表的な英和辞典のいくつかに目を通してみて，母語話者として 'unnatural' という印象を受けるという例文を 100 個集めてリストにしたものである」．問題となった tough 構文の文，および，その文がなぜ不自然な文と感じられるのかについて池上の説明の部分を下に引用してみよう．

> (17) The car is easy for me to drive.
>
> 　(17) は，学校の文法の授業で "It is easy for me to drive the car" といった文との間での〈書き換え〉ということで，お馴染みである．この例文については "Unidiomatic sentence. Better to say: I find this car quite easy to drive" という注記が添えられている．もとの文と較べてみると，三つの変更点，つまり，"I find ..." で始まる構文に変更したこと，'easy' に 'quite' を添えたこと，'the car' を 'this car' に直したこと，が眼につく．まず，後の二つの変更点から見てみると，一つは 'easy' に 'quite' という程度の副詞が添えられることによって，'easy' であるという判断に〈主観的〉である（つまり，話者自身が関与している）という意味合いが加わり，'easy'

とだけ言い切った形での元の断定的な（従って，相対的に冷たい）感じの表現であったものが，話者の存在を感じさせる具体的な場での発話に変わったことが読み取れる．'the car' が 'this car' に変えられることによっても同じ効果が生じている．定冠詞がつけられていることで，問題の車が既に何らかの形で話題になっているものらしいということはわかるが，先行する文脈が与えられていないので，具体的にどういう事情があったのかは不明のままである．'this car' とされることで，話者は問題の車を指して話しているとか，乗って話しているとか，発話の状況がもっと具体的な形で浮かび上がってくる．そして最後に 'find' という動詞であるが，このような場合，話者がある状況を〈発見〉する（あるいは〈気づく〉）という意味合いを通じて，やはり状況をより現場的な，具体的なものとして印象づけるのに貢献していると考えればよいであろう．（'I found myself sleeping on the floor' のような使い方にも連なる用法である．...）(p. 9)

　上記の例文についてのこの解説は，母語話者並みの英語の言語直観を身につけるのは容易ではないということを思い知らされるに十分の内容の解説となっていると思われる．筆者などは，この解説を読み，英語学習者の一人として，心しなければとの気持ちにさせられる．
　どのような具体的状況において tough 構文の文を用いると自然な文になるかについて，英語学習者が判断するのに役立つと思われる一般的指針として，ここでは，太田 (1997: 117) が説明しているものを例文と共に引用しておくことにしよう．

(12) a. To play sonatas on the violin is easy.
　　 b. It is easy to play sonatas on the violin.
　　 c. Sonatas are easy to play on the violin.
　　 d. The violin is easy to play on the violin.

すなわち，上記の文はいずれも知的意味 (cognitive meaning) は同じであるが，話題 (theme) と評言 (comment) の関係についての意味内容にそれぞれ違いが見られる．太田 (1997: 118) によると，「c はソナタについて何か

をいっている文であり，d はバイオリンについて何かをいっている文であり，a, b はバイオリンでソナタをひくことについて語っている文である．この話題と評言の関係は表層構造で捕えるのが自然である」ということになる．[4] (同じような趣旨の説明については，Kim (1995: 272) 参照．同種のさらに詳しい説明については，Oosten (1984: 175ff.), Nakagawa (2002: Ch. 1) 参照．)

知的意味は同じでも，話題と評言の関係についての意味内容において違いが生じることがあるというのは，能動態の文とそれに対応する受け身文の場合にも当てはまる事実であり，こちらのほうは比較的よく知られた現象であ

---

[4] 例文 (12c, d) のような，「話題−評言」的意味内容（あるいは判断 (judgment)）を表す文と，例文 (12b) のような，何かを話題として取り立てたり，そこに焦点を当てたりせずに，命題全体を一つの判断として表す文とを区別して，それぞれ，「複合判断 (thetic judgment)」および「単一判断 (categorical judgment)」と呼ぶことがある (cf. Kuroda (1972, 1990))．
Chung (2001b: Chs. 4, 5) は，このような分類を基に tough 述語の持つ特徴について解説している．すなわち，指示的機能 (referential function) を持つ主語を備えた tough 述語（したがって，そのような主語を持つ tough 構文の文）は，一般的に，複合判断と単一判断のいずれをも表すことが可能である．たとえば，下記例文 (ia) は，(ic, d) いずれの解釈も可能であり，したがって，曖昧文であることになる ((ia-d) の例文は Chung (2001b: 147) より．ただし，[ ] 内の解説は千葉による加筆である)．
  (i) a. John is easy to please. [複合判断／単一判断]
      b. It is easy to please John. [単一判断]
      c. 'John has a property such that people find it easy to please him.' [複合判断]
      d. 'The act of pleasing John is easy.' [単一判断]
ここで特に注意したいのは，tough 構文の文が，複合判断と単一判断のいずれをも表すことができる曖昧文である，と言っている点である．ただし，203 ページにおける解説では，もう少し慎重な言い方，すなわち，「上記 (ia) のような文を耳にすると，聞き手は，通常，(ic) のような意味に解釈する」というような趣旨の説明を与えていることがわかる．つまり，本文で紹介した太田による解説にあるように，例文 (12a-d) は「いずれも知的意味は同じであるが云々」というのが，ちょうど，上で解説した Chung による「tough 構文の文を単一判断として捉えることも理論的には可能であるが，通常は云々」という趣旨の説明と重なり合っていると理解することができるであろう（「捉えることも理論的には可能であるが」の部分は，千葉が勝手に付け加えている可能性があることを断っておきたい）．
筆者が興味を持つのは，具体的コンテクストの中で，ある特定の tough 構文の文が用いられた場合，その意味解釈として，依然として，単一判断的受け取り方をすることが可能なのだろうか，さらに，もしそれが可能だとしたら，どのような場面においてであろうかというようなことであるが，ここでは，これ以上その線に沿った考察を進めることはできない．

ると言えるであろう（高見 (1995, 2001)，高見・久野 (2002) 参照）．

　理論言語学あるいは文法研究において，ある理論や規則を検証する際に挙げられる例文の中には，そのような具体的文が実際用いられる場面をすぐに思い浮かべるのがそれほど容易ではなく，読者自らがいろいろと想像を働かせることが必要になるようなものがある．すなわち，「ああ，こういう場面でなら，そんなふうな言い方をするかもしれない」あるいは「（私の方言・個人語では）どういう状況を想定しても，そのような言語表現を用いることはない」というような判断を下すことが要求されるような，少々厄介な例文が問題となっていることがある．

　そのような場合の文法性の判断というのは，母語話者の場合においても，やや専門的領域に属すると考えられるので，的確な判断を下すことができるようになるには，ある程度の「頭の訓練」や「慣れ」が必要となることがある．つまり，与えられた例文を元に，そのような言語表現が用いられるような（ある場合には，特殊と思われる）場面があるとすれば，いったいどのような場面が考えられるか，というような一種のクイズに挑戦するようなところがある．したがって，多少とも特殊な場面で用いられるような例文については，そのような場面についての想像力を働かせた上での文法性判断が求められていることになる．つまり，専門的言語研究の中で取り上げられる例文の場合には，ある特定の文が，どのような場面においても自然な文として受け入れ可能である，あるいは逆に，どのような場面においても受け入れ不可能であるという形で提示されているとは限らないということである．

　ただし，上で池上 (2008) が指摘しているような例文の場合は，学習英語辞典の中に掲げる典型的な用例としての英語表現の持つ「自然さ」「不自然さ」が問題となっているので，そのような場合の例文は，学習者自らが特殊な状況を想像しなくてもすむような，英語母語話者なら誰でも日頃よく用いそうなものを選んで掲げるよう留意する必要があるということであろう．このような点をも考慮した例文選びを心がけようとするときには，§10.1 で取り上げた機能的構文分析による捉え方も役立つに違いない．

参考文献

Abels, Klaus (2003) *Successive-Cyclicity, Anti-Locality, and Adposition Stranding*, Doctoral dissertation, University of Connecticut, Storrs. Available at <http://www.ling.auf.net/lingBuzz/000049>.
Akatsuka, Noriko (1979) "Why *Tough* Movement is Impossible with *Possible*," *CLS* 15, 1-8.
Aki, Takamichi (2010) "Notes on *Tough*-Sentences in English,"『言語の普遍性と個別性』第1号, 21-30（新潟大学大学院現代社会文化研究科「言語の普遍性と個別性」プロジェクト）.
Alexiadou, Artemis, Elena Anagnostopoulou and Florian Schäfer (2018) "Passive," in Hornstein, Lasnik, Patel-Grosz and Yang, eds. (2018), 403-425.
Allen, Cynthia (1980) "Movement and Deletion in Old English," *Linguistic Inquiry* 11, 261-323.
Allen, Cynthia (1995) *Case Marking and Reanalysis: Grammatical Relations from Old to Early Modern English*, Oxford University Press, Oxford.
Allerton, David J. (1982) *Valency and the English Verb,* Academic Press, London and New York.
天沼実 (1987)「代不定詞の用法」『英語教育』36 (12), 76-78.
天沼実 (1988)「動詞句の削除——動的・機能的分析——（1),（2)」『英語教育』37 (1) 74-76; (2) 66-68.
Anderson, Deborah L. (2005) *The Acquisition of Tough-Movement in English*, Doctoral dissertation, University of Cambridge.
Antony, Louise M. and Norbert Hornstein, eds. (2003) *Chomsky and His Critics*, Blackwell, Malden, MA.
Aoun, Joseph and Robin Clark (1985) "On Non-Overt Operators," *Southern California Occasional Papers in Linguistics* 10, 17-36, University of Southern California.
荒木一雄（編）(1986)『英語正誤辞典』研究社出版, 東京.
荒木一雄（編）(1996)『現代英語正誤辞典』研究社出版, 東京.
荒木一雄・安井稔（編）(1992)『現代英文法辞典』三省堂, 東京.
有元將剛 (2001)「相 (aspect)」『最新英語構文事典』, 中島平三（編）, 721-736, 大修館書店, 東京.

有元將剛・村杉恵子 (2005)『束縛と削除』研究社, 東京.
Armbuster, Tom (1981) "How to Influence Responses to 'Is Kathy easy to see?'," *Journal of Psycholinguistic Research* 10, 27-39.
浅川照夫・鎌田精三郎 (1986)『助動詞』(新英文法選書第 4 巻), 大修館書店, 東京.
Asakawa, Teruo and Koichi Miyakoshi (1996) "A Dynamic Approach to *Tough* Construction," in Ikeya ed. (1996), 113-149.
Authier, J.-Marc P. (1989) "Two Types of Empty Operator," *Linguistic Inquiry* 20, 117-125.
Bach, Emmon (1977) "Comments on the Paper by Chomsky," *Formal Syntax*, ed. by Peter Culicover, T. Wasow and A. Akmajian, 133-155, Academic Press, New York.
Bach, Emmon and George Horn (1976) "Remarks on 'Conditions on Transformations'," *Linguistic Inquiry* 7, 265-299.
Baker, C. L. (1978) *Introduction to Generative-Transformational Syntax*, Prentice-Hall, Englewood Cliffs, NJ.
Baker, C. L. (1989^1, 1995^2) *English Syntax*, MIT Press, Cambridge, MA.
Baker, Mark (1988) *Incorporation: A Theory of Grammatical Function Changing*, University of Chicago Press, Chicago and London.
Baker, Mark, Kyle Johnson and Ian Roberts (1989) "Passive Arguments Raised," *Linguistic Inquiry* 20, 219-251.
Baltin, Mark (1977) "PP as a Bounding Node," *NELS* 8, 33-40.
Bayer, Samuel (1990) "Tough Movement as Function Composition," *WCCFL* 9, 29-42.
Becker, Misha, Bruno Estigarribia and Duna Gylfadottir (2012) "*Tough*-Adjectives are Easy to Learn," *BUCLD 36 Online Proceedings Supplement*, ed. by Alia Biller, E. Chung and D. Gylfadottir, Boston University Conference on Language Development. Available at <http://www.bu.edu/bucld/proceedings/supplement/vol36>.
Bejar, Susana and Diane Massam (1999) "Multiple Case Checking," *Syntax* 2, 65-79.
Belletti, Adriana and Luigi Rizzi (1988) "Psych-Verbs and θ-Theory," *Natural Language & Linguistic Theory* 6, 291-352.
Bennis, Hans (1990) "TI: A Note on Modal Passives," *Grammar in Progress: GLOW Essays for Henk van Riemsdijk*, ed. by Joan Mascaró and Marina Nespor, 33-40, Foris, Dordrecht.
Bennis, Hans and P. Wehrmnn (1987) "Adverbial Arguments," *Linguistics in the Netherlands 1987*, ed. by F. Beukema and P. Coopmans, 1-11, Foris, Dordrecht.
Berman, Arlene (1973) "A Constraint on *Tough*-Movement," *CLS* 9, 34-43.
Berman, Arlene (1974) *Adjectives and Adjective Complement Constructions in Eng-*

lish, Doctoral dissertation, Harvard University.

Berman, Arlene and M. Szamosi (1972) "Observations on Sentential Stress," *Language* 48, 304-325.

Bhatt, Rajesh (2006) *Covert Modality in Non-finite Contexts*, Mouton de Gruyter, Berlin.

Bianchi, Valentina and Cristiano Chesi (2012) "Subject Islands and the Subject Criterion," *Enjoy Linguistics! Papers Offered to Luigi Rizzi on the Occasion of his 60th Birthday*, 25-53, CISCL Press, Siena.

Bochner, Harry (1976) "On Complement Object Deletion," Graduate thesis, MIT.

Boeckx, Cedrick (1999) "Conflicting C-Command Requirements," *Studia Linguistica* 53, 227-250. [Also in Boeckx (2008), Ch. 8.]

Boeckx, Cedrick (2001) "Scope Reconstruction and A-Movement," *Natural Language & Linguistic Theory* 19, 503-548.

Boeckx, Cedrick (2006) *Linguistic Minimalism: Origins, Concepts, Methods, and Aims*, Oxford University Press, New York.

Boeckx, Cedrick (2008) *Aspects of the Syntax of Agreement*, New York, Routledge.

Boeckx, Cedrick, Nobert Hornstein and Jairo Nunes (2010) *Control as Movement*, Cambridge University Press, Cambridge.

Bolinger, Dwight L. (1961) "Syntactic Blends and Other Matters," *Language* 37, 366-381.

Borer, Hagit and Kenneth Wexler (1987) "The Maturation of Syntax," *Parameter Setting*, ed. by Thomas Roeper and Edwin Williams, 123-172, D. Reidel, Dordrecht.

Borer, Hagit and Kenneth Wexler (1992) "Bi-unique Relations and the Maturation of Grammatical Principles," *Natural Language & Linguistic Theory* 10, 147-189.

Bošković, Željko (1994) "D-Structure, Theta Criterion, and Movement into Theta Positions," *Linguistic Analysis* 24, 247-286.

Bošković, Željko (1997) *The Syntax of Nonfinite Complementation: An Economy Approach*, MIT Press, Cambridge, MA.

Bošković, Željko (2004) "Object Shift and the Clause/PP Parallelism Hypothesis," *WCCFL* 23, 101-114.

Bošković, Željko (2005) "On the Locality and Motivation of Move and Agree: Eliminating the Activation Condition, Generalized EPP, Inverse Case Filter, and Phase-Impenetrability Condition," *University of Connecticut Occasional Papers in Linguistics* 3, ed. by Simona Herdan and Miguel Rodríguez-Mondoñedo, University of Connecticut, Storrs.

Bošković, Željko (2012) "Don't Feed Your Movements When You Shift Your Objects," in Uribe-Etxebarria and Valmala eds. (2012), 245-252.

Bošković, Željko and Howard Lasnik, eds. (2007) *Minimalist Syntax: The Essential Readings*, Blackwell, Malden, MA.

Bošković, Željko and Daiko Takahashi (1998) "Scrambling and Last Resort," *Linguistic Inquiry* 29, 347-366.

Boutault, Joasha (2011) "A Tough Nut to Crack: A Semantico-Syntactic Analysis of Tough-Constructions in Contemporary English," *Syntaxe et sémantique* 12, 95-119.

Bragg, Melvyn (2004) *The Adventure of English: The Biography of a Language*, Hodder and Stoughton, London.

Brame, Michael K. (1975) "On the Abstractness of Syntactic Structure: The VP-Controversy," *Linguistic Analysis* 1, 191-203.

Bresnan, Joan (1971) "Sentence Stress and Syntactic Transformations," *Language* 47, 257-281.

Bresnan, Joan, ed. (1982) *The Mental Representation of Grammatical Relations*, MIT Press, Cambridge, MA.

Brillman, Ruth (2014) "Gapped Degree Phrases are Improper Movement Constructions." Available at <http://www.ling.auf.net/lingbuzz/002107>.

Brillman, Ruth (2015) "Improper Movement in Tough Constructions and Gapped Degree Phrases," *University of Pennsylvania Working Papers in Linguistics* 21 (1), 1-9.

Brillman, Ruth (2017) *Tough Constructions in the Context of English Infinitives*, Doctoral dissertation, MIT.

Brillman, Ruth and Aron Hirsch (2016) "An Anti-Locality Account of English Subject / Non-subject Asymmetries," *CLS* 50, 73-87.

Brody, Michael (1993) "θ-Theory and Arguments," *Linguistic Inquiry* 24, 1-23.

Browning, Maggie (1987a) "Null Operators and Their Antecedents," *NELS* 17, 59-78.

Browning, Maggie (1987b) *Null Operators Constructions*, Doctoral dissertation, MIT. [Published by Garland, New York in 1991.]

Calcagno, Mike (1999) "Some Thoughts on *Tough* Movement," *Tübingen Studies in Head-Driven Phrase Structure Grammar*, ed. by Valia Kordoni, 198-230, Arbeitspapiere des SFB 340, vol. 132, Universität Tübingen.

Cardinaletti, Anna (2004) "Toward a Cartography of Subject Positions," *The Structure of CP and IP: The Cartography of Syntactic Structures*, Vol. 2, ed. by Luigi Rizzi, 115-165, Oxford University Press, Oxford.

Chae, Hee-Rahk (1992) *Lexically Triggered Unbounded Discontinuities in English: An Indexed Phrase Structure Grammar Approach*, Doctoral dissertation, Ohio State University.

Chao, Wynn (1987) *On Ellipsis (Syntax)*, Doctoral dissertation, University of Massachusetts, Amherst.
Chiba, Shuji (1971) "A Note on Equi-NP Deletion," *Linguistic Inquiry* 2, 539–540.
Chiba, Shuji (1972) "Another Case for 'Relative Clause Formation Is a Copying Rule'," *Studies in English Linguistics* 1, 1–12.
千葉修司 (1987)「生成文法研究のめざすところ」『ことばからみた心―生成文法と認知科学―』, 大津由紀雄 (編), 1–34, 東京大学出版会, 東京.
千葉修司 (2008)「Tough 構文論考―補文主語の取り出しはなぜ許されないのか―」『津田塾大学紀要』40, 1–42.
千葉修司 (2013)『英語の仮定法―仮定法現在を中心に』(開拓社叢書 23), 開拓社, 東京.
千葉修司 (2015a)「ロッテのチョコはほんとうに溶かしにくいか― tough 構文の歴史・理論・習得について」近代英語協会第 32 回大会 (6 月 27 日, 愛知学院大学日進キャンパス) における講演.
千葉修司 (2015b)「Tough 構文の歴史・理論・習得に関する考察」中央大学人文科学研究会公開研究会 (7 月 25 日) における講演.
千葉修司 (2016)「Tough を探る―Stowell (1985) よりミニマリズムに至る橋渡しとして」『文法記述の諸相 II』(中央大学人文科学研究所研究叢書 63), 中央大学人文研究所 (編), 217–253.
千葉修司 (2018)「tough 構文を考える―ロッテのチョコレートは本当に溶かしにくいか」津田塾大学言語文化研究所「英語の通時的及び共時的研究の会」(6 月 16 日) における講演.
Chomsky, Carol (1969) *The Acquisition of Syntax in Children from 5 to 10*, MIT Press, Cambridge, MA.
Chomsky, Carol (1971) *Linguistic Development in Children from 5 to 10*, ERIC Document Reproduction Service.
Chomsky, Carol (1972) "Stages in Language Development and Reading Exposure," *Harvard Educational Review* 42, 1–33. [Also in M. Wolf, M. K. McQuillan and E. Radwin, eds. (1980) *Thought and Language / Language and Reading*, 201–229, Harvard Educational Review, Cambridge, MA.]
Chomsky, Noam (1964) "Current Issues in Linguistic Theory," *The Structure of Language: Readings in the Philosophy of Language*, ed. by Jerry A. Fodor and Jerrold J. Katz, 50–118, Prentice-Hall, Englewood Cliffs, NJ.
Chomsky, Noam (1965) *Aspects of the Theory of Syntax,* MIT Press, Cambridge, MA.
Chomsky, Noam (1973) "Conditions on Transformations," *A Festschrift for Morris Halle*, ed. by Stephen R. Anderson and Paul Kiparsky, 232–286, Holt, Rinehart and Winston, New York.
Chomsky, Noam (1977) "On Wh-Movement," *Formal Syntax*, ed. by Peter Culicover,

T. Wasow and A. Akmajian, 71-132, Academic Press, New York.
Chomsky, Noam (1981) *Lectures on Government and Binding*, Foris, Dordrecht.
Chomsky, Noam (1982) *Some Concepts and Consequences of the Theory of Government and Binding*, MIT Press, Cambridge, MA.
Chomsky, Noam (1986a) *Barriers*, MIT Press, Cambridge, MA.
Chomsky, Noam (1986b) *Knowledge of Language: Its Nature, Origin, and Use*, Praeger, New York.
Chomsky, Noam (1993) "Minimalist Program for Linguistic Theory," *The View from Building 20: Essays in Linguistics in Honor of Sylvain Bromberger*, ed. by Kenneth Hale and Samuel Jay Keyser, 1-52, MIT Press, Cambridge, MA.
Chomsky, Noam (1995) *The Minimalist Program*, MIT Press, Cambridge, MA.
Chomsky, Noam (1998) *Minimalist Inquiries: The Framework* (*MIT Occasional Papers in Linguistics* 15). [Also in Roger Martin et al. (eds.) (2000), 89-155.]
Chomsky, Noam (1999) "Derivation by Phase," *MIT Occasional Papers in Linguistics* 18. [Also in *Life in Language*, ed. by Michael Kenstowicz, 1-52, MIT Press, Cambridge, MA, 2001.]
Chomsky, Noam (2000a) *New Horizons in the Study of Language and Mind*, Cambridge University Press, Cambridge.
Chomsky, Noam (2000b) "Minimalist Inquiries: The Framework," *Step by Step: Essays on Minimalist Syntax in Honor of Howard Lasnik*, ed. by Roger Martin, David Michaels and Juan Uriagereka, 89-155, MIT Press, Cambridge, MA.
Chomsky, Noam (2001) "Beyond Explanatory Adequacy," *MIT Occasional Papers in Linguistics* 20, 1-28. [Distributed by MIT Working Papers in Linguistics, Dep. of Linguistics, MIT.]
Chomsky, Noam (2004) "Beyond Explanatory Adequacy," *Structures and Beyond: The Cartography of Syntactic Structures, Volume 3*, ed. by Adriana Belletti, 104-131, Oxford University Press, Oxford.
Chomsky, Noam (2005) "Three Factors in Language Design," *Linguistic Inquiry* 36, 1-22.
Chomsky, Noam (2007) "Approaching UG from Below," *Interfaces + Recursion = Languages?: Chomsky's Minimalism and the View from Syntax-Semantics*, ed. by Eli Sauerland and Hans-Martin Gärtner, 1-29, Mouton de Gruyter, Berlin and New York.
Chomsky, Noam (2008) "On Phases," *Foundational Issues in Linguistic Theory: Essays in Honor of Jean-Roger Vergnaud*, ed. by Robert Freidin, Carlos P. Otero and Maria Luisa Zubizarreta, 133-166, MIT Press, Cambridge, MA.
Chomsky, Noam (2013) "Problems of Projection," *Lingua* 130, 33-49.
チョムスキー, ノーム（福井直樹・辻村美保子 訳）(2015a)『我々はどのような生き物

なのか　ソフィア・レクチャーズ』岩波書店，東京.

Chomsky, Noam (2015b) "Problems of Projection: Extensions," *Structures, Strategies and Beyond: Studies in Honour of Adriana Belletti*, ed. by Elisa Di Domenico, C. Hamann and S. Matteini, 3-16, Benjamins Publishing, Amsterdam and Philadelphia.

Chomsky, Noam and Howard Lasnik (1993) "The Theory of Principles and Parameters," *Syntax: An International Handbook of Contemporary Research*, ed. by Joachim Jacobs, A. von Stechow, W. Sternefeld and T. Vennemann, 506-569, Walter de Gruyter, Berlin. [Also in Chomsky 1995, Ch. 1.]

Chung, Yoon-Suk (2001a) "Against the Two Types of Tough Gaps: A Response to Jacobson," *Snippets*, Issue 3, 8-9, January 2001. Available at <http://www.lededizioni.it/ledonline/snippets>.

Chung, Yoon-Suk (2001b) *Tough Construction in English: A Construction Grammar Approach*, Doctoral dissertation, University of California, Berkeley.

Chung, Yoon-Suk and David Gamon (1996) "*Easy*-Class Adjectives in Old English: A Constructional Approach," *BLS* 22, 58-70.

Cinque, Guglielmo (1990) *Types of Ā-Dependencies*, MIT Press, Cambridge, MA.

Citko, Barbara (2014) *Phase Theory: An Introduction*, Cambridge University Press, Cambridge.

Clark, Robin (1990) *Thematic Theory in Syntax and Interpretation*, Croom Helm, London.

Collins, Chris (2005a) "A Smuggling Approach to Raising in English," *Linguistic Inquiry* 36, 289-298.

Collins, Chris (2005b) "A Smuggling Approach to the Passive in English," *Syntax* 8, 81-120.

Comrie, Bernard (1997) "Tough Movement and Its Analogs in German Languages," *Language and Its Ecology: Essays in Memory of Einar Haugen*, ed. by Stig Eliasson and Ernst H. Jahr, 303-321, Mouton de Gruyter, Berlin and New York.

Comrie, Bernard and Stephen Matthews (1990) "Prolegomena to a Typology of Tough Movement," *Studies in Typology and Diachrony: Papers Presented to Joseph H. Greenberg on His 75th Birthday*, ed. by William Croft, Keith Denning and Suzanne Kemmer, 43-58, John Benjamins, Amsterdam and Philadelphia.

Contreras, Helles (1989) "On Spanish Empty *N'* and *N*," *Studies in Romance Linguistics: Selected Papers from the Seventeenth Linguistic Symposium on Romance Languages (XVII. LSRL)*, ed. by Carl Kirschner and J. DeCesaris, 83-95, John Benjamins, Amsterdam.

Contreras, Helles (1993) "On Null Operator Structures," *Natural Language & Linguistic Theory* 11, 1-30.

Cook, Vivian (1973) "The Comparison of Language Development in Native Children and Foreign Adults," *International Review of Applied Linguistics* 11, 13-28.

Cormack, Annabel (1998) *Definitions: Implications for Syntax, Semantics, and the Language of Thought,* Garland, New York.

Cormack, Annabel (2002) "The Lexicon, Syntax, and *Tough* Structures," Unpublished manuscript, University College, London.

Cromer, Richard (1970) "Children are Nice to Understand: Surface Structure Clues for the Recovery of a Deep Structure," *British Journal of Psychology* 61, 397-408.

Cromer, Richard (1983) "A Longitudinal Study of the Acquisition of Word Knowledge: Evidence against Gradual Learning," *British Journal of Developmental Psychology* 1, 307-316.

Culicover, Peter W. (1997) *Principles and Parameters: An Introduction to Syntactic Theory*, Oxford University Press, Oxford.

Culicover, Peter W. and Wendy K. Wilkins (1984) *Locality in Linguistic Theory*, Academic Press, Orlando, FL.

Curme, George O. (1931) *Syntax*, D. C. Heath and Co., Boston.

Dalrymple, Mary and Tracy H. King (2000) "Missing-Object Constructions: Lexical and Constructional Variation," *On-line Proceedings of the LFG 2000 Conference*, ed. by Miriam Butt and Tracy H. King. Available at <http://www-csli.stanford.edu/publications/>.

d'Anglejan, Alison and G. Richard Tucker (1975) "The Acquisition of Complex English Structures by Adult Learners," *Language Learning* 25, 281-296.

Demske-Neumann, Ulrike (1994) *Modales Passiv und Tough Movement: zur strukturellen Kausalität eines syntaktischen Wandels im Deutschen und Englischen*, Niemeyer, Tübingen.

Den Dikken, Marcel (2010) "On the Functional Structure of Locative and Directional PPs," *Mapping Spatial PPs: The Cartography of Syntactic Structures,* ed. by G. Cinque and L. Rizzi, 74-126, Oxford University Press, Oxford.

Denison, David (1993) *English Historical Syntax*, Longman, London.

Dingwall, W. O. (1971) "On So-Called Anaphoric *to* and the Theory of Anaphora in General," *Journal of English Linguistics* 5, 49-77.

Drummond, Alex, Norbert Hornstein and Howard Lasnik (2010) "A Puzzle about P-Stranding and a Possible Solution," *Linguistic Inquiry* 41, 689-692.

É. Kiss, Katalin (1985) "Parasitic Gaps and Case," Paper presented at MIT, Cambridge, MA.

Epstein, Samuel David (1989) "Quantification in Null Operator Constructions," *Linguistic Inquiry* 20, 647-658.

Epstein, Samuel David, Hisatsugu Kitahara and T. Daniel Seely (2012) "Structure Building That Can't Be," in Uribe-Etxebarria and Valmala, eds. (2012), 253-270.

Epstein, Samuel David, Hisatsugu Kitahara and T. Daniel Seely (2016) "Phase-Cancellation by External Pair-Merge of Heads," *The Linguistic Review* 33, 87-102.

Epstein, Samuel David, Miki Obata and T. Daniel Seely (2017) "Is Linguistic Variation Entirely Linguistic?" *Linguistic Analysis* 41, 481-516.

Erlewine, Michael (2016) "Anti-locality and Optimality in Kaqchikel Agent Focus," *Natural Language & Linguistic Theory* 34, 429-479.

Faraci, Robert (1974) *Aspects of the Grammar of Infinitives and For-Phrases*, Doctoral dissertation, MIT.

Fischer, Olga (1991) "The Rise of the Passive Infinitive in English," *Historical English Syntax*, ed. by Dieter Kastovsky, 141-188, Mouton de Gruyter, Berlin.

Fischer, Olga, Ans van Kemenade, Willem Koopman and Win van der Wurff (2000) *The Syntax of Early English*, Cambridge University Press, Cambridge.

Fleisher, Nicholas (2013) "On the Absence of Scope Reconstruction in *Tough* Subject A-Chains," *Linguistic Inquiry* 44, 321-332.

Fleisher, Nicholas (2015) "*Rare*-Class Adjectives in the *Tough*-Construction," *Language* 91, 73-108.

Flickinger, Dan and John Nerbonne (1992) "Inheritance and Complementation: A Case Study of *Easy* Adjectives and Related Nouns," *Computational Linguistics* 18, 269-309.

Fong, Sandiway and Jason Ginsburg (2014) "A New Approach to Tough-Constructions," *WCCFL* 31, 108-188.

Frampton, John (1990) "Parasitic Gaps and the Theory of *Wh*-Chains," *Linguistic Inquiry* 21, 49-77.

Frank, Robert (2002) *Phrase Structure Composition and Syntactic Dependencies*, MIT Press, Cambridge, MA.

藤田耕司 (2016)「受動動詞の日英比較──生物言語学的アプローチの試み──」『文法と語彙への統合的アプローチ──生成文法・認知言語学と日本語学』, 藤田耕司・西村義樹 (編), 116-142, 開拓社, 東京.

Fukui, Naoki (1993) "A Note on Improper Movement," *The Linguistic Review* 10, 111-126.

福井直樹 (編訳) (2012)『チョムスキー言語基礎論集』岩波書店, 東京.

Fukui, Naoki and M. Speas (1986) "Specifiers and Projection," *Papers in Theoretical Linguistics (MIT Working Papers in Linguistics* 8), ed. by Naoki Fukui, T. R. Rapoport and E. Sagey, 128-172, MITWPL, Cambridge, MA.

Gaaf, Willem van der (1928) "The Post-Adjectival Passive Infinitive," *English Studies* 10, 129-138.

Gazdar, Gerald, E. Klein, G. Pullum and I. Sag (1985) *Generalized Phrase Structure Grammar*, Basil Blackwell, Oxford.

現影秀昭 (2011)「動的 tough 構文とその統語構造」『埼玉学園大学紀要 人間学部篇』11, 15-27.

Gluckman, John (2016) "Intervention in *Tough*-Constructions: A Semantic Analysis," GLOW 39: Workshop on Perspectivization, Göttingen. Available at <https://www.jgluckman.com/uploads/9/4/6/4/…/glow_2016.pdf>.

Gluckman, John (2018) "The Natural Class of *Tough*-Predicates, and Non-Finite Clauses," Paper read at WCCFL 36 at UCLA, 21 April 2018. Available at <https://www.jgluckman.com/uploads/9/4/6/4/9464781/wccfl_2018.pdf>.

Goh, Gwang-Yoon (2000) "Pragmatics of the English *Tough*-Construction," *NELS* 30 (1), 219-230.

Goodall, Grant (1985) "Notes on Reanalysis," *MIT Working Papers in Linguistics, Vol. 6: Papers in Theoretical and Applied Linguistics*, ed. by Diana Archangeli, A. Bass and R. Sproat, 62-86, MIT, Cambridge, MA.

Goto, Sayaka (2010) "On the Tough Construction: Event Suppression and Null Operator Predication,"『英米文学』54, 62-82, 関西学院大学.

Grohmann, Kleanthes K. (2000) *Prolific Peripheries: A Radical View from the Left*, Doctoral dissertation, University of Maryland.

Grohmann, Kleanthes K. (2003) *Prolific Domains: On the Anti-Locality of Movement Dependencies,* John Benjamins, Amsterdam and Philadelphia.

Grover, Claire (1995) *Rethinking Some Empty Categories: Missing Objects and Parasitic Gaps in HPSG*, Doctoral dissertation, University of Essex.

Guéron, Jacqueline (2006) "Inalienable Possession," *The Blackwell Companion to Syntax,* Volume II, ed. by Martin Everaert and Henk van Riemsdijk, 589-638, Blackwell, Malden, MA.

Haegeman, Lilian (1991[1], 1994[2]) *Introduction to Government and Binding Theory*, Blackwell, Oxford.

Haïk, Isabelle (1985) *The Syntax of Operators*, Doctoral dissertation, MIT.

Halpern, Richard Neil (1979) *An Investigation of "John is easy to please,"* Doctoral dissertation, University of Illinois at Urbana-Champaign.

Hartman, Jeremy (2011) "Intervention in *Tough* Constructions," *NELS* 39, 387-397.

長谷川欣佑 (2003)『生成文法の方法——英語統語論のしくみ』研究社, 東京.

長谷川欣佑 (2014)『言語理論の経験的基盤』開拓社, 東京.

Heim, Irene (1987) "Where Does the Definiteness Restriction Apply?: Evidence from the Definiteness of Variables," *The Representation of (In)definiteness*, ed. by Eric

J. Reuland and Alice G. B. ter Meulen, 21-42, MIT Press, Cambridge, MA.

Hendrick, Randall (2013) "A Problem of / for Tough Movement," ms., University of North Carolina at Chapel Hill. Available at <http://www.unc.edu/~hendrick/research/ in_press_submitted/>.

Henry, Alison (1992) "Infinitives in a For-To Dialect," *Natural Language & Linguistic Theory* 10, 279-301.

Hicks, Glyn (2003) "So Easy to Look At, So Hard to Define: Tough Movement in the Minimalist Framework," MA thesis, University of York.

Hicks, Glyn (2004) "So Easy to Look At, So Hard to Define: *Tough* Constructions and their Derivation," ms., University of York. Available at <http:www.alskorea.com/.../nfupload_down.php?tmp...Hicks...2004.../>.

Hicks, Glyn (2009) "*Tough*-Constructions and Their Derivation," *Linguistic Inquiry* 40, 535-566.

Hietaranta, Pertti (1984) "Some Functional Aspects of the *Tough* Construction," *Studia Neophilologica* 56, 21-25.

Hirsch, Christopher and K. Wexler (2008) "The Late Development of Raising: What Children Seem to *Think* about *Seem*," *New Horizons in the Analysis of Control and Raising*, ed. by William D. Davies and Stanley Dubinsky, 35-70, Springer, Dordrecht.

Hirsch, Christopher, R. Orfitelli and K. Wexler (2008) "When *Seem* Means *Think*: The Role of the Experiencer-Phase in Children's Comprehension of Raising," *Proceedings of the 2nd Conference on Generative Approaches to Language Acquisition North America*, ed. by Alyona Belikova, L. Meroni and M. Umeda, 135-146, Cascadilla Proceedings Project, Somerville, MA.

Hofland, Knut, ed. (1991) *The Helsinki Corpus of English Texts: Diachronic Part*, CD-ROM (The ICAME Collection of English Language Corpora), Norwegian Computing Centre for the Humanities, Bergen.

Holmberg, Anders (2000) "A Reply to Lappin, Levine, and Johnson," *Natural Language & Linguistic Theory* 18, 837-842.

Hoover, David (2007) "The End of the Irrelevant Text: Electronic Texts, Linguistics, and Literary Theory," *Digital Humanities Quarterly* 1(2). Available at <http://www.digitalhumanities.org/dhq/vol/1/2/000012/000012.html>.

Hornby, Albert Sidney (1975) *Guide to Patterns and Usage in English*, 2nd ed., Oxford University Press, London.

Hornstein, Norbert (1999) "Movement and Control," *Linguistic Inquiry* 30, 69-96.

Hornstein, Norbert (2001) *Move! A Minimalist Theory of Construal*, Blackwell, Malden, MA.

Hornstein, Norbert (2009) *A Theory of Syntax: Minimal Operations and Universal*

Grammar, Cambridge University Press, Cambridge.

Hornstein, Norbert, H. Lasnik, P. Patel-Grosz and C. Yang, eds. (2018) *Syntactic Structures After 60 Years: The Impact of the Chomskyan Revolution in Linguistics*, Walter de Gruyter, Berlin and Boston.

Hornstein, Norbert, Jairo Nunes and Kleanthes K. Grohmann (2005) *Understanding Minimalism*, Cambridge University Press, Cambridge.

保坂道雄 (2014)『文法化する英語』(開拓社言語・文化選書 47), 開拓社, 東京.

Huang, C.-T. J. (1982) *Logical Relations in Chinese and the Theory of Grammar*, Doctoral dissertation, MIT.

Huddleston, Rodney D. (1971) *The Sentence in Written English: A Syntactic Study Based on an Analysis of Scientific Texts*, Cambridge University Press, Cambridge.

Hudson, R. A. (1976) *Arguments for a Non-transformational Grammar*, University of Chicago Press, Chicago.

Hukari, Thomas and Robert Levine (1990) "The Complement Structure of *tough* Constructions," *Eastern States Conference on Linguistics* 7, 124-135.

Hukari, Thomas and Robert Levine (1991) "On the Disunity of Unbounded Dependency Constructions," *Natural Language & Linguistic Theory* 9, 97-144.

Iannucci, David (1979) "Notes and Discussion: Verb Triggers of *Tough* Movement," *Journal of Linguistics* 15, 203-395.

池上嘉彦 (2008)「'Natural English' とは何か」『英語青年』153 (12), 6-9.

Ikeya, Akira, ed. (1996) Tough *Constructions in English and Japanese: Approaches from Current Linguistic Theories*, Kurosio, Tokyo.

Imai, Kunihiko, Heizo Nakajima, Shigeo Tonoike and Christopher D. Tancredi (1995) *Essentials of Modern English Grammar*, Kenkyusha, Tokyo.

今西典子・浅野一郎 (1990)『照応と削除』(新英文法選書第 11 巻), 大修館書店, 東京.

稲田俊明 (1989)『補文の構造』(新英文法選書第 3 巻), 大修館書店, 東京.

Inoue, Kazuko (1978) "'Tough Sentences' in Japanese," *Problems in Japanese Syntax and Semantics*, ed. by John Hinds and Irwin Howard, 122-154, Kaitakusha, Tokyo.

Inoue, Kazuko (2004) "Japanese 'tough' Sentences Revisited," *Scientific Approaches to Language* 3, 75-111, Kanda University of International Studies, Chiba.

Inoue, Kazuko (2006) "Case (with Special Reference to Japanese)," *The Blackwell Companion to Syntax*, Vol. I, ed. by Martin Everaert and Hank van Riemsdijk, Ch. 11, 295-373, Blackwell, Malden, MA.

Ioup, George L. (1975) *The Treatment of Quantifier Scope in a Transformational Grammar*, Doctoral dissertation, The City University of New York. [Reproduced in 1981 by University Microfilms International, Ann Arbor, MI.]

Jacobsen, Bent (1986) *Modern Transformational Grammar*, North-Holland, New York.

Jacobson, Pauline (1992) "The Lexical Entailment Theory of Control and the *Tough*-Construction," *Lexical Matters*, ed. by Ivan A. Sag and Anna Szabolcsi, 269-299, Center for the Study of Language and Information, Stanford University, Stanford, CA.

Jacobson, Pauline (2000) "Extraction out of *tough*," *Snippets*, Issue 1, 9-10, January 2000. Available at <http://www.lededizioni.it/ledonline/snippets.html>.

Jespersen, Otto (1924) *The Philosophy of Grammar*, W.W. Norton, New York.

Jespersen, Otto (1927-1949) *A Modern English Grammar on Historical Principles*, Part III, Carl Winter Universitätsbuchhandlung, Heidelberg, 1927; Part V, George Allen and Unwin, London, 1940; Part VII, George Allen and Unwin, London, 1949.

Jespersen, Otto (1937) *Analytic Syntax*, George Allen and Unwin, London. [Also 1984, with a new Introduction by James D. McCawley, Chicago University Press, Chicago.]

Jespersen, Otto (1938) *Growth and Structure of the English Language*, 9th ed., Teubner Verlag, Stuttgart. [Reprint edition: Basil Blackwell, Oxford, 1967.]

Jones, Charles (1985) *Syntax and Thematics of Infinitival Adjuncts*, Doctoral dissertation, University of Massachusetts.

Jones, Charles (1991) *Purpose Clauses: Syntax, Thematics, and Semantics of English Purpose Constructions*, Kluwer, Dordrecht.

Jones, Michael A. (1983) "Getting 'tough' with *Wh*-Movement," *Journal of Linguistics* 19, 129-159.

Kajita, Masaru (1977) "Towards a Dynamic Model of Syntax," *Studies in English Linguistics* 5, 44-76.

Kaneko, Yoshiaki (1994) "Some Topics in *Tough* Constructions," *Current Topics in English and Japanese*, ed. by Masaru Nakamura, 27-51, Hituzi Syobo, Tokyo.

Kaneko, Yoshiaki (1996) "On *Tough* Constructions: A GB Approach," in Ikeya ed. (1996), 9-41.

金子義明 (2001)「tough 構文」『[最新] 英語構文事典』, 中島平三 (編), 35-51, 大修館書店, 東京.

Kaplan, Ronald M. and Joan Bresnan (1982) "Lexical-Functional Grammar: A Formal System for Grammatical Representation," *The Mental Representation of Grammatical Relations*, ed. by Joan Bresnan, 173-281, MIT Press, Cambridge, MA.

Kawai, Michiya (1992) *Missing Object Constructions and Null Operator Predication*, Doctoral dissertation, The University of Connecticut, Storrs.

Kayne, Richard (1994) *The Antisymmetry of Syntax*, MIT Press, Cambridge, MA.

Kayne, Richard (1999) "Prepositional Complementizers as Attractors," *Probus* 11, 39-73.

Kayne, Richard (2002) "Pronouns and Their Antecedents," *Derivation and Explanation in the Minimalist Program*, ed. by Samuel D. Epstein and T. Daniel Seely, 133-166, Blackwell, Malden, MA and Oxford.

Kayne, Richard (2004) "Prepositions as Probes," *Structures and Beyond,* ed. by A. Belletti, 192-212, Oxford University Press, Oxford.

Kearney, Kevin (1983) "Governing Categories," ms., University of Connecticut, Storrs.

Keine, Stefan and Ethan Poole (2016) "Intervention in *Tough*-Constructions as a Semantic-Type Mismatch," *NELS* 46(2), 99-212.

Keine, Stefan and Ethan Poole (2017) "Intervention in *Tough*-Constructions Revisited," *The Linguistic Review* 34, 295-329.

Kemenade, Ans van (1987) *Syntactic Case and Morphological Case in the History of English*, Foris, Dordrecht.

Kesssel, Frank S. (1970) *The Role of Syntax in Children's Comprehension from Ages 6 to 12*, Monographs of the Society for Research in Child Development, Serial no. 139.

Kim, Boomee Chun (1995) "Predication in *Tough* Constructions," *WCCFL* 14, 271-285.

金城克哉 (2011)「コーパス分析に基づく『〜にくい』・『〜づらい』表現の研究」『留学生教育:琉球大学留学生センター紀要』8, 19-35.

Kitahara, Hisatsugu (1997) *Elementary Operations and Optimal Derivations*, MIT Press, Cambridge, MA.

Kobayashi, Akiko (2003) "PRO as Nominative Anaphor," *English Linguistics* 20(1), 143-168.

Koizumi, Masatoshi (1995) *Phrase Structure in Minimalist Syntax*, Doctoral dissertation, MIT.

Koma, Osamu (1981) "Word Order Change and Preposition Stranding in ME," *Studies in English Linguistics* 9, 132-144.

児馬修 (1990)「英語史研究(史的統語論)の動向の一側面 (1)-(2)」『英語教育』1990 年 3 月号, 74-77;4 月号, 74-77.

児馬修 (2018)『ファンダメンタル英語史』改訂版, ひつじ書房, 東京.

河野継代 (2012)『英語の関係節』(開拓社叢書21), 開拓社, 東京.

Koopman, Hilda and Dominique Sportiche (1982/3) "Variables and the Bijection Principles," *The Linguistic Review* 2, 139-160.

久野暲 (1972)「意味規則の一形式」『現代言語学』, 服部四郎先生定年退官記念論文集

編集委員会（編), 198-218, 三省堂, 東京.
Kuroda, Shige-Yuki (1972) "The Categorical and the Thetic Judgment: Evidence from Japanese Syntax," *Foundations of Language* 9, 153-185.
Kuroda, Shige-Yuki (1987) "Movement of Noun Phrases in Japanese," *Issues in Japanese Linguistics*, ed. by Takashi Imai and Mamoru Saito, 229-271, Foris, Dordrecht.
Kuroda, Shige-Yuki (1990) "The Categorical and the Thetic Judgment Reconsidered," *Mind, Meaning and Metaphysics: The Philosophy and Theory of Language of Anton Marty*, ed. by Kevin Mulligan, 77-88, Kluwer Academic Publishers, Cambridge.
Kusayama, Manabu (1998) "Middle and *Tough*-Constructions in English," *Tsukuba English Studies* 17, 201-219.
粟原和生・松山哲也 (2001) 『補文構造』（英語学モノグラフシリーズ4), 研究社, 東京.
Langacker, Ronald (1974) "Movement Rules in Functional Perspective," *Language* 50, 636-664.
Langacker, Ronald (1995) "Raising and Transparency," *Language* 71, 1-62.
Lappin, Shalom (1984) "VP Anaphora, Quantifier Scope, and Logical Form," *Linguistic Analysis* 13, 273-315.
Lappin, Shalom, Robert D. Levine and David E. Johnson (2000) "The Revolution Confused: A Response to Our Critics," *Natural Language & Linguistic Theory* 18, 873-890.
Larson, Richard K. (1990) "Double Object Revisited: Reply to Jackendoff," *Linguistic Inquiry* 21, 589-632.
Larson, Richard K. (1991) "*Promise* and the Theory of Control," *Linguistic Inquiry* 22, 103-139.
Lasnik, Howard (1995) "A Note on Pseudogapping," *MIT Working Papers in Linguistics* 27, 143-163. [Also in Lasnik 1999, 151-174.]
Lasnik, Howard (1999) *Minimalist Analysis*, Oxford University Press, Oxford.
Lasnik, Howard (2002) "Clause-mate Conditions Revisited," *Glot International* 6(4), 94-96.
Lasnik, Howard (2003) "On Exceptional Case Marking Constructions," *Korean Linguistics* 18, 107-132.
Lasnik, Howard and Robert Fiengo (1974) "Complement Object Deletion," *Linguistic Inquiry* 5, 535-571.
Lasnik, Howard and Mamoru Saito (1991) "On the Subject of Infinitives," *CLS* 27, *Part I: General Sessions*, 324-343.
Lasnik, Howard and Mamoru Saito (1992) *Move α: Conditions on Its Application and*

Output, MIT Press, Cambridge, MA.

Lasnik, Howard and Tim Stowell (1991) "Weakest Crossover," *Linguistic Inquiry* 22, 687-720.

Lasnik, Howard and Juan Uriagereka (1988) *A Course in GB Syntax*, MIT Press, Cambridge, MA.

Lees, Robert (1960) "A Multiply Ambiguous Adjectival Construction in English," *Language* 36, 207-221.

Levine, Robert D. (1984a) "A Note on Right Node Raising, *Tough* Constructions and Reanalysis Rules," *Linguistic Analysis* 13, 159-172.

Levine, Robert D. (1984b) "Against Reanalysis Rules," *Linguistic Analysis* 14, 3-29.

Levine, Robert D. (1997) "*Tough* Constructions, Binding and Reanalysis Rules," *Glossa* 17, 77-96.

Levine, Robert D. and Thomas E. Hukari (2006) *The Unity of Unbounded Dependency Constructions*, CSLI Publications, Stanford, CA.

Lightfoot, David (1973) *Principles of Diachronic Syntax*, Cambridge University Press, Cambridge.

Lightfoot, David (1981) "The History of Noun Phrase Movement," *The Logical Problem of Language Acquisition*, ed. by C. Baker and J. McCarthy, 86-119, MIT Press, Cambridge, MA.

Lightfoot, David (1999) *The Development of Language: Acquisition, Change, and Evolution*, Blackwell, Malden, MA.

Lobeck, Anne (1986) *Syntactic Constraints on VP Ellipsis*, Doctoral dissertation, University of Washington, Seattle. [Reproduced by the Indiana University Linguistics Club, 1987.]

Lobeck, Anne (1990) "Functional Heads as Proper Governors," *NELS* 20, 348-362.

Lobeck, Anne (1995) *Ellipsis: Functional Heads, Licensing, and Identification*, Oxford University Press, Oxford.

Lobeck, Anne (1999) "VP-Ellipsis and the Minimalist Program: Some Speculations and Proposals," *Fragments: Studies in Ellipsis and Gapping*, ed. by S. Lappin and E. Benmamoun, 98-123, Oxford University Press, Oxford.

Longenbaugh, Nicholas (2016) "Non-intervention in *Tough*-constructions," *NELS* 46 (2), 293-306.

Longenbaugh, Nicholas (2017) "Composite A/A′-movement: Evidence from English *Tough*-movement." Available at <https://ling.auf.net/lingbuzz/003604>.

Los, Bettelou (2005) *The Rise of the* To-*Infinitive*, Oxford University Press, Oxford.

Mair, Christian (1987) "Tough-Movement in Present-Day British English—A Corpus-based Study," *Studia Linguistica* 41, 59-71.

Martin, Roger (1992) "On the Distribution and Case Feature of PRO," ms., University

of Connecticut, Storrs.
Martin, Roger (1996) *A Minimalist Theory of PRO and Control*, Doctoral dissertation, University of Connecticut, Storrs.
Martin, Roger (2001) "Null Case and the Distribution of PRO," *Linguistic Inquiry* 32, 141-166.
Martin, Roger, David Michaels and Juan Uriagereka, eds. (2000) *Step by Step*, MIT Press, Cambridge, MA.
丸田忠雄 (2003)「Tough 構文——二層の主題領域——」『市河賞36年の軌跡』, 財団法人語学教育研究所（編）, 316-324, 開拓社, 東京.
Maruta, Tadao (2012) "On Passivised Tough-infinitives." Available at <https://www.academia.edu/1812683/On_passivized_tough-infinitives>.
McCawley, James D. (1984) "Introduction," Otto Jespersen, *Analytic Syntax* (With a new Introduction by James D. McCawley), xi-xix, University of Chicago Press, Chicago.
McCawley, James D. (1993) *Everything That Linguists Have Always Wanted to Know about Logic—But Were Ashamed to Ask*, 2nd ed., University of Chicago Press, Chicago.
McCawley, James D. (1998) *The Syntactic Phenomena of English*, 2nd ed., University of Chicago Press, Chicago.
McCloskey, James (1984) "Rasing, Subcategorization and Selection in Modern Irish," *Natural Language & Linguistic Theory* 1, 441-485.
McGinnis, Martha (2003) "Variation in the Syntax of Applicatives," *Linguistic Variation Yearbook* 1, 105-146.
McKee, Cecile (1997) "Some Adjectives Are 'Easy' and Some Are Not," *Lexicology* 3, 59-87.
Miki, Nozomi (1996) "A Semantic Approach to Tough Constructions in Light of Carlsonian Ontology," *Kobe Studies in English* 10, 207-234.
Miki, Nozomi (2000) "Tough Constructions: Their Tense and Aspect,"『京都精華大学紀要』19, 258-269.
三木望 (2001)「簡易構文」『日英対照動詞の意味と構文』, 影山太郎（編）, 212-239, 大修館書店, 東京.
三木望 (2004)「『～づらい』について——自発と否定, 可能の連続性——」『日本語の分析と言語類型——柴谷方良教授還暦記念論文集——』, 影山太郎・岸本秀樹（編）, 127-145, くろしお出版, 東京.
Miller, George and Noam Chomsky (1963) "Finitary Models of Language Users," *Handbook of Mathematical Psychology*, Vol. II, ed. by R. Duncan Luce, Robert R. Bush and Eugene Galanter, 419-491, John Wiley and Sons, Inc., New York.
Milsark, Gary Lee (1974) *Existential Sentences in English*, Doctoral dissertation,

MIT.

南佑亮 (2007a)「難易形容詞の意味構造と拡張用法について」『待兼山論叢文学篇』41, 47-62, 大阪大学大学院文学研究科.

南佑亮 (2007b)「難易構文における二つの解釈についての認知的考察」*JELS* 24, 111-120.

Montalbetti, Mario and Mamoru Saito (1983a) "On Certain Tough Differences between Spanish and English," *NELS* 13, 191-198.

Montalbetti, Mario and Mamoru Saito (1983b) "Tough Constructions and the Theta-Criterion," *Proceedings of the XIIIth International Congress of Linguists*, ed. by Shiro Hattori and Kazuko Inoue, 469-472, the Proceedings Publishing Committee, Tokyo.

Montalbetti, Mario, Mamoru Saito and Lisa Travis (1982) "Three Ways to Get Tough," *CLS* 18, 348-366.

Mulder, Rene and Marcel den Dikken (1992) "*Tough* Parasitic Gaps," *NELS* 22, 303-317.

Murakami, Madoka (2002) "Review of Olga Fisher et al. (2000)," *Studies in English Literature*, English Number 43, 94-104, The English Literary Society of Japan.

Muriungi, Peter (2011) "An Anti-Locality Restriction on Subject *Wh*-Phrases in Kîîtharaka," *Lingua* 121, 822-831.

Muro, Sachie (1974) "Problems concerning Verb Phrase Deletion," *Studies in English Literature*, English Number 50, 309-326.

Nagamori, Takakazu (2015) "A Minimalist Approach to the Syntax of English *Tough*-Constructions,"『論集』第 39 号, 13-42, 青山学院大学大学院文学研究科英米文学専攻院生会.

Nagamori, Takakazu (2017) "Multiple Case Valuation via Merge: In View of Japanese *Tough*-Constructions," *Sophia Linguistica 66: Working Papers in Linguistics*, 91-113, Sophia University, Tokyo.

中島平三 (2016)『島の眺望——補文標識選択と島の制約と受動化——』研究社, 東京.

Nakagawa, Naoshi (2000a) "Reconstruction Effects in *Tough* Constructions," *Synchronic and Diachronic Studies on Language: A Festschrift for Dr. Hirozo Nakano (Linguistics and Philology* 19 (2000)), ed. by Masachiyo Amano et al., 203-218, English Linguistics Department, Nagoya University, Nagoya.

Nakagawa, Naoshi (2000b) "On the Nature of the Null Operator in *Tough* Constructions," *English Linguistics* 17, 276-304.

Nakagawa, Naoshi (2001) "Bare vP Analysis of the Infinitival Clause in OE: Historical Development of *Tough* Constructions," *English Linguistics* 18, 507-535.

Nakagawa, Naoshi (2002) *A Syntactic and Diachronic Study of the Derivation and Structure of* Tough *Constructions*, Doctoral dissertation, Nagoya University.

Nakagawa, Naoshi (2007a) "A Non-Movement Analysis of the Null Operator in the *Tough* Construction," *Language and Beyond: A Festschrift for Hiroshi Yonekura on the Occasion of His 65th Birthday*, ed. by Mayumi Sawada, Larry Walker and Shizuya Tara, 319-335, Eichosha, Tokyo.

Nakagawa, Naoshi (2007b) "Two Versions of Agree and the Derivation of the *Tough* Construction," *English Linguistics* 24, 1-32.

中川直志 (2011)「Tough 構文に対する単文分析の可能性」『日本英文学会第 83 回大会 Proceedings』25-27，日本英文学会．

中川直志 (2013a)「tough 構文の構造と派生の歴史的変遷について」『言語変化──動機とメカニズム──』，中野弘三・田中智之（編），191-206，開拓社，東京．

中川直志 (2013b)「Tough 構文の主節構造について」*JELS* 30, 139-145，日本英語学会．

中川直志 (2017)「tough 節の範疇についての一考察──共時的視点と通時的視点から──」*JELS* 34, 119-125，日本英語学会．

Nakamura, Masaru (1991) "On 'Null Operator' Constructions," *Current English Linguistics in Japan*, ed. by Heizo Nakajima, 345-379, Mouton de Gruyter, Berlin.

中村捷・金子義明（編）(2002)『英語の主要構文』研究社，東京．

中村捷・金子義明・菊地朗 (1989)『生成文法の基礎──原理とパラミターのアプローチ』研究社，東京．

中村捷・金子義明・菊地朗 (2001)『生成文法の新展開──ミニマリスト・プログラム──』研究社出版，東京．

中尾俊夫 (1972)『英語史 II』（英語学大系第 9 巻），大修館書店，東京．

Nanni, Deborah L. (1978) *The Easy Class of Adjectives in English*, Doctoral dissertation, University of Massachusetts.

Nanni, Deborah L. (1980) "On the Surface Syntax of Constructions with *Easy*-type Adjectives," *Language* 56, 568-581.

Neeleman, Ad and Fred Weerman (1999) *Flexible Syntax: A Theory of Case and Arguments,* Kluwer, Dordrecht.

Nishigauchi, Taisuke and Thomas Roeper (1987) "Deductive Parameters and the Growth of Empty Categories," *Parameter Setting*, ed. by Thomas Roeper and Edwin Williams, 91-121, D. Reidel, Dordrecht and Boston.

西原哲雄（編）(2018)『言語の構造と分析──統語論，音声学・音韻論，形態論』（言語研究と言語学の進展シリーズ 1），開拓社，東京．

Nomura, Tadao (2006) *ModalP and Subjunctive Present*, Hituzi Syobo, Tokyo.

野村忠央 (2015)「本当に 2 種類の to が存在するのか？──制御タイプの to と繰り上げタイプの to──」『英語と文学，教育の視座』，渋谷和郎・野村忠央・土居峻（編），251-264，DTP 出版，東京．

Nunes, Jairo (1995) *The Copy Theory of Movement and Linearization of Chains in the Minimalist Program*, Doctoral dissertation, University of Maryland, College Park.
Nunes, Jairo (2001) "Sideward Movement," *Linguistic Inquiry* 32, 303-344.
Nunes, Jairo (2004) *Linearization of Chains and Sideward Movement*, MIT Press, Cambridge, MA.
Nunes, Jairo (2012) "Sideward Movement: Triggers, Timing, and Outputs," *Ways of Structure Building*, ed. by Myriam Uribe-Etxebarria and Vidal Valmala, 114-142, Oxford University Press, Oxford.
Obata, Miki and Samuel D. Epstein (2008) "Deducing Improper Movement from Phase-Based C-to-T Phi Transfer: Feature-Splitting Internal Merge," *WCCFL* 27, 353-360.
Obata, Miki and Samuel D. Epstein (2011) "Feature-Splitting Internal Merge: Improper Movement, Intervention, and the A/A′ Distinction," *Syntax* 14, 122-147.
Obata, Miki and Samuel D. Epstein (2012) "Feature-Splitting Internal Merge: The Case of *Tough*-constructions," in Uribe-Etxebarria and Valmala eds. (2012), 366-384.
Oehrle, Richard (1979) "A Theoretical Consequence of Constituent Structure in *Tough* Movement," *Linguistic Inquiry* 10, 583-593.
O'Flynn, Kathleen (2008) "VP Ellipsis in Infinitival Clauses," ms., University of California at Santa Cruz. Available at <http://babel.ucsc.edu/~hank/oflynn_thesis.pdf>.
小野茂・中尾俊夫（1980）『英語史 I』（英語学大系第 8 巻），大修館書店，東京．
Oosten, Jeanne van (1977) "Subjects and Agreement in English," *CLS* 13, 459-471.
Oosten, Jeanne van (1984) *The Nature of Subjects, Topics and Aspects: A Cognitive Explanation*, Doctoral dissertation, University of California, Berkeley. [Distributed by Indiana University Linguistics Club, Bloomington, Indiana, 1986.]
大庭幸男・島越郎（2002）『左方移動』（英語学モノグラフシリーズ 10），研究社，東京．
太田朗（1997）『私の遍歴——英語の研究と教育をめぐって——』大修館書店，東京．
大津由紀雄（1989）「心理言語学」『英語学の関連分野』（英語学大系第 6 巻），181-361，大修館書店，東京．
Perlmutter, David M. (1983) *Studies in Relational Grammar 1*, University of Chicago Press, Chicago.
Perlmutter, David M. and Carol Rosen (1984) *Studies in Relational Grammar 2*, University of Chicago Press, Chicago.
Perry, Fred L. and Allan Shwedel (1979) "Interaction of Visual Information, Verbal Information, and Linguistic Competence in the Preschool-aged Child," *Journal of Psycholinguistic Review* 8, 559-566.
Pesetsky, David (1982) *Paths and Categories*, Doctoral dissertation, MIT.

Pesetsky, David (1987a) "Binding Problems with Experiencer Verbs," *Linguistic Inquiry* 18, 126-140.
Pesetsky, David (1987b) "Wh-in-situ: Movement and Unselective Binding," *The Representation of (In)definiteness*, ed. by E. Reuland and A. ter Meulen, 98-129, MIT Press, Cambridge, MA.
Pesetsky, David (1995) *Zero Syntax*, MIT Press, Cambridge, MA.
Pesetsky, David and Esther Torrego (2004) "Tense, Case, and the Nature of Syntactic Categories," *The Syntax of Time*, ed. by Jacqueline Guéron and Jacqueline Lecarme, 495-537, MIT Press, Cambridge, MA.
Pesetsky, David and Esther Torrego (2007) "The Syntax of Valuation and the Interpretability of Features," *Phrasal and Clausal Architecture: Syntactic Derivation and Interpretation*, ed. by Simin Karimi, Vida Samiian and Wendy K. Wilkins, 262-294, John Benjamins, Amsterdam.
Pollard, Carl and Ivan A. Sag (1994) *Head-Driven Phrase Structure Grammar*, University of Chicago Press, Chicago.
Poole, Ethan, Stefan Keine and Jon Ander Mendia (2017) "More on (the Lack of) Reconstruction in Tough-Constructions," ms., UCLA, USC and Universität Düsseldorf. Available at <http://www.ethanpoole.com/papers/poole-et-al-2017-tough-reconstruction.pdf>.
Postal, Paul (1968) "Crossover Phenomena," *Specification and Utilization of a Transformational Grammar*, Scientific Report No. 3, IBM Thomas J. Watson Research Center, Yorktown Heights, NY.
Postal, Paul M. (1971) *Cross-Over Phenomena*, Holt, Rinehart and Winston, New York.
Postal, Paul M. (1974) *On Raising*, MIT Press, Cambridge, MA.
Postal, Paul M. (1990) "Some Unexpected English Restrictions," *Grammatical Relations: A Cross-Theoretical Perspective*, ed. by Katarzyna Dziwirek, P. Farrell and E. Mejías-Bikandi, 365-385, The Center for the Study of Language and Information, Stanford University, Stanford.
Postal, Paul M. (2010) *Edge-Based Clausal Syntax: A Study of (Mostly) English Object Structure*, MIT Press, Cambridge, MA.
Postal, Paul M. and Geoffrey K. Pullum (1988) "Expletive Noun Phrases in Subcategorized Positions," *Linguistic Inquiry* 19, 635-670.
Postal, Paul M. and John R. Ross (1971) "¡Tough Movement Si, Tough Deletion No!" *Linguistic Inquiry* 2, 544-545.
Poutsma, Hendrik (1923) *The Infinitive, the Gerund and the Participles of the English Verb*, P. Noordhoff, Groningen.
Poutsma, Hendrik (1926) *A Grammar of Late Modern English*, Part II, Sec. II, P.

Noordhoff, Groningen.

Quirk, Randolph, Sydney Greenbaum, Geoffrey Leech and Jan Svartvik (1985) *A Comprehensive Grammar of the English Language*, Longman, London.

Reider, Michael (1996) "An NP-Movement Account of Tough Constructions," *Kansas Working Papers in Linguistics* 21, 99-121.

Rezac, Milan (2004) *Elements of Cyclic Syntax: Agree and Merge*, Doctoral dissertation, University of Toronto.

Rezac, Milan (2006) "On *Tough*-Movement," *Minimalist Essays*, ed. by Cedric Boeckx, 289-325, John Benjamins, Amsterdam.

Richardson, John F. (1985) "Agenthood and Ease," *CLS* 21(2), 241-251.

Riemsdijk, Henk van (1978) *A Case Study in Syntactic Markedness: The Binding Nature of Prepositional Phrases*, Foris, Dordrecht.

Riddle, Elizabeth, Gloria Sheintuch and Yael Ziv (1977) "Pseudo-Passivization: On the Role of Pragmatics," *Studies in the Linguistic Science* 7, 147-156.

Rivière, Claude (1983) "Modal Adjectives: Transformations, Synonymy, and Complementation," *Lingua* 59, 1-45.

Rizzi, Luigi (1990) *Relativized Minimality*, MIT Press, Cambridge, MA.

Rosenbaum, Peter S. (1967) *The Grammar of English Predicate Complement Constructions*, MIT Press, Cambridge, MA.

Ross, John Robert (1972) "Act," *Semantics of Natural Language*, ed. by Donald Davidson and Gilbert Harman, 70-126, D. Reidel, Dordrecht.

Ross, John Robert (1986) *Infinite Syntax!*, Ablex, Norwood, NJ.

Sadock, Jerrold M. (2012) *The Modular Architecture of Grammar*, Cambridge University Press, Cambridge.

Sag, Ivan (1976a) *Deletion and Logical Form*, Doctoral dissertation, MIT.

Sag, Ivan (1976b) "A Logical Theory of Verb Phrase Deletion," *CLS* 12, 533-547.

Saito, Mamoru (1982) "Case Marking in Japanese," ms., MIT.

Saito, Mamoru (2017) "Notes on the Locality of Anaphor Binding and A-Movement," *English Linguistics* 34, 1-33.

Saito, Mamoru (2018) "Transformations in the Quest for a Simpler, more Elegant Theory," in Hornstein, Lasnik, Patel-Grosz and Yang, eds. (2018), 255-282.

Saito, Mamoru and Keiko Murasugi (1990) "N′-Deletion in Japanese: A Preliminary Study," *Japanese/Korean Linguistics* 1, 285-301. [Also in *UConn Working Papers in Linguistics* 3 (1990) 86-107.]

Saito, Mamoru and Keiko Murasugi (1999) "Subject Predication within IP and DP," *Beyond Principles and Parameters: Essays in Memory of Osvaldo Jaeggli*, ed. by Kyle Johnson and Ian Roberts, 167-188, Kluwer Academic Press, Dordrecht.

西前明 (2015)「tough 構文の派生について」『より良き代案を絶えず求めて』, 江頭浩

樹・北原久嗣・中澤和夫・野村忠央・大石正幸・西前明・鈴木泉子（編），368-375，開拓社，東京．
坂本智子（1977）「Easy 構文の意味的考察」『英語学』16, 65-74.
Schachter, Paul (1973) "Focus and Relativization," *Language* 49, 19-46.
Schachter, Paul (1981) "Lovely to Look at," *Linguistic Analysis* 8, 431-448.
Schlesinger, Izchak M. (1995) *Cognitive Space and Linguistic Case: Semantic and Syntactic Categories in English*, Cambridge University Press, Cambridge and New York.
白川博之（1983）「Tough タイプの形容詞の意味と不定詞の種類」『英語学』26, 44-63.
Shumaker, Linda and Susumu Kuno (1980) "VP Deletion in Verb Phrases Headed by Be," *Harvard Studies in Syntax and Semantics*, Vol. III, ed. by S. Kuno, 317-367, Harvard University.
Silva, Georgette and Sandra A. Thompson (1977) "On the Syntax and Semantics of Adjectives with 'IT' Subjects and Infinitival Complements in English," *Studies in Language* 1, 109-126.
Sobin, Nicholas (1987) "The Variable Status of COMP-trace Phenomena," *Natural Language & Linguistic Theory* 5, 33-60.
Sobin, Nicholas (1991) "Agreement in CP," *Lingua* 84, 43-54.
Sobin, Nicholas (2002) "The Comp-trace Effect, the Adverb Effect and Minimal CP," *Journal of Linguistics* 38, 527-560.
Song, Myoung Hyoun (2008) *A Corpus-based Analysis of the English Tough Construction*, Verlag Dr. Müller, Saarbrücken.
Sportiche, Dominique (2006) "NP Movement: How to Merge and Move in *Tough*-Constructions." Available at <http://www.ling.auf.net/lingbuzz/000258>.
Steedman, Mark (1996) *Surface Structure and Interpretation*, MIT Press, Cambridge, MA.
Sternefeld, Wolfgang (1991) "Chain Formation, Reanalysis, and the Economy of Levels," *Representation and Derivation in the Theory of Grammar*, ed. by H. Haider and K. Netter, 71-137, Kluwer Academic Publishers, Dordrecht.
Stowell, Tim (1981) *Origins of Phrase Structure*, Doctoral dissertation, MIT.
Stowell, Tim (1982) "The Tense of Infinitives," *Linguistic Inquiry* 13, 561-570.
Stowell, Tim (1986) "Null Antecedents and Proper Government," *NELS* 16, 476-493.
Stowell, Tim (1991) "Small Clause Restructuring," *Principles and Parameters in Comparative Grammar*, ed. by Robert Freidin, 182-218, MIT Press, Cambridge, MA.
Stuurman, Fritz (1990) *Two Grammatical Models of Modern English: The Old and the New from A to Z*, Routledge, London.
Sugimoto, Yushi (2016) "De-Phasing Effect: External Pair-Merge of Phase Head and

Non-Phase Head," Poster presented at GLOW 39. Available at <https://www.uni-goettingen.de/de/document/...pdf/Sugimoto.pdf>.

Suzuki, Harumi (1976) "A Note on Tough-Movement," *Studies in English Linguistics* 4, 149-151.

Sweet, Henry (1892-1898) *A New English Grammar: Logical and Historical, Part I: Introduction, Phonology, and Accidence* (1892), *Part II: Syntax* (1898), Oxford University Press, Oxford.

Takahashi, Daiko (1993) "Barriers, Relativized Minimality, and Economy of Derivation," Paper presented at the symposium 'On the Minimalist Program,' held during the 65th General Meeting of the English Literary Society of Japan, Tokyo.

Takahashi, Daiko (2002) "The EPP and Null Operator Movement," *On-Line Proceedings of Linguistics and Phonetics 2002,* Meikai University, Urayasu, Chiba Prefecture. [Published in *Proceedings of LP 2002*, ed. by S. Haraguchi, O. Fujimura and B. Paleo, 657-666, Karolinum Press, Prague, 2006.]

高橋邦年 (1983)「Tough 構文の内的特性と外的特性について」『英語学』26, 112-123.

Takahashi, Shoichi (2011) "The Composition and Interpretation of Tough Movement," Talk presented at GLOW 34. Available at <https://homepage.univie.ac.at/glow34.linguistics/takahashi.pdf>.

Takahashi, Shoichi and Sarah Hulsey (2009) "Wholesale Late Merger: Beyond the A/A′ Distinction," *Linguistic Inquiry* 40, 387-426.

高見健一 (1995)『機能的構文論による日英語比較――受け身文，後置文の分析――』くろしお出版，東京.

Takami, Ken-ichi (1996) "A Functional Approach to the *Tough*-Construction," in Ikeya ed. (1996), 89-112.

Takami, Ken-ichi (1998) "Passivization, *Tough*-Movement and Quantifier Float: A Functional Analysis Based on Predication Relation," *English Linguistics* 15, 139-166.

高見健一 (2001)『日英語の機能的構文分析』鳳書房，東京.

高見健一・久野暲 (2002)『日英語の自動詞構文』研究社，東京.

Takezawa, Koichi (1987) *A Configurational Approach to Case Marking in Japanese*, Doctoral dissertation, University of Washington, Seattle.

Tanaka, Tomoyuki (1997) "Minimalism and Language Change: The Historical Development of *To*-Infinitives in English," *English Linguistics* 14, 320-341.

Tanaka, Tomoyuki (2007) "The Rise of Lexical Subjects in English Infinitives," *The Journal of Comparative Germanic Linguistics* 10, 25-67.

Taylor, Heather Lee (2003) "On *Tough*-Constructions and Construal-As-Movement Be Tough! It's Too Easy to Give Up," MA thesis, Eastern Michigan University.

Tellier, Christine (1990) "Underived Nominals and the Projection Principle: Inherent Possessors," *NELS* 20, 472-486.

富岡豊嘉 (2004) "On Syntactic Derivation of *Tough* Constructions," *Proceedings of the 58th Conference*, 84-91, The Tohoku English Literary Society.

Ueno, Yoshio (2014) *An Automodular View of English Grammar*, Waseda University Press, Tokyo.

Ueno, Yoshio (2015) *An Automodular View of Ellipsis*, Waseda University Press, Tokyo.

Uribe-Etxebarria, Myriam and Vidal Valmala, eds. (2012) *Ways of Structure Building*, Oxford University Press, Oxford.

Vergnaud, Jean Roger (1974) *French Relative Clauses*, Doctoral dissertation, MIT.

Wexler, Kenneth (2004) "Theory of Phasal Development: Perfection in Child Grammar," *MIT Working Papers in Linguistics* 48, ed by Aniko Csirmaz, A. Gualmini and A. Nevis, 159-209.

Wexler, Kenneth (2013) "Tough Movement Developmental Delay: Another Effect of Phasal Computation," *Rich Languages from Poor Inputs*, ed. by Massimo Piattelli-Palmarini and Robert C. Berwick, 146-167, Oxford University Press, Oxford.

Wilder, Christopher (1991) "*Tough* Movement Constructions," *Linguistische Berichte* 132, 115-132.

Williams, Edwin (1977) "Discourse and Logical Form," *Linguistic Inquiry* 8, 103-139.

Williams, Edwin (1980) "Predication," *Linguistic Inquiry* 11, 203-238.

Williams, Edwin (1983) "Semantic vs. Syntactic Categories," *Linguistics and Philosophy* 6, 423-446.

Williams, Edwin (2003) *Representation Theory*, MIT Press, Cambridge, MA.

Wurff, Wim van der (1987) "Adjective plus Infinitive in Old English," *Linguistics in the Netherlands 1987*, ed. by F. Beukema and P. Coopmans, 233-242, Foris, Dordrecht.

Wurff, Wim van der (1990) "The Easy-to-Please Construction in Old and Middle English," *Papers from the 5th International Conference on English Historical Linguistics*, ed. by Sylvia Adamson et al., 519-536, John Benjamins, Amsterdam and Philadelphia.

Wurff, Wim van der (1992a) "Another Old English Impersonal: Some Data," *Evidence for Old English*, ed. by Fran Colman, 211-248, John Donald, Edinburgh.

Wurff, Wim van der (1992b) "Syntactic Variability, Borrowing, and Innovation," *Diachronica* 9, 61-85.

Yamaoka, Toshihiko (1988) "Semantic and Prototype Discussion of the 'be easy to V'

Structure: A Possible Explanation of Its Acquisition Process," *Applied Linguistics* 9, 385-401.

安井稔・秋山怜・中村捷（1976）『形容詞』（現代の英文法第 7 巻），研究社，東京.

Yip, Virginia (1995) *Interlanguage and Learnability from Chinese to English*, John Benjamins, Amsterdam.

Zagona, Karen (1982) *Government and Proper Government of Verbal Projections*, Doctoral dissertation, University of Washington, Seattle.

Zagona, Karen (1988a) "Proper Government of Antecedentless VPs in English and Spanish," *Natural Language & Linguistic Theory* 6, 95-128.

Zagona, Karen (1988b) *Verb Phrase Syntax*, Kluwer, Dordrecht.

Zwart, Jan-Wouter (2012) "Easy to (Re)analyse: *Tough*-Constructions in Minimalism," *Linguistics in the Netherlands 2012*, ed. by Marion Elenbaas and Suzanne Aalberse, 147-158, John Benjamins, Amsterdam.

Zwicky, Arnold M. (1980) "Stranded *to*," *Ohio State University Working Papers in Linguistics* 24, 166-173.

Zwicky, Arnold M. (1981) "Stranded *to* and Phonological Phrasing in English," ms., Ohio State University. [Published in *Linguistics* 20, 3-57, 1982.]

索　引

1. 日本語は五十音順に並べた．英語（で始まるもの）はアルファベット順で，最後に一括した．
2. 〜は直前の見出し語を代用する．
3. 数字はページ数を表す．nは脚注を表す．

[あ]

曖昧性（ambiguity）　62, 63n, 65, 82n, 188
　語彙的〜　64, 68
曖昧文　81, 93
相矛盾するc統御の関係（conflicting c-command relation）　134
アブダクション　130n

[い]

依存関係（dependency）　201n
一次言語資料（primary linguistic data）　44n, 150n
一時的状態　262
一貫しない移動（improper movement）　6, 86n, 162n
一致（Agree）　97, 162n
　〜関係　53, 223n
　〜機能　197
　〜操作　51
　ϕ〜（ϕ-Agree）　88
　ϕ/A'〜（ϕ/A'-Agree）　88
イディオム　179
一般拡大投射原理（generalized EPP）　222
一般的原理　v, 6, 107n
一般的制約　98
一般統合性原理（Generalized Integrity Principle）　208n
意図（intention）　243n, 263
移動のコピー理論（copy theory of movement）　214
意味解釈
　〜規則　138
意味上の主語　→ PRO
意味的制約　239
意味的選択（semantic select, s-select）　130
意味（的）特性　78, 126n, 151n, 240n, 262
意味役割（θ役割，θ-role）　65, 71, 86n, 106n, 107, 128, 140n, 171, 172, 172n, 176, 178, 240, 249
　〜付与　175
意味論　251
　〜的条件　239
　〜的説明　87n

[う]

受け身　11, 19, 29, 42, 52n, 61, 61n, 68, 84n, 102, 107n, 108, 167, 247
　〜相当語句　72

295

語彙的〜（lexical passive） 214
ヴォイス（voice） 26n

[え]

英語学習者　91, 151
英語母語話者　35n, 113, 267
演算子移動　216
　　空〜　216

[お]

オランダ語　25n
音形　223
音声形式（部門）（Phonetic Form
　　(component), PF） 222
音声形を持たない前置詞　135
音声的残存物（phonetic residue） 150n

[か]

外項（external argument） 55, 168, 171
介在条件（Intervention Condition） 251
介在要素　87n
解釈
　　傾向〜　243n
　　難易〜　243n
概念・意図インターフェイス
　　（conceptual-intentional interface, C-I
　　interface） 255n
格
　　〜吸収　167, 201n
　　〜照合　131, 134, 143, 159, 162n, 167
　　〜素性　161, 167n, 228n
　　〜の修正　170
　　〜の積み重ね　170
　　〜標示／標識　107, 132
　　〜付与　131, 143, 167n

〜理論　182
空〜　143n, 195
構造〜　51n, 72, 135, 164
主〜　50, 161, 169
対〜　50, 161, 167, 169
内在〜　134, 148, 164
能〜　184n
与〜　65
核機能範疇（core functional category,
　　CFC） 222
学習英語辞典　267
拡大形容詞句投射（extended adjectival
　　projection） 145n
拡大 tough 構文　→ tough 構文
拡大投射原理　→ EPP
下接の条件（subjacency condition） 7,
　　212n, 220, 228n
活性化　148n
仮定法節　234n
仮定法動詞（subjunctive verb） 46n
　　〜の認可　45n
仮定法現在（present subjunctive） 234n
関係（詞）節　41, 45n, 154, 181n, 216
関係文法（Relational Grammar） vn
冠詞句（Determiner Phrase, DP） 144n

[き]

記述的研究　v, vi
寄生空所（parasitic gap, pg） 44, 208n
基底構造（underlying structure） 7, 97,
　　221n, 246n
基底生成　139
機能的
　　〜観点　259
　　〜構文分析　259
　　〜制約　261
　　〜説明　262

索　引

〜特徴　257
機能範疇　53, 196
機能文法的観点　77n
旧情報　→ 新・旧情報
旧約聖書　11
境界
　　節〜　234n
　　CP〜　196n
　　IP〜　196n
　　S〜　196n
　　TP〜　→ IP〜
強フェーズ　55, 156
局所原理　225
局所性（locality）　211n
　　〜の制約　110n
　　反〜　→ 反局所性制限
虚辞の it/there（expletive *it/there*）　77n, 86n, 104
欽定訳聖書（King James Version of the Bible, KJV）　9

[く]

空演算子（null operator, OP）　50, 53, 57, 105n, 138, 147, 207
　　〜移動　138n, 219
　　〜構造（null operator structure, NOS）　186n
空格（null Case）　→ 格
空代名詞（null pronoun）　207
空範疇　7, 153, 159
　　〜移動　210, 238
　　〜原理（Empty Category Principle, ECP）　107n, 220
屈折句（Inflectional Phrase, IP）　51, 55, 138, 194
屈折辞（Inflection, INFL, I）　136, 148
屈折素性（inflectional feature, ϕ-feature）　148, 195n
繰り上げ構文（raising construction）　194
　　主語への〜　197n
繰り込み依存制約（Nested Dependency Constraint, NDC）　227n

[け]

軽形容詞句（aP）　145
経験者（experiencer）　65, 71, 86n, 108, 128, 134, 172
　　〜句（Experiencer Phrase）　145n
　　〜のパラドックス（experiencer paradox）　134
経済性の原理　53, 131
形式主語　→ 虚辞の it/there
継承（inheritance）　→ 時制素性の継承
形態的格標示　56
軽動詞（light verb, v）　88, 168n, 231
形容詞
　　価値判断を表す〜　1
　　感情状態を表す〜　1
　　難易を表す〜　1
　　単一の〜　226n
　　能格〜（ergative adjective）　184n
　　複合的〜（complex adjective）　165, 203
　　eager タイプの〜　48, 63n
　　easy タイプの〜　48, 63n
　　E クラスの〜　82n
　　pretty タイプの〜　48
　　rare タイプの〜　2n
欠陥のある要素　156n
欠如要素
　　〜介在制約（Defective Intervention Constraint）　86, 87n, 127n, 251
牽引（attraction）　134

言語獲得　141
言語機能（Faculty of Language, LF）　34
言語計算体系　255n
言語習得　v, 44n, 137n, 150n
　〜研究　152
　〜理論　155
言語知識　123
言語発達　152n
言語変化　139
限定用法（attributive use）　75n

[こ]

語彙記載
　統一的〜（uniform entry）　183
　二重の〜（double lexical entry）　183
語彙項目（lexical item）　130, 167
語彙挿入　238n
語彙的統合性制約（lexical integrity hypothesis）　208, 213
語彙的特徴　130
語彙的派生　→派生
語彙的名詞句　54
語彙配列（Array）　140n, 167
語彙範疇
　単一の〜　213
項（argument）　178, 189
行為（action）　242, 249
行為者（Agent）　106n, 128, 173n, 239, 249
口語的な表現　116
交差する関係（crisscrossed pattern）　227n
交差制約（crossing constraint）　213n, 227n
恒常的な状態　263
構成素

〜統御（c-command）　45n, 46n, 47, 131, 162n
　単一〜　208, 226n
　複合的〜　208
構造格（structural Case）　→格
構造記述（structural description）　80n
構造表示　iv, 128, 145
肯定的証拠（positive evidence）　129
古英語（OE）　39, 41n, 137n
個人語　36, 84n, 111n, 221n
個人差・方言差　218n
コピー　230n
固有名詞　208n
語用論　219n, 251
痕跡（trace, t）　47
　〜理論　214, 216
コントロール
　〜群　96n
　〜構文　154, 194
　〜の問題　124
　主語〜（subject control）　vi, 68, 122
　目的語〜（object control）　69

[さ]

最後の手段の原理（last resort principle）　143
最小性原理（Minimality Principle）　251
最小リンク条件　→最小連結条件
最小連結条件（Minimal Link Condition）　162n, 227n, 228n
最大範疇　51
最適演算（optimal computation）　214
最適性（optimality）　183
再分析（reanalysis）　43n, 60, 105n, 107, 107n, 203, 206n, 209, 226n, 238n
　編入による〜　166
作業空間　230n

索　引　　299

[し]

ジーニアス英和辞典　4n, 117
シェークスピア　15, 15n
使役者（Cause）　172n
使役文（causative sentence）　172n
自己制御性（self-controllability）　242n
　〜の条件　248n
指示素性　134
指示的機能（referential function）　266n
指示表現（referring expression, R-expression）　238n
　空の〜　208n
時制（tense）　174
　〜節　60n
　〜素性　195
　〜素性の継承　195n
　〜文（tensed clause）　44, 44n, 202, 202n, 211n, 218, 233, 234n
　〜要素　54, 187n, 195, 195n, 200
事前評価（pre-assessment）　125n
指定主語条件（Specified Subject Condition, SSC）　80, 207, 237, 238, 254
指定部　50, 225
　〜主要部一致（Spec-head agreement）　53, 195, 196, 199n
　〜主要部関係（Spec-head relation）　222
自発性（voluntariness）　263
島の制約（island constraint）　210, 230
社会言語学　60n
弱フェーズ　54
弱 vP 分析　54
周辺部　148n, 226n, 232
受益拡大化（benefactive augmentation）　137
受益者（benefactee）　78, 108, 128, 172

主格　→ 格
主観的事象（subjective event）　3n
主語
　〜コントロール　→ コントロール
　〜の島の制約（subject island constraint）　97
　〜読み　→ 読み
　高い〜　252
　低い〜　252
主節主語　iv, 133, 207
主題（Theme）　172, 172n, 175n
主題化　131
述語
　個体レベル〜（individual-level predicate）　263
　ステージレベル〜（stage-level predicate）　262
受動化　251, 252
受動形態素（Voice$_{Pass}$）　168n
受動文　→ 受け身
主要部　225
　〜位置　53
　〜移動（head movement）　146n
　〜引き上げ（head raising）　45n
　無〜（headless）　45n
循環的適用　227n
照応関係　134
照応形（anaphor）　207
　空の〜（null anaphor）　207
照応表現　253
消去仮説　154n, 155
照合関係　200
照合操作（probe checking）　164
小節（small clause）　246n
状態（state）　242, 249
　〜の変化（change of state）　242
焦点　266n
障壁（barrier）　162n, 211n, 228n

初期近代英語　11n, 22, 63n
叙述
　〜関係（predication）　207
　〜規則（predicate rule）　258n
　〜構造（predicate structure, PS）
　　184, 258n
　〜用法（predicative use）　75n
新・旧情報　259
深層構造（deep structure）　iv, 178n
心理動詞（psych-verb, psychological verb）　186n

[す]

随伴（pied piping）　41n
スペイン語　96n

[せ]

生成過程　104
生成文法理論　iii
責任　263
積極的行為　249n
接尾辞 -en の消失　66
先祖返り　103
選択制限　79n, 174
選択素性 [＋F]　3n
前置詞残留（preposition stranding）　40, 40n, 57, 58, 136, 261
前置詞 for の目的語　128, 131

[そ]

造格　→ 格
総称的（generic）　36n
相対的最小性条件（Relativised Minimality）　162n
相補的分布（complementary distribution）　80n
遡及不定詞（retroactive infinitive）　iii, 6, 19
束縛（binding）　162n
　〜原理（A）（binding theory（A））　7, 206
　〜原理（C）（binding theory（C））　7, 132, 134, 162n, 238n
　〜理論　132, 238n, 255n
側面移動（sideward(s)/sideways movement）　229n
素性
　〜共有（feature sharing, F-Sharing）　231, 232
　〜照合　134, 164, 196
　〜浸透（feature percolation）　211n
　〜認可　144
　A′〜　88
　φ〜　88
　topic〜　88
　wh〜　88

[た]

第一言語習得　152n
代価　126n
対格　→ 格
対格の吸収　→ 格吸収
第二言語学習者　102, 126
第二言語習得　v, 92n, 152n
代不定詞　→ 不定詞
代名詞的変更（pronominal variable）　207
多次元性（multidimensionality）　230n
多重埋め込み　230
多重格付与/照合（multiple-Case assignment/checking）　169, 170
他動詞補文構造（transitive verb phrase

索　引　301

complementation) 191n
単一構成素　→ 構成素
探索子/探査子 (probe, P) 135, 225
　目標の～ (P(G)) 148n

[ち]

知的意味 (cognitive meaning) 266, 266n
中英語 (ME) 39, 55, 60n, 137n
　後期～ 40, 56, 61, 99n
　初期～ 61, 99n
中間段階 129, 149
中間動詞 (middle verb) 215n, 242n, 263
中国語 92
長距離移動 42, 42n, 43n, 104, 210
　～分析 7, 85
長距離認可 231
直接証拠 (direct evidence) 150n
チョムスキー批判 34

[て]

定指示機能 208n
定性制限 (definiteness restriction) 78n
摘出領域の条件 (Condition on Extraction Domain, CED) 190
伝統文法 iii

[と]

ドイツ語 25n
等位構造 208
同一指示性 (coreferentiality) 214
同一指示的解釈 111
同一名詞句消去 (Equi-NP Deletion) 46n
凍結状態 (frozen in place) 135

統語構造 139, 139n
統語的規則 40
統語的混交 (syntactic blend) 23
統語的説明 87n, 262
統語的操作 225
統語的能力 125n
統語的派生　→ 派生
統語範疇 138
統語論 251
　～的説明　→ 統語的説明
動作主 248
動詞句削除 (VP deletion) 53, 184, 186n
動詞句内主語仮説 (VP-internal subject hypothesis) 139, 144, 160n
動詞句補部　→ 補部
動詞引き上げ 56
動詞補部　→ 補部
投射原理 (projection principle) 182
統率・束縛理論　→ GB 理論
動的文法理論 (dynamic model of syntax) 5n, 126n, 193
特性併合 (property fusion) 23
特徴づけ制約 259

[な]

内項 (internal argument) 145
内在格 (inherent Case)　→ 格
内在的属性 262

[に]

二次述語 (secondary predicate) 178
二次的語 (secondary, 2) iv
二重格付与
　～違反 141
　～の制約 7, 141
　～の問題 149, 159, 162n

〜擁護論　170
二重語彙表示（dual lexical representation）　183
二重の語彙記載　→ 語彙記載
二重の語彙範疇化（dual lexical categorization）　182
二重目的語構文　137
二層構造　148n
二層の DP　163
二段階移動分析（two-step movement analysis）　85, 110n, 148
二方向唯一性の条件（biuniqueness condition）　178
日本語　92
認知的分析　243n
認知文法（cognitive grammar）　263

[の]

能動態　72
　〜相当語句　72

[は]

端（edge）　148, 225
派生（derivation）
　〜過程　139n
　〜体系（derivational system）　255n
　語彙的〜　150
　統語的〜　150
反局所性制限　109n, 153
反 c-command 効果／条件（anti-c-command effect/condition）　47
ハンガリー語　169
判断
　単一〜（categorical judgement）　266n
　複合〜（thetic judgement）　266n
範疇選択（θ-select）　145

反復　230n

[ひ]

引き上げ規則（raising-to-object）　221n
引き上げ構文　156
被験者　122
非項（non-argument）　179
非主語（non-subject）　234n
非対格（unaccusative）
　〜仮説　96
　〜構文　156, 214n
　〜動詞　96, 243
非定形時制要素（nonfinite I）　195
否定対極表現（negative polarity item）　3n
非同一指示性　135
非人称構文　48, 51n
非人称 tough 構文　→ tough 構文
非フェーズ化の効果（non-phasing effect）　215n
評言（comment）　→ 話題と評言
表示体系（representational system）　255n
表示レベル（level of representation）　258n
表層構造（surface structure）　iv

[ふ]

フェーズ（位相，phase）　59n, 223n
　〜の境界（phase boundary）　162n
　〜不可侵条件（Phase Impenetrability Condition，PIC）　155, 160n, 223, 224n
　強〜（strong phase）　156, 156n
　弱〜（weak phase）　156n, 168, 224n, 241n

強い〜　→ 強〜
弱い〜　→ 弱〜
vP〜　157
フェイズ　→ フェーズ
付加（adjunction）　202
不活性化　134, 148, 164
付加部（adjunct）　44n, 79n, 173, 173n, 175, 189, 212
復元可能性条件（recoverability condition）　136, 142
複合移動（composite movement）　88
複合形容詞句構造（complex adjectival construction）　1n
複合的形容詞（complex adjective）　44n, 105n
複合的構造　159, 163
複合的述語　140n
複合名詞句制約（complex NP constraint）　228n
複合v/分離C仮説（Composite-v/Split-C hypothesis）　88
副詞的用法　24n, 63n
不定詞
　〜削除　197
　〜節（infinitival clause）　75, 80, 161, 165, 191
　〜（の）主語　44n, 96n
　受け身〜　96, 117, 244, 246
　原形〜（bare infinitive）　61
　代〜（pro-infinitive）　187n, 191
　法的〜（modal infinitive）　25n
不適切な移動（improper movement）　6, 7
不適格な連鎖　→ 連鎖
普遍性フェーズの要請（Universal Phase Requirement, UPR）　155, 159, 160n
普遍文法　103, 150n
フランス語　45n

文処理　154n, 155, 227n
　〜能力　125n
文法性判断　113, 153
文法的概念　v
文法発達過程　139
文法モデル　200n
分裂文（cleft sentence）　173n

[へ]

併合（Merge）　71, 134, 140n, 231
　〜作用/操作　139, 139n, 148n
　外的〜（external Merge）　140n, 229n
　外的付〜（external pair Merge）　215n
　内的〜（internal Merge）　140n, 229n
変形規則　iii
変更（variable）　105n, 107, 208n
編入（incorporation）　165, 166

[ほ]

法（ムード）
　〜助動詞（modal (auxiliary)）　202n
方言　84n, 111n, 221n
　〜差　34, 218n
母語習得　121, 122n, 151
　〜研究　v, 122
母語話者　264
補部　51, 173, 173n, 175, 189
　〜の削除　197
　動詞〜（verbal complement）　261
　動詞句〜（VP complement）　261
補文
　〜構造　224n
　〜主語　133
　〜主語の取り出し　128
　〜標識（Complementizer, COMP, C）　7, 45n, 88, 138, 195n, 217, 236

ポルトガル語　96n

[み]

右枝節点繰り上げ（right node raising）　208
密輸方式（smuggling）　86n, 159, 161, 162n
ミニマリスト・プログラム（Minimalist Program, MP）　51, 59n, 140n, 155, 168n, 174, 209, 214, 215n, 255n
ミニマリズム　195n

[む]

娘依存関係文法（daughter-dependency grammar, DDG）　201n
無生（inanimate）　151n
無標（unmarked）　152n

[め]

名詞句　→ NP
命題（proposition）　242, 266n

[も]

目的語引き上げ構文　245
目標（goal, G）　135, 148n
　〜子（target）　164, 225
　〜の探索子　→ 探索子

[ゆ]

有生（animate）　151n
有標（marked）　152n
　〜性の理論（theory of markedness）　152n

[よ]

与格　→ 格
　〜移動（dative movement）　246
横すべり移動　→ 側面移動
読み（interpretation, reading）
　苦痛〜（suffering meaning/sense）　81n
　苦労〜（effort meaning/sense）　82n
　主語〜　vi, 41n, 68, 75n, 106, 122, 125, 139, 153
　目的語〜　69, 153

[ら]

ラーソン流殻構造（Larsonian shell）　145
ラテン語　62, 63n
ラムダ表記（λ-expression）　200

[り]

領域（Domain）　3n, 175n
理論言語学　267
理論的研究／説明　v, vi
隣接性条件（adjacency condition）　204n

[る]

類型論　152n
類推　58

[れ]

例外的格標示（exceptional Case-marking）
　〜構文　54, 194, 197n, 215n, 221n, 245

索　引　305

レキシコン（lexicon）　195n, 251
歴史的研究　vi
歴史的変化　v, 35, 39
連鎖　107, 206n
　　不適格な〜　107

［ろ］

論理形式（部門）（Logical Form, LF）　140n
論理構造（LF）　200, 255n

［わ］

ワークスペース　→ 作業空間
話題化（topicalization）　51n, 87, 208n, 257
話題と評言（theme and comment）　265

［英語］

［+agentive］　83n
Agree　→ 一致（操作）
A 移動　85, 86n, 109n, 148, 155, 157, 253
A/A′ 移動　88
A′ 移動　85, 86n, 109n, 148, 253
A′ 一致　88, 207
A′ 関係　232
A′ 束縛　207
［+animate］　78, 79n
［−animate］　80n
AP　140n, 160
aP　160
Array　→ 語彙配列
A 連鎖　155
　　〜欠陥仮説（A-Chain Deficit Hypothesis, ACDH）　155
Automodular Grammar（AMG）　200

Belfast 方言　137n
［+benefactivee］　83n
Bijection Priciple（一対一対応の原則）　253
British National Corpus（BNC）　35, 112
Burzio の一般化（Burzio's generalization）　168
C, COMP, Complementizer　→ 補文標識
［−Case］　211n
Caxton　11n
c-command　→ 構成素統御
Childes　122n
cinch　116
COCA（Corpus of Contemporary American English）　31
COHA（Corpus of Historical American English）　30, 111
CP　45n, 55, 138, 157, 194
　　〜境界　87
Defective Intervention Configuration　→ 欠如要素介在制約
DegP（Degree Phrase）　110n, 187n
D 構造（D-Structure）　182, 257n
DP　45n, 72
　　〜説　153
easy タイプの形容詞　→ 形容詞
EPP（Extended Projection Principle）　148n, 222
　　〜移動　88
　　〜素性　133, 140n, 143, 148, 164
　　PF 理論に基づく〜　→ PF
［+female］　30n
［−female］　30n
［+finite］　200
FL（Faculty of Language）　→ 言語機能
for-to 不定詞　137n
GB 理論（Government and Binding

theory）　v, 6, 107n, 166n, 167, 255n
Google 検索　33
Google Books　112
Helsinki Corpus　31n, 100n
Hubbell 事件　118
INFL，Inflection，I　→屈折辞
IP　→屈折句
Jespersen　19
LF　→意味解釈部門，論理形式（部門）
　〜構造　200
　〜表示　147
ME（Middle English）　→中英語
News on the Web（NOW）　113
NP　72
　〜移動（NP movement）　40, 58
OE（Old English）　→古英語
OP（null Operator）　→空演算子
　〜説　154
　〜の島（OP-island）　225
Ottawa Valley 方言　137n
Ozark 方言　137n
PF　→音声形式（部門）
　〜理論に基づく EPP（PF theory of the EPP）　233
ϕ 一致（ϕ-Agree）　88
ϕ-feature　→屈折素性
Poutsma　21
pretty タイプの形容詞　→形容詞
PRO　7, 57, 69, 131, 195
　〜制御　132
pro　207
Shakespeare　→シェークスピア
S 構造（S-Structure）　182, 238n, 258n
S 補文　83n
［±stative］　244
［+tense］　195
［-tense］　195
that 痕跡効果（that-trace effect）　150n, 217
that 消去　217
There 挿入（There-insertion）　79n
θ 位置　106, 171, 178
θ 基準　142, 175, 177, 178n
θ-bar 位置　142
θ 標示　30n, 50n, 171, 172n
θ 役割（θ-role）　→意味役割
　〜付与子（θ-role assigner）　140n
Time Magazine Corpus　112
too/enough 構文　100n, 108n, 180n, 188, 238n
topic 素性　→素性
tough 移動（Tough Movement，TM）　180n
　〜禁止の制約　246
　〜の制約　234n
tough 構文　1n
　〜の起源　39n
　拡大〜（expanded tough-construction）　209
　形容詞的〜（adjectival Tough construction）　186n
　単純〜（plain tough-construction）　209
　動詞的〜（verbal Tough construction）　5n, 186n
　日本語の〜　92
　非人称〜　48n, 69, 103
tough 述語（tough predicate）　2
tough 消去　180n
tough 節　231
TP　55, 252
Tyndale 訳聖書　10
VP　51, 51n, 108
　〜前置（VP-preposing）　199
　〜削除　→動詞句削除
　〜分析　248

〜補文　83n
vP　51, 55, 157, 223n
　　欠陥〜（defective vP）　156
V2 語順　56
wanna 短縮（*wanna* contraction）　105n
Wh 移動（Wh movement）　40, 57, 107, 209, 237
wh
　　〜関係節　41

　　〜疑問文　41, 41n, 154, 216
　　〜句　159, 163, 232
　　〜島（*wh*-island）　225, 225n
　　〜島の制約（*wh*-island constraint）　225n
　　〜素性　163, 232
　　〜連鎖　138
Wycliffe 派訳聖書　10

著者紹介

千　葉　修　司　（ちば　しゅうじ）

　1942年福井県生まれ．1965年東京教育大学文学部（英語学専攻）卒業．1968年同大学大学院修士課程（英語学専攻）修了．1970年同大学院博士課程（英語学専攻）中退．大妻女子大学専任講師，津田塾大学教授を経て，現在，津田塾大学名誉教授．

　主な著書・論文：*Present Subjunctives in Present-Day English*（篠崎書林，1987），"On Some Aspects of Multiple Wh Questions"（*Studies in English Linguistics* 5, 1977），"On Transitive Verb Phrase Complementation in English"（*English Linguistics* 2, 1985），"Non-localizable Contextual Features: Present Subjunctive in English"（H. Nakajima (ed.), *Current English Linguistics in Japan*, Mouton de Gruyter, 1991），"Licensing Conditions for Sentence Adverbials in English and Japanese"（S. Chiba et al. (eds.), *Empirical and Theoretical Investigations into Language*, 開拓社, 2003），『英語の仮定法―仮定法現在を中心に―』（開拓社，2013），『英語の時制の一致―時制の一致と「仮定法の伝播」―』（開拓社，2018）．

英語 tough 構文の研究　　　　　　　　　　　ISBN978-4-7589-2270-8　C3082

著作者	千　葉　修　司
発行者	武　村　哲　司
印刷所	萩原印刷株式会社／日本フィニッシュ株式会社

2019年5月24日　第1版第1刷発行 ©

発行所　株式会社　開　拓　社	〒113-0023　東京都文京区向丘 1-5-2 電話　（03）5842-8900（代表） 振替　00160-8-39587 http://www.kaitakusha.co.jp

JCOPY ＜出版者著作権管理機構　委託出版物＞
本書の無断複製は，著作権法上での例外を除き禁じられています．複製される場合は，そのつど事前に，出版者著作権管理機構（電話 03-3513-6969，FAX 03-3513-6979，e-mail: info@jcopy.or.jp）の許諾を得てください．